权威·前沿·原创

皮书系列为
"十二五""十三五""十四五"时期国家重点出版物出版专项规划项目

BLUE BOOK

智库成果出版与传播平台

中国社会科学院创新工程学术出版资助项目

金融监管蓝皮书
BLUE BOOK OF FINANCIAL REGULATION

中国金融监管报告
（2025）

ANNUAL REPORT ON CHINA'S FINANCIAL SUPERVISION AND
REGULATION (2025)

学术顾问／胡　滨
主　　编／王朝阳
副主编／范云朋

社会科学文献出版社
SOCIAL SCIENCES ACADEMIC PRESS（CHINA）

图书在版编目（CIP）数据

中国金融监管报告 . 2025 / 王朝阳主编；范云朋副
主编 . --北京：社会科学文献出版社，2025. 7.
（金融监管蓝皮书）. --ISBN 978-7-5228-5617-9

Ⅰ. F832. 1

中国国家版本馆 CIP 数据核字第 2025PH9546 号

金融监管蓝皮书

中国金融监管报告（2025）

主　　编 / 王朝阳
副 主 编 / 范云朋

出 版 人 / 冀祥德
组稿编辑 / 任文武
责任编辑 / 张丽丽
责任印制 / 岳　阳

出　　版 / 社会科学文献出版社·生态文明分社（010）59367143
　　　　　　地址：北京市北三环中路甲 29 号院华龙大厦　邮编：100029
　　　　　　网址：www. ssap. com. cn
发　　行 / 社会科学文献出版社（010）59367028
印　　装 / 三河市东方印刷有限公司

规　　格 / 开　本：787mm×1092mm　1/16
　　　　　　印　张：23.25　字　数：349 千字
版　　次 / 2025 年 7 月第 1 版　2025 年 7 月第 1 次印刷
书　　号 / ISBN 978-7-5228-5617-9
定　　价 / 128. 00 元

读者服务电话：4008918866

主要编撰者简介

王朝阳　经济学博士，中国社会科学院金融研究所副所长、研究员，中国社会科学院大学教授、博士生导师，研究领域为宏观金融与宏观经济。在《经济研究》《中国工业经济》《数量经济技术经济研究》《经济学动态》等刊物发表学术论文60余篇，在《人民日报》《光明日报》《中国经济时报》等报纸发表多篇评论文章。主持完成国家社会科学基金课题等多项，撰写多篇内部报告获得党和国家领导同志批示，多次获得中国社会科学院优秀对策信息奖（包括特等奖和一、二、三等奖），获得第十一届中国社会科学院优秀科研成果三等奖。

范云朋　经济学博士，中国社会科学院金融研究所金融风险与金融监管研究室副研究员，国家金融与发展实验室金融法律与金融监管研究基地副秘书长，中国社会科学院大学副教授、硕士生导师，研究领域为金融监管与金融风险、绿色金融和宏观经济。在《财贸经济》《数量经济技术经济研究》《经济管理》《金融评论》等刊物发表学术论文30余篇，多篇论文被《新华文摘》和人大复印报刊资料全文转载。在《学习时报》《中国社会科学报》等报纸发表多篇评论文章。撰写20余篇内部报告，其中多篇获得领导批示或采用，多次获得中国社会科学院优秀对策信息奖。

摘　要

　　《中国金融监管报告（2025）》作为国家金融与发展实验室金融法律与金融监管研究基地的系列年度报告，秉承"记载事实"、"客观评论"以及"金融和法律交叉研究"的理念，系统、全面、集中、持续地反映中国金融监管体系的现状、发展和改革历程，为金融机构经营决策提供参考，为金融理论工作者提供素材，为金融监管当局制定政策提供依据。

　　《中国金融监管报告（2025）》主要由"总报告"、"分报告"和"专题研究"三部分组成。总报告着力深化对中国数字金融发展与监管的研究，数字金融已经从 1.0 时代迈向 2.0 时代，区块链和人工智能等典型技术创新可能会催生金融服务实体经济新范式，同时也可能会在网络安全与技术、市场、消费者权益保护、金融数据开放、金融监管等方面带来多重风险与挑战；回顾欧美主要发达经济体的数字金融监管实践，中国应更加注重技术创新应用、数字资产、数字金融生态体系建设等领域的研究和探索，进一步完善数字金融发展体系，有效统筹创新与监管，保障金融体系稳定和安全。总报告还对 2024 年中国金融监管领域发生的重大事件进行系统总结、分析和评论，并对 2025 年中国金融监管发展态势进行预测。分报告具体剖析了 2024 年中国银行业、证券业、保险业、信托业以及外汇领域监管的进展，呈现给读者一幅中国金融监管全景路线图。专题研究部分以系统性金融风险观察为核心，对我国金融风险进行总体判断，着力分析重点领域风险的演进状况。同时，对当前中国金融监管领域重大问题进行了深入分析，主要涉及金融法治建设、地方债

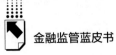

务管理、绿色金融风险及其监管、公共数据使用、量子计算前沿进展、加密资产法律规制等方面。

关键词： 金融监管　数字金融　金融风险

目 录 ⌐⊋

Ⅰ 总报告

Ⅱ 分报告

Ⅲ 专题研究

皮书数据库阅读**使用指南**

总 报 告

B.1

数字金融的发展与监管

王朝阳 郑联盛 范云朋 汪 勇*

摘 要： 数字金融是未来金融竞争力的重要体现，是金融强国战略实施的重要抓手。数字金融发展已经从 1.0 时代迈向 2.0 时代，技术创新效应将更加凸显，对金融体系的影响将更为深远，甚至会改变当前以主权信用为核心的国际货币体系。区块链和人工智能等技术是数字金融领域的典型技术创新，可能带来金融体系网络化、分布式和智能化发展趋势，可能催生金融服务实体经济新范式，同时，也可能在网络安全与技术、市场、消费者权益保护、金融数据开放以及金融监管等方面带来多重风险与挑战。回顾美国、英国和欧盟等经济体的数字金融监管实践，中国应更加注重技术创新应用、数字资产、数字金融生态体系建设等领域的研究和探索，构

---

* 王朝阳，经济学博士，中国社会科学院金融研究所副所长、研究员，主要研究方向为宏观金融和宏观经济；郑联盛，经济学博士，中国社会科学院大学教授，主要研究方向为金融监管、金融风险、宏观经济；范云朋，经济学博士，中国社会科学院金融研究所金融风险与金融监管研究室副研究员，主要研究方向为金融监管与金融风险；汪勇，经济学博士，中国社会科学院金融研究所金融科技研究室副研究员，主要研究方向为数字金融与金融政策评估。

建有利于金融高质量发展、有利于服务实体经济和有利于提升国际竞争力的数字金融发展体系，同时有效统筹创新与监管，保障金融体系稳定和安全。

关键词： 数字金融　技术创新　数字资产　金融监管

　　2023 年 10 月底，中央金融工作会议提出了加快建设金融强国的战略目标，并部署了科技金融、绿色金融、普惠金融、养老金融和数字金融"五篇大文章"，中国金融高质量发展迎来了新机遇。在数字时代，数字金融将成为金融创新发展的主导力量之一。数字金融将通过推动金融体系技术创新、产品创新和模式创新，有效扩大金融覆盖范围、降低服务成本，不断提高金融服务自动化、智能化和精准化水平，简化业务流程、提升服务质效、优化服务体验、有效控制风险，显著提高金融配置资源的效率。同时，数字金融还将深化国内金融体系与国际金融市场的关系，以数字技术更紧密地关联国内国际两个金融市场，更好地促进金融国际竞争力的提升。发展数字金融是促进金融高质量发展的重要组成部分，是提升金融资源配置效能的核心路径。数字金融是金融国际竞争力提高的重点领域，是金融强国战略实施的重要抓手和主导力量。

　　中国数字金融已从 1.0 时代向 2.0 时代迈进。过去十余年，以互联网技术、大数据、物联网和云计算等为典型代表的技术，以移动支付、网络信贷、数字普惠金融和央行数字货币等为典型代表的业态，缔造了中国乃至全球数字金融 1.0 时代。在 1.0 时代，数字金融已经展示出其对金融服务体系和国际金融体系的重大影响，数字普惠金融、潜在风险及监管应对①，数字

---

　　① 黄益平、黄卓：《中国的数字金融发展：现在与未来》，《经济学》（季刊）2018 年第 4 期；张勋等：《数字经济、普惠金融与包容性增长》，《经济研究》2019 年第 8 期；郭峰等：《测度中国数字普惠金融发展：指数编制与空间特征》，《经济学》（季刊）2020 年第 4 期。

普惠金融对金融体系的影响①，数字金融的创业促进与技术创新效应②等，受到了国内学术界和政策界的广泛关注。在区块链、人工智能等新兴技术的支撑下，以各种数字化资产为代表的业态正在深刻改变数字金融的生态体系，国际社会逐步进入数字金融 2.0 时代。但是，区块链、人工智能等技术应用及其产生的去中心化体系、自伺服系统等对金融发展、金融风险及金融监管等的影响目前尚未得到国内学术界和政策界的重视，关于区块链及数字货币等的研究还不够充分③，国内金融管理部门对加密资产整体仍实施严格管控和高度限制的政策。

对包括加密资产在内的数字资产进行深入研究，探索数字金融 2.0 时代的主导技术、主要模式、潜在风险以及政策改进具有重要的理论和现实意义。学界和政界对区块链和人工智能等技术及其与金融的结合对金融体系的影响机制可能了解得不多，大家实际上是熟悉且习惯用中心化的思维来研究数字金融、风险及监管，很大部分政策建议是从政府的角度出发提出的，而这正是中心化治理的基本出发点。美国加密资产的价格波动诡异、比特币单枚价格突破 10 万美元、特朗普及其夫人在新任期前发行个人加密货币等，一系列闹剧式的事件让国内学界和政界一头雾水。更为重要的是，特朗普一上台就立即签署行政令，提出要强化美国在数字金融技术方面的全球领导力④。该行政令指出美国将成立总统数字资产市场工作组，并提出针对数字资产的联邦监管框架，且要求研究国家数字资产储备的可行性及相应标准。

---

① 邱晗等：《金融科技对传统银行行为的影响——基于互联网理财的视角》，《金融研究》2018 年第 11 期；黄益平、邱晗：《大科技信贷：一个新的信用风险管理框架》，《管理世界》2021 年第 2 期。

② 唐松等：《数字金融与企业技术创新》，《管理世界》2020 年第 5 期；谢绚丽等：《数字金融能促进创业吗——来自中国的证据》，《经济学》（季刊）2018 年第 4 期；聂秀华等：《数字金融与区域技术创新水平研究》，《金融研究》2021 年第 3 期。

③ 少数有代表性的研究如：龚强等：《区块链、企业数字化与供应链金融创新》，《管理世界》2021 年第 2 期；中国人民银行数字货币研究所课题组：《泰达币（USDT）与人民币汇率相关性研究》，《金融研究》2022 年第 6 期；邹传伟等：《数字资产：创新、风险与监管》，经济管理出版社，2023。

④ The White House. Strengthening American Leadership in Digital Financial Technology, Executive Order, January 23, 2025.

美国这些举措和潜在的国家战略可能会改变传统抵押品或储备资产的构成，将深刻影响金融市场运行机制和国际货币金融秩序。数字金融已成为国际金融竞争的核心领域之一①。为此，本文将着力研究数字金融 2.0 时代的发展状况与主要业态、潜在的风险与监管挑战、国际社会重要监管实践以及中国未来的应对之策。本文第一部分将重点分析数字金融 2.0 时代的主要技术及其业态，第二部分分析数字金融 2.0 时代的潜在金融风险和监管挑战，第三部分介绍美国、欧盟、日本和我国的监管实践比较及启示，最后提出我国鼓励包容发展数字金融 2.0 和有效应对潜在风险的政策建议。

一　从数字金融1.0时代到数字金融2.0时代

作为新兴技术与金融相互融合的典型代表，数字金融给金融体系的发展带来了深远的影响。过去十余年，人类社会经历的是数字金融 1.0 时代，典型的业务有移动支付、网络信贷、数字普惠金融、央行数字货币、众筹、互联网理财、互联网保险等。在区块链、人工智能等技术的加持下，人类社会逐步进入数字金融 2.0 时代，这不仅会带来更具系统性影响的技术创新应用，而且会引致金融治理体系的变革，甚至逐步形成新的国际货币体系。

（一）数字金融1.0时代的发展成就

数字金融 1.0 时代掀起了传统金融数字化和新型数字金融业态发展的浪潮。2010 年后，数字金融逐步发展起来，但彼时互联网金融是各界对整个生态体系的描述②。由于中国巨量的人口和多样化金融需求，互联网、大数据、物联网、云计算等技术迅速覆盖"长尾客户"，有效实现互联网金融的规模经济和范围经济，促进互联网金融实现"爆发式"增长。以移动支付、

---

① 郑联盛等：《大国博弈下的中国金融发展——面向"十五五"时期的金融强国战略部署》，《金融评论》2025 年第 1 期。

② 谢平、邹传伟：《互联网金融模式研究》，《金融研究》2012 年第 12 期。

网络信贷、数字普惠金融、央行数字货币、众筹、互联网理财、互联网保险等为重点业态的数字金融 1.0 时代，本质上是传统金融业务线上化和创新型互联网金融有效融合、并行发展的阶段，这一阶段整体地促进了金融体系数字化转型，形成更为多元化的金融生态体系。数字金融是互联网、大数据等技术在金融服务理念、思维、流程及业务等方面的延伸、升级与创新，是一种业务流程及业务模式的再造，同时也是一种生态格局的重构。数字金融使得金融服务线上化或金融服务科技化。从发展的角度看，数字金融充分融合了金融和数字科技的要素秉性，充分发挥了其融合效应，在 1.0 时代，数字金融以其独特的技术支撑、经营模式和价值创造方式，影响着传统金融机构的理念、业务、架构和风险管控模式，逐步成为整个金融生态体系中不容忽视的力量。

移动支付是数字金融 1.0 时代的一大典型业态。移动互联与支付清算的融合形成了移动支付。从严格意义上讲，移动支付是在第三方支付体系的基础上完善发展起来的。第三方支付颠覆了"客户-商业银行-央行"的传统支付清算模式，基于二次结算的方式实现了大规模的小额交易在第三方支付公司的轧差后清算功能，在一定程度上承担了中央银行的部分支付清算功能。第三方支付和移动支付带来了三个重要的影响：一是金融脱媒日益显性化，银行对交易、支付和结算的信息集结能力在弱化；二是个人账户与传统金融机构的关联性逐步降低，银行对个人账户的控制能力在下降，个人账户逐步成为移动支付体系的基础设施；三是移动支付逐步金融化，基于移动支付和个人账户体系的金融产品和服务日益繁荣，使得移动支付下的个人账户具有货币乃至金融属性[1]，在支付时个人账户上的数字成为货币，在非支付阶段个人账户上的数字就可能是金融资产，而且这二者的转换可以在瞬间形成，这使得货币与金融资产的界定被模糊化。虽然，在传统意义上，第三方支付以及日益盛行的移动支付被归为互联网金融的最核心业务模式，但是，移动支付的发展已经远远脱离了"互联网"的范畴，更多地属于数字金融

---

① 谢平、刘海二：《互联网金融的核心：移动支付与第三方支付》，《博鳌论坛》2014 年第 4 期。

的范畴。在移动支付领域，我国移动支付的应用和推广进展迅速，并一度引领全球。目前我国两大移动支付平台的用户数均已超过 10 亿，移动支付普及率达到 86%，居全球第一。移动支付的普及提升了金融服务的覆盖面、可得性和满意度，同时也塑造了中国数字金融的国际竞争力。

数字金融 1.0 时代一个非常重要的生态体系是大型互联网平台，或所谓的平台经济。它是数字金融 1.0 时代的高级生态。大型互联网平台依托科技与金融相互融合的优势创造了新的业务模式、应用、流程、产品或体系，对金融市场、金融机构或金融服务的提供方式产生重要影响。比如，基于大型互联网平台，不同金融业务能够实现归集甚至"一账式"联通。大型互联网平台是一个具有基础设施秉性、能够发挥双边市场匹配功能、具有去中介并再中介作用、有效链接双边或多边主体的复杂生态系统。它通过技术不断优化流程与业务模式，提升风险管控水平，同时，不断拓展金融业务，积极对外进行技术输出，逐步形成日益强化的生态体系或平台系统，具有双边主体相互决定性、交叉网络外部性、价格结构非中性和具备再中介功能等特征[①]。

数字金融 1.0 时代给金融监管体系带来了诸多挑战，但这些挑战基本得到了较好的应对和处置。以大型互联网平台为例，其对金融监管的挑战表现在三个方面：一是双边网络化市场运营与垂直化机构监管的不匹配性，二是跨界经营与行业监管的不匹配性，三是数据监管为主与产品监管为主的不匹配性。虽然，数字金融创新给金融监管有效性带来了挑战，特别是金融监管体系在数字金融及其各业态的监管方面具有一定滞后性，但是，数字金融 1.0 时代的金融监管整体是有效的。针对价格歧视、排他性、数据和市场地位滥用以及预防性并购、掠夺性定价等资本无序扩张的监管等都是较为到位的。从全球角度看，个人数据隐私和数据安全是最受关注的领域，而且相关问题在发达经济体得到了较好的处置，特别是欧盟对数据隐私和数据安全的政策关注度非常高。比如，欧盟 2018 年 5 月 25 日正式实施的《通用数据保护条例》，对数据保护提出很高要求，且为强制性标准。

---

① 胡滨等：《大型互联网平台的特征与监管》，《金融评论》2021 年第 3 期。

（二）数字金融2.0时代的革新

1. 技术创新应用

在数字金融 1.0 时代，物联网、大数据、云计算是典型的技术应用，为传统金融线上化、移动化和产业与金融相融提供了重要支撑，为长尾客户服务、利基市场发展以及极端规模效应形成带来契机，为计算能力的灵活性和可拓展性提供了支持。这些技术的广泛使用为数字金融 2.0 时代提供了基础，或者说，物联网、大数据和云计算仍然是数字金融 2.0 时代的重要技术支撑。

在数字金融 2.0 时代，区块链技术是典型的技术创新。在数字金融 1.0 时代，区块链技术已经得到了一定的应用，但是，这种以去中心化、透明性和不可篡改性为核心特征的技术在数字金融 1.0 时代可能更多是一种探索性的应用。在数字金融 2.0 时代，这一去中心化技术及其金融应用可能会深刻改变当前主导或法定的货币金融体系，这是区块链技术在数字金融 2.0 时代应用的核心特征。分布式账本基于所有交易公开且不可更改的秉性建立起奇特的技术信任机制，这种新机制可能使得金融交易减少对传统金融中介的依赖，以直接技术信任来"替代"金融机构的"牌照信用"，这将使现代金融体系的信用体系发生重大变化。更为关键的是，一旦基于区块链技术的加密货币进一步"合法化"，甚至成为主要发达经济体的国家储备，那么其对法定货币及国际货币金融体系的影响将极其深远。这个过程本质是区块链技术或分布式账本与国家信用的有效融合，而国家信用则是现代信用货币的"母体"[1]，如何基于区块链技术进一步优化国家信用在现代货币金融及财政体系中的作用，也可能会成为一个重大的政策议题。当然，区块链技术的应用及去中心网络的形成带来的潜在问题就是应用程序接口的安全性问题以及风险或责任如何明确等，其中法律属性模糊、市场准入规则分化及跨境监管协作困难将成为重要的风险或挑战。

---

[1]　刘尚希：《论财政与金融关系的底层逻辑》，《财政研究》2024 年第 11 期。

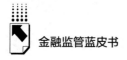

数字金融 2.0 时代另一项重要技术就是人工智能。人工智能的应用过程是在大量数据基础之上利用特定模型形成一种自我决策、执行乃至自我反馈的动态过程。人工智能对金融体系的支撑将是系统性的。一是人工智能在金融体系中目前只是初步发挥作用，主要被应用于智能合约、智能投顾、辅助风险管理、客户管理及服务、欺诈检测等，尚未被深入应用于信用转换、期限转换、风险转换和收益转换等实质性金融活动中。二是人工智能基础支撑已得到显著夯实，但一系列基础支撑的集合效应尚未被悉数认识和全面应用。在数字金融 2.0 时代，算力得到实质性提升，计算复杂度制约被大大缓释，计算模型对真实世界的感知力显著提升，智能系统推理和逻辑框架不断完善。三是人工智能对金融业务及服务的供给模式可能带来深远影响甚至可能使其出现革命性变化。人工智能可以有效处理大量数据并从中提取有价值的信息，能提升金融业务和相关决策的效率，有效降低运营成本，实质性缓释信息不对称问题。四是人工智能与金融系统的融合可能引发未知风险甚至破坏性风险。一方面是技术性风险。比如当前智能合约较为普遍地被应用于金融体系，但是，智能合约可能存在技术复杂性、审核不充分以及数据被篡改等风险，这可能导致技术脆弱性。另一方面是系统性风险。当前金融系统应用的人工智能基本属于"符号型"，未来，如果"通用型"人工智能被广泛应用于金融体系，其影响将更为深远，也将对人工智能及其应用的透明度、安全性以及金融风险的评估和管理提出更高的要求，而针对高新技术等的监管新要求将使得当前金融监管部门面临巨大的挑战。

数字金融 2.0 时代还有一个需要关注的重要领域即开放金融及其网络体系。随着数字金融发展不断深入，基于数据开放和应用程序接口（API）交互的开放金融将可能成为发展的主流之一。开放金融通过金融机构、消费者和企业之间的数据开放和共享，形成了传统金融难以企及的互操作性。基于应用程序接口，不同类型金融机构可依托数字技术形成一个范围更广的"聚合平台"并提供聚合服务，比如账户聚合、支付聚合和产品聚合等，可为消费者和企业提供更大的便利性和选择权。但是，这种聚合效应本质是一种规模经济和范围经济，可能导致数字时代特有的极端网络效应和极端极化效应，不利于金融系统稳定。再比如，基于开放金融体系，第三方机构能够访问和查询客户余额及交易记录等信息，这可能就会给当前互联网信贷"共债"问题提供解决途径，但是，这也可能引致客户数据泄露等风险。从跨境角度看，开放金融的互操作性与技术标准差异对跨境数据交互和业务开展仍具有实质性壁垒作用。

2. 金融监管和金融治理变革

数字金融 2.0 时代，金融监管需要适应前述技术创新应用，需要建立一个技术属性更强、分布式架构凸显的新型监管框架，而这种新框架可能是对原有框架的重大变革。其中可能有四个重要任务。一是有效防范技术风险。不管是区块链技术还是人工智能技术，抑或其他技术，其与金融结合后所产生的产品、服务及生态的改变是当前金融体系所未知的，如何防范技术风险和确保网络安全将成为首要的任务。这可能会使以前以机构为核心的监管框架逐步转变为以技术为核心的监管框架。二是有效防范市场风险。随着多种类型的数字资产的出现，国际社会可能会出现形形色色的数字资产市场，而新型数字资产市场的供求双方、定价机制、契约、风险管理等可能与当前金融资产市场存在差异。三是消费者权益保护。在传统金融系统中，数量巨大的普通金融消费者，比如数以亿计的家庭可能是金融权益保护的重点，因为他们是金融体系储蓄投资转化的起点，是资金池的资金来源，但是，在数字金融 2.0 时代，值得关注的是，数字资产市场如何实现储蓄投资转化，其消费者或投资者可能未必是当前的主要市场主体。四是开放金融。虽然，金融市场是开放性和国际化程度最高的市场之一，但是，金融机构之间的数据开放特别是跨境转移仍然是十分有限的，美国、欧盟、英国、中国等都存在差异化的数据开放和共享立场，这对跨境数据治理和监管将带来实质性的难题。

数字金融 2.0 时代，金融治理可能会发生重大变化。金融治理是一个国家治理体系和治理能力的重要体现或重要组成部分，数字时代的金融治理更能反映金融体系的管理框架以及相关部门运用国家制度管理金融服务事务的能力。金融监管是金融治理的核心支撑，同时，也可以被看作监管者与被监

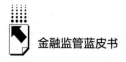

管者之间的隐性契约。由于监管规则无法覆盖全部相关情境和存在未来被修改的可能，这种隐性契约具有不完全性，隐含着相应的剩余权利空间①。数字金融2.0时代的颠覆创新、模式重构、开放网络等导致上述剩余权利空间急剧扩大，并且监管者难以基于自身的传统经验来加以处理，这会导致金融监管与数字金融发展的匹配性难题。

数字金融治理具有一般客体治理体系或一般数据治理体系的普遍性，但同时又具有显著的特殊性。在普遍性方面，不管是国内层面还是国际层面，数字金融治理体系都主要涉及价值、规制、主体、客体和绩效五个基本要素，其治理模式的核心都在于构建"问题-主体-机制"的关联分析与政策框架②。数字金融治理的特殊性体现在治理主体的权威性与专业性、治理客体的涉众性与私密性、治理反应高度敏感性以及数据转移规范性等方面。更加具有差异性的是，数字金融治理主体和客体存在相互转化的内在逻辑，比如在数据开放共享中，一切数据的生产者都是治理的主体，特别是开放金融体系的互操作性使得不同主体的地位更加平等，此前处于集中化系统中的金融监管者在数字金融治理框架中可能成为与新型金融机构、大型平台以及大量数字金融消费者地位平等的治理主体，甚至在一定条件下也会转变为数字金融的治理客体。数字金融2.0时代，现代新兴科技等的广泛应用及其与金融的融合使得数字金融的重要性进一步提高，包括金融数据治理在内的数字金融规制成为重要的政策议题和治理挑战。

3. 新型国际货币体系

在云计算、区块链和人工智能等技术的加持下，加密资产及其技术应用以及开放金融体系的形成可能直接关乎国际货币金融体系的技术引领性和数字金融生态主导权，可能引致新型国际货币体系。与时间空间约束缓释相比较，新型数字技术及数字金融2.0对金融系统更为显著的影响是其可能会改

---

① 胡滨：《金融科技、监管沙盒与体制创新：不完全契约视角》，《经济研究》2022年第6期。

② 薛澜、俞晗之：《迈向公共管理范式的全球治理——基于"问题-主体-机制"框架的分析》，《中国社会科学》2015年第11期。

变国际金融体系的结构①。一是具有大市场、大数据、大生态的国家将先天具有数字金融发展的先机，能更快达到数字金融所需的"超级规模效应"，进而成为头部系统或中心国家。二是具有数据开放性和连接力的国家将具有数字金融发展的竞争力，能更好地促进数据、资金以及要素的内外交互。三是具有数字技术软硬件支撑的国家将具有数字金融发展的保障力或自主性，能更好发挥数字金融的网络化、关联性和可靠性作用。为此，全球数字金融系统可能会出现一个以数字资产为锚的新体系，而加密资产可能会成为这一新赛道的主角，可能成为"强大的货币"的新载体。

特别是，美国当前针对加密资产实施的政策可能会加速这一进程。美国拥有全球最大且最活跃的加密资产市场。特朗普再次当选美国总统后，比特币价格屡创新高并超过 10 万美元/枚。比特币等加密货币的交易规模庞大，有众多的加密货币交易所、钱包服务提供商等，并吸引了全球大量的投资者和交易者。虽然，比特币较难履行货币职能，但是，其所依托的分布式技术的应用空间巨大。其后兴起的天平币以一篮子货币为锚，具有丰富的应用场景和跨境使用安全性，其对稳定币、中央银行数字货币以及国际货币体系产生的潜在影响非常明显，但因金融监管当局持否定态度而"胎死腹中"②。2025 年 1 月 23 日，特朗普签署行政令要求设立总统数字资产市场工作组，工作组成员不仅有财政部长、商务部长、证券交易委员会主席、商品期货交易委员会主席等，还有国土安全部部长、总统国家安全事务助理、国土安全顾问等③，可见，美国认为数字资产发展不仅关乎金融创新，还关乎国家安全。工作组将制定针对包括加密货币、数字代币和稳定币在内的数字资产的联邦监管框架，并评估建立战略性国家数字资产储备。更为关键的是，该行政令禁止各机构设立、发行或推广央行数字货币。而央行

---

① 张明、王喆、陈胤默：《全球新变局之下的国际货币体系改革：驱动因素、方案比较与未来展望》，《国际金融研究》2024 年第 9 期。

② 张明：《三大数字货币的比较分析：比特币、天平币和数字人民币》，《国际金融》2024 年第 3 期。

③ The White House. Strengthening American Leadership in Digital Financial Technology, Executive Order, January 23, 2025.

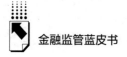

数字货币正是中国在数字金融 1.0 时代的一大领先领域。可以看到，美国数字资产、数字金融发展可能会开辟一条新的道路，与包括中国在内的其他经济体可能形成"换道"竞争①。

二 数字金融2.0时代的风险与监管挑战

在数字金融 2.0 时代，技术驱动的创新与风险并存。去中心化金融、加密资产、人工智能的深度赋能，以及数据驱动的开放金融等正在重塑全球金融体系的底层架构。这可能带来重大的金融创新效应，但随之而来的也有新的风险和监管挑战，这主要体现在网络安全与技术、市场、消费者权益保护、金融数据开放以及金融监管等方面。

（一）网络安全与技术风险

区块链技术驱动的去中心化金融体系通过智能合约实现金融业务的自动化。然而，技术漏洞和协议缺陷已成为系统性风险的主要源头。链上安全公司 Certik 发布的报告②显示，2024 年 Web 3.0 行业共发生 760 起链上安全事件，总损失约为 23.63 亿美元，相比 2023 年增加了约 31.61%。智能合约的复杂性和开发过程中的不完善使得分布式账本成为攻击者的首选目标，智能合约的代码审计不足和预言机数据的篡改问题增加了合约逻辑漏洞的被攻击风险，暴露出分布式网络在互操作性方面的脆弱性。此外，去中心化的特性导致事故追责机制缺失，用户资产难以通过传统法律途径追索。在技术更新方面，去中心化金融领域面临的压力尤为突出，因这种技术迭代的强耦合性扩展了系统故障风险，影响全局性的数据和网络安全。

数字资产在网络安全与技术方面面临诸多挑战，其网络安全与技术风险特征因技术架构、治理模式和应用场景的不同而有所差异。一方面，由

---

① 郑联盛等：《大国博弈下的中国金融发展——面向"十五五"时期的金融强国战略部署》，《金融评论》2025 年第 1 期。

② Certik. Hack3d：The Web3 Security Report 2024，January 2, 2025.

于加密资产基于区块链技术，其去中心化的特征使得风险集中在技术实现、协议设计与用户行为层面；另一方面，央行数字货币作为"中心化+分布式"混合架构的代表，其面临的风险主要体现在技术架构和数据隐私保护方面。在技术架构方面，央行数字货币的核心清算层采用中心化设计，使得集中式账本系统在遭受分布式拒绝服务（DDoS）攻击时表现出较为严重的脆弱性。在数据隐私保护方面，尽管央行数字货币采用可控匿名技术来增强隐私保护，但其交易链条的完整可追溯性仍可能暴露用户隐私。攻击者可能通过机器学习技术提高对用户身份的推断精度，加剧隐私泄露风险。

人工智能在风控与投顾领域的深度应用可能导致被攻击面的扩大。人工智能模型依赖大量数据，存在"黑箱"问题和稳健性不足问题，易受到数据"投毒"和模型逆向攻击的威胁。例如，向数据集注入虚假、恶意、有害的数据，以训练或者微调过程为主要手段的数据"投毒"，会改变 AI 模型结果，破坏金融模型效力，改变决策边界，加剧金融风险。同时，云计算虽然有效提升了计算资源的使用效率，但也增加了管理的复杂度，提升了数据安全风险。智能终端在数据的采集、处理、存储和传输环节也有可能遭受恶意攻击。此外，尽管联邦学习和多方安全计算能有效促进金融机构的数据流通，但由于外部数据来源具有复杂性，其确权、安全责任划分和访问机制仍处于探索阶段，存在显著数据安全隐患。

基于应用程序接口（API）的开放金融存在显著安全隐患。开放金融模式依赖于第三方服务提供商（TPP）的 API 实现数据共享，但 TPP 的 API 可能存在安全缺陷，影响风险管理机制的有效传导。开放金融的 API 设计需要支持快速对接多个平台，TPP 往往可能简化认证流程或忽略输入验证，导致其被攻击面扩大。根据《2024 年 API 安全态势报告》，在各行业中，金融业在 API 目标攻击中的被攻击比例最高，达到 32.5%，且连续两年居首位。单个 TPP 的漏洞不仅可能引发跨机构的连锁反应，还可能导致大规模的用户隐私数据泄露，从而使开放金融生态中的风险传导从单点故障演变为网状扩散，引发重大网络安全风险。

（二）市场风险

去中心化金融（DeFi）通过智能合约和区块链技术重构传统金融基础设施，但其无许可、自动化和高度互联的特性放大了数字资产价格波动性风险与流动性风险对金融市场稳定性的潜在冲击。价格波动性风险源于数字资产缺乏传统金融市场的价格稳定机制，其价格高度依赖市场情绪、技术迭代及监管不确定性。同时，DeFi 的流动性风险具有独特的结构特征，核心在于其流动性供给机制与传统金融市场流动性供给机制存在差异。在传统金融市场中，流动性主要由专业做市商提供，并通过风险管理工具对冲价格波动。而 DeFi 的流动性完全依赖用户自主提供的流动性池，流动性提供者通过质押加密资产成为做市商，但其行为不受合约约束可随时撤资。该类特征使得 DeFi 的流动性供给呈现三类脆弱性：一是流动性碎片化与顺周期性，二是流动性深度不足与价格失稳，三是流动性风险的跨协议传染。流动性风险的跨协议传染具有很大的风险，DeFi 协议通过可组合性高度互联，流动性池通常是其他协议的底层基础设施，一个流动性池发生挤兑易引发链式风险[1]。

加密资产因其自身技术特性而具有天然的价格波动性风险。加密资产缺乏内在价值锚定，价格依赖市场情绪和投机行为等，易造成市场供需失衡，在加密资产与传统金融关联加深的趋势下，加密资产价格的大幅波动将引发股市连锁反应，进而影响金融市场稳定[2]。流动性风险方面，一方面，加密资产分散于数千个交易所和链上协议，存在流动性割裂，使得大额交易难以执行，加剧价格下跌；另一方面，中心化交易所的爆雷将导致市场流动性骤降，从而牵连传统金融机构，加深系统性金融风险。

人工智能深度赋能风控与投顾决策体系，显著改变了数字资产市场风险的识别与管理模式，但其技术特性与市场结构的交互可能加剧数字资产价格

---

[1] Federal Reserve Board. Financial Stability Report, November 4, 2022.

[2] International Monetary Fund. Global Financial Stability Report, October 10, 2023.

波动性与流动性风险。在数字资产价格波动性风险管理方面，人工智能这类模型高度依赖历史数据且具有"黑箱"特性，可能反而会加剧风险。训练数据的偏差或滞后（如未涵盖新型资产或极端市场事件）可能导致误判，而算法同质化（如多家机构采用相似风险模型）可能引发羊群效应，加剧市场波动。此外，生成式人工智能的不可控输出也可能误导投资者决策，进一步削弱资产定价机制。在流动性风险方面，人工智能通过实时图计算技术可动态追踪资金流向与抵押品关联网络，穿透式识别流动性脆弱节点，例如在复杂衍生品或跨链交易中定位潜在挤兑风险。然而，人工智能驱动的流动性管理工具仍面临结构性挑战：其一，流动性供给的算法依赖性可能加剧市场顺周期性，且基于智能化的流动性撤出速度远超传统人工干预所带来的流动性撤出速度；其二，智能合约的自动清算机制与流动性池的动态再平衡可能在价格剧烈波动时形成负反馈循环。

数据驱动的开放金融框架可能加剧数字资产价格的波动性风险和流动性风险。在价格波动性方面，高频交易作为数据驱动的典型模式，其快速买卖行为虽能提高市场效率，但也加剧了短期价格波动。在算法交易存在同质化倾向时，市场易因局部信息扰动或技术故障发生连锁反应，导致短时间内价格剧烈波动。在缺乏有效流动性缓冲的情况下，价格波动可能通过自动化交易机制迅速传导至其他关联资产，影响市场稳定。此外，数据驱动的开放金融体系依赖跨境数据流动支撑交易决策。当高频算法捕捉到跨境资金的异常波动时，可能触发预设的止损或套利指令，导致流动性在多个市场间同步蒸发，进而形成跨市场、跨资产类别的系统性风险。

（三）消费者权益保护

在 DeFi 体系中，消费者权益保护面临多重结构性挑战。信息不对称问题因 DeFi 协议的技术复杂性和透明度悖论而加剧。尽管区块链技术本身具有公开可追溯性，但项目方通常缺乏传统金融机构所必须履行的信息披露义务，导致普通用户难以理解智能合约逻辑、风险参数及治理机制。DeFi 生态中的隐私保护需求与监管透明度要求存在矛盾，零知识证明等隐私增强技术的应用虽能保护用户身份信息，但也为恶意行为者提供隐匿通道，增加欺诈行为追溯难度。产品隐匿性源于协议的高度可组合性，单个 DeFi 应用通常由多个智能合约嵌套构成，这种模块化架构增加了风险在不同协议间的传导复杂性，使得风险溯源和控制更加困难。现有监管体系在法律适用和执行方面未能有效应对该问题。

加密资产作为 DeFi 和区块链技术的核心载体，其消费者权益保护问题与传统金融体系中的消费者权益保护问题存在显著差异。由于技术复杂性、匿名性和去中心化特征，消费者在加密资产交易中面临更高的风险敞口，尤其是信息不对称、隐私保护、产品隐匿性及责任划分等方面的问题突出①。首先，加密资产存在技术门槛与信息不透明问题。加密资产技术细节高度复杂，普通用户难以验证其真实性。其次，加密资产在隐私保护上存在数据泄露风险。加密资产的匿名性是一把"双刃剑"，其匿名特征有时被用于诈骗、洗钱，受害者难以追踪资金流向。再次，加密资产面临责任主体模糊与维权困境。加密资产交易可能涉及多方主体，一旦出现问题，便会导致责任划分困难。最后，跨境支付的法律适用问题增加维权难度，由于涉及多个司法管辖区的监管机构，消费者可能面临管辖权冲突、法律适用不一致等问题。

人工智能在金融领域的应用使消费者权益保护面临更为复杂的挑战。首先，信息不对称问题因算法决策的"黑箱"特性而凸显。智能投顾等系统依赖复杂的数据模型生成投资建议，但其决策逻辑往往缺乏透明度，用户难以理解算法决策逻辑，缺乏有效机制评估建议的合理性和潜在偏见。其次，隐私保护面临技术性与制度性双重挑战。人工智能需大量用户数据支撑决策，但在数据收集与处理过程中，用户对自身信息的控制权被削弱，而现有法律对数据匿名化、去标识化等技术标准的规定尚未形成统一框架。此外，产品隐匿性和多层级技术架构使传统"一对一"合同关系被打破，责任主体的界定面临障碍。最后，技术链条的延伸进一步加剧了监管滞后性。智能

---

① International Monetary Fund. Elements of Effective Policies for Crypto Assets, February 23, 2023.

投顾与风控系统往往嵌套于跨平台生态中，数据流经多个环节，消费者权益受损的因果关系认定难度提升。

数据驱动的开放金融依托跨机构数据共享和基于 API 技术的金融服务整合，在提升效率的同时，也显著增加了消费者权益保护的复杂性。首先，信息不对称问题因数据控制权的结构性失衡而加剧，金融机构凭借算法模型和行为数据分析能力建立信息优势[1]，而消费者在数据使用范围、风险评估模型及决策逻辑方面缺乏充分知情权，在金融决策中的相对劣势扩大。其次，隐私保护面临双重挑战：一方面，开放银行框架要求消费者授权数据共享，增大了敏感信息的暴露风险；另一方面，生物识别、社交数据等非传统信息的采集缺乏明确边界，可能导致超范围使用。再次，责任划分困境随服务链条延伸而更加突出，从数据源、聚合平台、算法服务商到最终提供商的多方参与，使得产品缺陷、数据泄露等问题的归责路径复杂化，现有技术中立原则未能有效界定 API 服务商在故障或损失中的责任。最后，监管滞后性进一步放大风险，现有法律框架对第三方技术提供商的法律责任尚无明确定义，导致消费者救济途径受限，现行法律在适应开放金融环境方面仍有较大完善空间。

（四）金融数据开放

DeFi 作为基于区块链技术的全球性金融体系，其全球性、匿名性、无许可特性等特征使其天然涉及跨境数据流通问题，同时也对国际数字治理标准制定提出了新的挑战。在 DeFi 生态中，金融数据（如交易记录、用户身份信息、智能合约代码等）的生成、存储和传输均依赖分布式账本技术，数据流动不受物理边界限制，且往往跨越多个司法管辖区。这种特性使得金融数据的跨境流通成为 DeFi 运作的基础，但也因各国在数据主权、隐私保护和国家安全方面的不同立场而面临治理冲突。欧盟通过《通用数据保护

---

① Fuster et al. , "The Role of Technology in Mortgage Lending", *The Review of Financial Studies*, 2019, 32 (5).

条例》（简称"GDPR"）严格限制个人数据的跨境传输，而美国则倾向于通过区域贸易协定推动数据自由流动以维护其数字产业优势。这种分歧导致DeFi 平台在合规性上面临两难：若遵循严格的数据本地化要求，可能削弱其去中心化特性；若完全放开数据流动，则可能触犯特定国家的监管红线。此外，国际数字治理标准的制定在 DeFi 领域尤为迫切。当前，全球数据治理呈现"碎片化"特征，多边规则缺位，区域性协定和国家内部立法并存，缺乏统一的跨境数据流动框架。

数字资产的跨境数据流通与国际数字治理标准制定面临双重挑战。跨境数据流通领域存在数据主权与支付监管冲突，各国对数据跨境传输的立法存在显著分歧。对于加密资产，中国的《数据安全法》、欧盟 GDPR 的"数据主权"原则要求金融数据存储于境内服务器，但加密资产交易链上的数据存储具有天然分布式存储特征，难以满足本地化要求。例如，2023 年欧盟《加密资产市场监管法案》（MiCA）要求加密服务商（VASP）向境内监管机构报告交易数据，但链上数据可能存储于全球节点，引发合规争议。在国际数字治理标准制定层面，全球统一的数据治理框架缺位。加密资产的跨境流通要求统一的国际数据治理框架，但各国在数据主权、技术路线和利益分配上的分歧，导致标准制定陷入"碎片化"与"权力博弈"困局。发展中国家主张通过多边机制平等参与规则制定，但发达国家倾向于维持现有体系优势，如美国在其"数字货币行政令"中明确禁止美国任何机构采取任何行动建立、发行或推动央行数字货币（CBDC）。权力博弈导致关键议题推进受阻，包括跨境 CBDC 流动性供给机制、危机处置责任划分等核心规则构建。关键是，如果未来形成基于数字资产的新国际货币体系，那么新国际货币体系的治理就更加必要且重要。

人工智能赋能金融风控同样涉及跨境数据流通和国际数字治理标准问题。在跨境数据流通方面，AI 决策模型的训练与部署高度依赖全球化数据资源的整合。然而，各国对"重要数据"的界定标准、匿名化处理标准及风险评估方法尚未统一，导致 AI 模型开发者在跨境调用数据时可能陷入合规困境。在国际数字治理标准制定方面，AI 金融数据治理标准的缺失已成为制约技术应用的核心问题。当前全球尚未形成统一的 AI 算法透明度、数据质量评估及伦理审查框架，各国监管机构对金融 AI 系统的技术要求呈现碎片化特征。制度性分歧导致跨国金融机构在部署 AI 风控系统时，需针对不同市场制定不同技术方案，显著增加合规成本。

在数据驱动的开放金融框架下，跨境数据流通与国际数字治理标准制定已成为核心议题。在跨境数据流通方面，金融数据的跨国流动首先受制于各国在数据主权立场上的矛盾。欧盟《通用数据保护条例》采取数据主权优先模式，而美国《云法案》（CLOUD Act，2018 年）则通过"长臂管辖"强化数据控制权。其次，API 互操作性与技术标准差异形成实质性壁垒，尽管开放银行模式依赖 API 实现数据共享，但各国 API 协议的技术参数、认证机制尚未统一，直接增加了跨境数据调用成本[1]。在国际数字治理标准制定方面，全球尚未形成统一的开放金融数据治理框架。欧盟通过《数字市场法案》构建内部统一规则，但从全球其他经济体看，该规则兼容性不足；《区域全面经济伙伴关系协定》将基本安全利益例外条款纳入跨境数据流动规则中，却未建立细化的金融数据流通标准。此外，开放金融的合规标准与技术标准双重割裂加剧治理困境。合规标准层面，各国在数据权属认定、隐私计算要求方面存在分歧；技术标准层面，ISO 20022 标准虽成为支付领域通用报文标准，但开放金融所需的身份认证、数据加密等技术协议仍缺乏国际互认机制[2]。

（五）金融监管挑战

DeFi 的监管风险源于 DeFi 的技术特性与传统法律框架的错位，主要存在法律属性模糊、市场准入规则分化及跨境监管协作低效三方面的问题。在法律属性方面，DeFi 依托于区块链技术和智能合约，其匿名性、去中介化特征使得传统金融监管中的"主体"与"行为"边界难以适用。美国证券

---

① Bank for International Settlements. API Standards for Data-sharing（Account Aggregator），October 18，2022.

② International Monetary Fund. IMF and World Bank Approach to Cross-Border Payments Technical Assistance，December 22，2023.

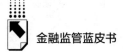
交易委员会（SEC）在2023年对多家DeFi平台发起调查，认为部分借贷协议和流动性挖矿产品可能构成未注册证券发行，但技术架构的复杂性导致法律适用争议频发①。我国则通过《关于进一步防范和处置虚拟货币交易炒作风险的通知》明确禁止虚拟货币相关业务，但稳定币、去中心化交易所等新型业态仍处于法律灰色地带。在市场准入规则方面，各地监管尺度差异显著。中国香港于2024年推出稳定币发行人"沙盒"，首批参与者包括渣打银行、京东币链科技等持牌机构。该"沙盒"允许在监管框架内测试稳定币的发行与应用场景（如跨境支付），但明确限制公众资金参与，仅限机构在封闭环境中验证合规性。美国则基于"功能监管"原则，要求DeFi项目符合反洗钱和反恐融资规则②。在跨境监管协作方面，DeFi的全球化运作与主权国家监管主权之间的矛盾突出。金融稳定理事会（FSB）在2022年发布的报告中强调③，DeFi可能通过跨链桥、算法稳定币等渠道与传统金融体系产生风险传导，需建立全球统一的流动性监测框架，但各国对数据主权和监管权限的竞争可能阻碍合作进程推进。

数字资产的监管风险集中体现在法律界定及跨境监管协调两个层面。法律界定层面，关于数字资产的法律属性目前尚未形成全球统一标准，各司法辖区对数字资产的法律界定存在分歧。对于加密资产，美国商品期货交易委员会（CFTC）将比特币视为商品，美国证券交易委员会（SEC）则认定部分代币为证券，也有国家如萨尔瓦多共和国承认比特币为法定货币。对于CBDC，欧盟《加密资产市场监管法案》将CBDC明确为"电子货币代币"④，而部分国家将其视为法定货币，还有一些国家则将其归类为资产。我国《中国人民银行法（修订草案征求意见稿）》规定禁止代币替代人民

---

① U. S. Securities and Exchange Commission. Enforcement Results for Fiscal Year 2023, November 14, 2023.

② U. S. Department of the Treasury. DeFi Illicit Finance Risk Assessment, April 6, 2023.

③ Financial Stability Board. Promoting Global Financial Stability: 2022 FSB Annual Report, November 16, 2022.

④ European Securities and Markets Authority. Markets in Crypto-Assets Regulation (MiCA), June, 2023.

币流通，但未明确 CBDC 与私人数字货币（如稳定币）的法律边界。跨境监管协调层面，各国对加密资产服务商的准入要求不一致，容易导致国际监管套利。例如，日本要求加密交易所必须申请注册并遵守资本充足率规则，而中国则全面禁止加密资产交易。同时，加密资产跨国流动会造成监管权责不清，交易所总部与用户所在国家之间有时存在法律冲突。对于 CBDC，其监管协同失位体现为其全球化特性与主权国家监管权的矛盾突出。国际清算银行指出，技术标准不统一与数据治理规则差异是主要障碍。欧盟《通用数据保护条例》对数据的跨境传输有严格限制，要求数据接收方达到同等的保护水平，而美国和其他国家的隐私保护标准较为宽松，导致跨境支付中的隐私保护与数据流动难以平衡。此外，各国在支付系统互操作性上的分歧（如采用分布式账本技术或传统网络）进一步加剧了协同难度。

人工智能的监管风险也体现在法律界定、市场准入规则及跨境监管协调三个层面。法律界定层面，人工智能算法的透明性与责任归属尚未形成统一标准。2024 年欧盟《人工智能法案》将金融风险评估、信用评分等列为高风险场景，规定高风险人工智能系统的主要责任人为提供者，需要在其人工智能系统投入使用或进入市场后的 10 年内，确保司法辖区的监管部门可以随时调用查阅相关技术文件；我国尚未颁布人工智能法，但《生成式人工智能服务管理暂行办法》要求人工智能服务防止算法歧视，但未在金融领域细化标准，实践中仍需依赖《证券期货业网络和信息安全管理办法》的原则性规定；美国在人工智能监管方面仍处于起步阶段。市场准入规则层面，各国对 AI 金融应用的合规门槛要求差异显著。我国在自贸区试点"监管沙盒"，仅允许持牌银行测试智能风控模型；美国基于"功能监管"原则，要求智能投顾平台注册为投资顾问并履行反洗钱义务，但算法开源性与跨境节点分散性削弱了执法效能；欧盟则通过《数字运营弹性法案》强制金融机构对 AI 系统进行压力测试，但其豁免条款（如开源模型）可能引发监管套利。跨境监管协调层面，AI 决策的全球化应用与各国主权规则存在冲突。欧盟《通用数据保护条例》要求对于算法决策提供人工申诉权，即用户可要求金融机构重新进行人工审核并解释算法逻辑，而美国尚未出台类

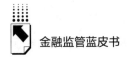
似的统一联邦法规。此外，人工智能决策的不可解释性削弱了监管有效性。对深度学习模型的风险评估逻辑难以进行审计，导致监管机构难以精准识别系统性风险源头。同时，跨境数字资产市场缺乏统一的 AI 治理框架，各国监管标准的差异可能引发监管套利。

在数据驱动的开放金融框架下，监管风险集中体现在市场准入政策的动态适配性与跨境监管协调机制的规则竞合上。在市场准入政策方面，关键在于平衡金融开放的安全阈值与创新激励。目前，我国数据开放试点范围有限，准入标准尚未形成动态调整机制。外资机构在数据本地化存储和跨境传输审查方面面临严格限制，可能导致政策缺乏弹性，市场活力被抑制，并增加监管套利风险。跨境监管协调机制层面，各国数据主权主张与监管逻辑差异形成"规则洼地"，例如欧盟《数字运营弹性法案》的穿透式监管要求与我国以主体资质审查为核心的范式存在制度摩擦，此类标准分歧不仅推高企业双重合规成本，还可能导致监管真空地带的产生，削弱跨境金融活动的稳定性。尽管国际组织推动监管标准趋同，但实质性互认机制仍受限于关键领域的技术标准与数据治理规则不对等，例如数据分类分级、隐私保护强度的界定差异影响了跨境信息共享与联合执法效能。

三　数字金融2.0时代的国际监管实践

数字金融 2.0 时代将萌发更为显著的技术创新效应，可能引发金融监管体系和金融治理体系的重大变革，甚至重塑国际货币体系，为此，国际社会对数字金融 2.0 的监管强化和优化是一个普遍趋势，整体是在寻找一条既包容创新又防范风险的权衡之路。本部分将着重分析欧盟、美国、英国以及中国内地和香港在区块链技术、人工智能、数字资产、数据治理及开放金融等领域的监管实践。

（一）区块链技术

数字金融 2.0 时代，区块链技术是主导性的技术创新之一，是加密资产等分布式架构的基本支撑。这种技术具有巨大的创新效应，但同时也潜藏着不确定性风险，特别是对集中式金融监管框架带来挑战。为此，区块链技术是金融监管的重要对象。由于要权衡传统的集中式监管框架和创新的区块链技术，不同经济体对于该技术的监管也呈现一定的差异性特征。

欧盟鼓励区块链技术的探索和创新应用，但区块链技术在金融实践中的应用仍相对有限，相应的监管实践也处在探索之中。欧盟早在 2018 年就提出成立欧洲区块链合作伙伴关系（EBP），并于 2020 年启动了欧洲区块链服务基础设施（EBSI）项目，旨在利用区块链技术提升跨境数字服务的效率和安全性。该项目的设计遵循了多项核心原则，包括致力于实现公共利益、透明的治理、数据兼容性和开源软件，同时遵守欧盟《通用数据保护条例》（GDPR）和《电子识别及信任服务》（eIDAS）等法规。

美国政府对于区块链技术的政策态度已发生重大的积极改变。由于区块链技术具有"双刃剑"效应，美国政府在早期对其发展持中性态度。然而，随着区块链技术的迅速发展及其对传统金融体系的冲击，美国政府意识到需要采取更为主动的监管措施。拜登政府提出了"负责任创新"的理念，强调在鼓励技术创新的同时，必须确保其发展不危害国家安全和金融稳定。这一理念的提出，标志着美国政府从被动监管转向主动引导，试图在技术发展与风险控制之间找到平衡。特朗普新政府更加主动积极鼓励加密资产的发展，对区块链技术的监管立场可能更加包容和开放，区块链技术的发展和监管必然将迎来新的变化。

（二）人工智能

人工智能在金融体系中的应用日益广泛，其数据驱动、自动化和智能化特性，显著提升了金融行业的效率、风险控制能力和用户体验，更重要的是将数据转化为可执行职能行为。当然，人工智能也存在数据隐私泄露、算法偏见、智能行为扭曲以及系统性偏差等风险。各经济体虽已认识到人工智能在数字金融 2.0 时代的重要性，但对人工智能在金融系统中的应用仍持开放包容又谨慎顾忌的监管态度。

美国在人工智能监管上采取创新优先、分散治理的特色模式，与欧盟的集中立法形成鲜明对比，这一模式既体现了美国对技术发展的重视，也反映了其自由市场理念与联邦制结构特点。目前，美国尚未出台统一的 AI 专项法律，也未对 AI 技术在金融领域中的应用制定专门的法律规范，而是通过行政令、指导性文件及多机构协同逐步构建监管体系，旨在保持美国在全球 AI 领域的技术领先地位，并为未来立法奠定基础①。虽然，美国对于 AI 的应用是开放包容的，但对其潜在风险也是非常关注的。2022 年 10 月，美国白宫发布《人工智能权利法案蓝图》，以公平性和隐私保护为核心，提出了系统建设、算法歧视保护、数据隐私保护、自动化决策系统失败时的替代方案构建等基础任务。2023 年 10 月拜登政府第 14110 号行政令《关于安全、可靠和值得信赖的人工智能开发和使用的行政令》要求确保 AI 系统的安全性和可靠性。特朗普新政府强调数字金融的全球竞争力和领导力，对于 AI 在金融体系的应用将会更加包容，但也可能逐步强化 AI 与金融相结合的风险应对和监管规范。

欧盟在 AI 监管领域采取了系统且深入的举措，致力于在技术创新、公共安全与伦理道德之间实现平衡，但当前整体可能更加侧重于关注风险和安全。随着 AI 技术的迅猛发展及其在各领域的广泛应用，相应的潜在的伦理、法律和社会风险也日益凸显②。《人工智能法案》提案的谈判授权草案早在 2021 年 4 月就由欧盟委员会提出，历经多轮审议和修改，《人工智能法案》最终在 2024 年 3 月 13 日正式获批通过，成为全球首个针对 AI 的综合性法律框架，并于 2024 年 8 月 1 日正式生效。该法案将 AI 系统可能带来的风险划分为四个等级，即不可接受风险、高风险、有限风险和最小风险。其中，可能带来不可接受风险的 AI 系统因对人类安全、基本权利或社会价值观构

---

① 韩春晖：《美国人工智能的公法规制》，《国外社会科学》2022 年第 2 期；陈凤仙、连雨璐、王娜：《欧美人工智能监管模式及政策启示》，《中国行政管理》2024 年第 1 期；吴洁：《中美欧人工智能监管治理比较》，《中国经济报告》2024 年第 3 期。

② 沃尔夫冈·多伊普勒：《〈欧盟人工智能法案〉的背景、主要内容与评价——兼论该法案对劳动法的影响》，《环球法律评论》2024 年第 3 期；Chamberlain J.，Reichel J.，"Supervision of Artificial Intelligence in the EU and the Protection of Privacy"，*FIU Law Review*，2023，17。

成严重威胁而被全面禁止，如利用 AI 进行潜意识操纵、社会评分或在公共场所进行实时远程生物特征识别等。这相当于为 AI 在欧洲的应用划定了负面清单。截至 2024 年末，欧盟对于 AI 在金融中的应用也尚未出台专项法律规范和系统性监管框架。

英国在 AI 监管方面采取了灵活且创新的策略，旨在平衡技术发展与公共利益之间的关系，但相对欧盟更加侧重于鼓励创新。2023 年 3 月 29 日，英国政府发布首份人工智能白皮书《支持创新的人工智能监管规则》，指导人工智能在英国的应用，推动负责任创新，维护公众信任。白皮书概述了监管机构将遵循安全性、透明度、公平性、责任性和有效处置五项基本工作原则。比如责任性要求问责和有效管理，确保对人工智能的使用方式进行适当监督，并对结果进行明确问责，而有效处置则强调对争议的处置和有效补救。在监管实施方面，英国政府强调暂缓专项立法，推行自由灵活的人工智能监管框架。英国注重根据人工智能的应用场景和使用结果来衡量其风险与机会，选择"以场景和结果为依据"落实监管框架，不同场景下人工智能的风险和优势各异，采用统一监管标准可能阻碍技术潜力发挥。

（三）数字资产

数字资产是数字金融 2.0 时代的核心领域，同时也是当前国际社会监管分歧最为突出的领域之一。美国和英国整体以鼓励创新的思路来发展数字资产，美国实施分类双层监管框架，欧洲则着力于在欧盟层面形成一个相对具有原则性的监管体。值得重视的是，美国正着力发展美元稳定币，同时限制央行数字货币的发展。

美国在数字资产监管方面经历多年政策演进，呈现联邦与州级多机构协同、复杂且动态调整的监管格局，以平衡创新与风险控制[1]。2024 年 5 月，美国众议院通过《21 世纪金融创新与技术法案》，并将法案提交给参议院审

---

[1] 尹振涛、王振：《加密资产监管的国际进展与政策建议》，《中国外汇》2023 年第 13 期；赵炳昊：《加密数字货币监管的美国经验与中国路径的审视》，《福建师范大学学报》（哲学社会科学版）2020 年第 3 期。

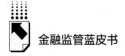

议，旨在将更多加密货币监管权力赋予美国商品期货交易委员会（CFTC）。该法案将加密货币、数字资产分为受限制的数字资产、数字商品和有许可的支付稳定币三大类，并实施分类监管。特朗普新政府对加密资产的态度更为积极。2025 年 1 月，特朗普总统签署《加强美国在数字金融技术领域的领导地位》行政令，规范和促进加密货币行业发展。该行政令支持公共区块链网络、软件开发、挖矿活动和稳定币的使用，并确保守法个人和实体能够公平获得银行服务。此外，该行政令禁止在美国发行央行数字货币，并撤销之前的相关政策。

更值得注意的是，美国可能会加快稳定币的发展进程。2025 年 3 月，美国《稳定币国家创新法案》（GENIUS Act）和《稳定币透明度与问责促进账本经济法案》（STABLE Act）受到国会的支持已进入实质性立法进程，核心就是将美元稳定币纳入监管体系，并与传统美元体系相链接。这代表着在特朗普新政府的操作下，美国加密资产的发展路径和监管实践，走出了与中国不同的道路。

英国是数字资产监管最早的实践者。早在 2015 年，英国创立的监管沙盒就开始探究数字资产的监管之策。当前，在数字资产监管方面，英国采取多层次、渐进式策略，旨在平衡创新与风险管理，确保市场稳定性和透明度[①]。2024 年 9 月，英国政府向议会提交《财产（数字资产等）法案》，旨在明确数字资产法律地位，包括加密货币、非同质化代币（NFT）和代币化的现实世界资产（RWA），将其定义为个人财产，引入"可占有物品"新财产类别，为数字资产所有者提供更强法律保护。但是，由于市场场景等的约束，英国数字资产发展和监管进程仍偏慢。

欧盟在数字资产监管领域实施了系统性、全方位举措，核心目标是为成员国打造统一监管框架，在消费者权益保护、金融稳定以及加密领域创新之间取得平衡。欧盟在数字资产领域的核心立法为 MiCA，该法案于 2023 年 6

---

① 柯达：《加密资产分类监管研究——以英国、瑞士、新加坡三国为例》，载郭锋主编《证券法律评论》（2019 年卷），中国法制出版社，2019。

月 9 日正式发布，2024 年 12 月 30 日全面落地实施①。MiCA 明确将加密资产划分为资产参考代币（ARTs）、电子货币代币（EMTs）以及其他加密资产三大类别。

（四）数据治理及开放金融

金融数据治理是金融机构通过系统化的管理框架，确保数据的准确、安全、合规和价值最大化。随着金融业数字化转型加速，数据成为关键资产，数据治理的优劣直接关系到机构的风险控制、运营效率和市场竞争力。金融数据治理包括数据质量管理、数据安全与隐私保护、元数据与数据标准管理、数据生命周期管理和数据治理组织与流程五个重要领域，这也是各国金融数据治理的重点内容。当然，由于大数据、区块链和人工智能等技术的融合，金融数据治理面临的监管挑战也十分严峻，其中最典型的表现是主要经济体均未制定专项金融数据治理规范。

欧盟金融数据治理秉承其数据治理的基本框架。欧盟在数据治理实践方面堪称全球标杆，其核心要义是以保护个人数据隐私和权利为指引，构建起一套严密、系统且极具影响力的框架体系，而 2018 年 5 月 25 日正式生效的《通用数据保护条例》则是该框架的重要组成部分②。但是，欧盟对于个人数据隐私和权利的重视，使得其金融数据治理乃至整个数据治理框架面临封闭化的挑战。2020 年以来，欧盟通过界定非个人数据以及"授权"开放举措，来确保包括金融数据在内的数据内外交互和满足治理的现实需要，比如 2023 年与美国更新了欧盟－美国数据隐私保护框架，为跨境数据共享提供了政策便利。2023 年 6 月 28 日，欧盟委员会提出了金融数据访问法规（FIDA），将其作为开放金融战略的一部分，允许银

---

① 龚淋：《欧盟 MiCA 法案评述及启示》，《福建金融》2024 年第 2 期；刘旭、尚昕昕：《欧盟加密资产市场监管法案开启加密监管新时代》，《中国外汇》2024 年第 1 期。

② 崔文波等：《欧盟数据与算法安全治理：特征与启示》，《信息资源管理学报》2023 年第 2 期；司马航：《欧盟公共数据共享的制度构造和经验借鉴——以欧盟〈数据治理法〉为视角》，《德国研究》2023 年第 4 期。

行、保险公司、投资服务机构等金融实体之间共享用户数据。这一框架建立在之前的支付服务指令（PSD2）基础上，该指令要求银行向第三方支付服务提供商开放其支付服务和客户数据，推动了开放银行发展和金融数据开放①。

美国在数据治理领域经历了深刻演进，旨在平衡数据开放、隐私保护和国家安全之间的关系，但整体是以开放作为基础支撑推动数字经济和数字金融的发展。美国的数据治理主要通过针对特定行业或群体的法律来实现。早在 1996 年就获批通过的《健康保险可携性与责任法案》是美国医疗数据保护和治理的基石。《格雷姆-里奇-比利雷法案》（1999 年）适用于金融机构，要求金融机构向消费者披露数据处理政策并提供退出选项。由于对数据开放和共享以及数字金融发展更加包容，跨境数据流动治理在美国相对更宽松。与欧盟的严格审查不同，美国通过《云法案》允许政府在特定条件下访问存储在海外的数据，也致力于实现与欧盟的跨大西洋数据传输和共享。未来，美国数据治理可能朝两个方向发展：一是联邦层面的统一立法，2023年提出的《美国数据隐私与保护法案》（ADPPA）（草案）虽未被通过，但显示了这一意图；二是技术驱动的治理，如利用人工智能优化数据分类，或通过区块链增强数据透明度。另外，随着美国对加密资产发展的鼓励，相关数据治理框架也可能会逐步完善起来。

英国的数据治理实践在全球具有独特地位，既继承了欧盟的严格标准，又因脱欧发展出自身特色②。一方面，英国强调数据保护。《英国通用数据保护条例》（UK GDPR）保留了欧盟框架下的基本原则，强调数据处理需有合法依据、数据采集最小化以及目的限定原则等，这实际上是为了更好地对接欧盟。另一方面，英国比欧盟更加关注数据开放。由于欧盟《通用数据保护条例》较为严苛，影响数据使用和价值挖掘，2018 年英国制定并实施

---

① 尚博文：《从"开放银行"到"开放金融"：金融数据要素流通的治理应对》，《金融监管研究》2023 年第 11 期。
② 张涛等：《英国国家数据安全治理：制度、机构及启示》，《信息资源管理学报》2022 年第 6 期。

的《数据保护法》（DPA）对特定领域的数据使用进行了补充规定，本质是提升部分领域的数据开放度。最后，跨境数据传输是英国数据治理实践中的一大焦点。2021年6月，欧盟认定英国的数据保护水平"充分"，允许数据从欧盟自由流入英国，但这一认定需定期审查，可能因英国未来政策调整而改变。为维持全球数据流动的顺畅性，英国政府积极与美国、日本等国签订双边数据共享协议，并通过"国际数据传输框架"（IDTA）替代欧盟的标准合同条款（SCC），为企业提供更灵活的跨境数据治理工具。但是，英国也在探索"数据主权"理念，强调对本国数据的控制权，例如限制关键数据的海外存储，以保护国家安全和经济利益。虽然，英国尚未制定金融数据治理的专门规范，但是，英国金融数据治理呈现"双峰"模式，英格兰银行和金融行为管理局分别就各自监管领域进行数据治理，且二者充分协调保持数据交互以及数据标准统一性。英国金融数据共享和治理的进程与其开放银行及开放金融的发展紧密相关。英国政府采取了监管主导与市场创新相结合的策略来推进开放金融的发展，这一实践的核心是开放银行计划的实施及金融监管框架的不断优化。开放银行概念最早由英国提出，指在监管范畴内，金融机构基于标准化的 API 等技术，与第三方机构共享数据和服务，以提升客户体验和促进金融创新。

（五）国际比较的启示

1.区块链技术与数字资产监管

各地针对区块链技术和数字资产的监管政策呈现显著差异，这种差异主要源于各地不同的法律体系架构、金融市场成熟程度以及风险偏好特征。美国与英国在监管导向上较为相似，倾向于在既定监管框架内积极扶持技术创新和市场创新，致力于打造受控且有利于数字资产发展的环境。中国内地出于维护金融稳定大局以及防范金融犯罪的考虑，对数字资产采取全面禁止的坚定立场，严格限制相关交易及活动，以避免潜在金融风险的滋生蔓延。而中国香港地区作为国际知名的金融中心，在数字资产监管路径选择上努力寻求平衡，一方面积极引入贴合本地实际的相关法规，对市场发展加以规范引导；另一方面试图在监管强度与创新活力之间找到最优解，推动数字资产行业健康有序发展。各地数字资产监管实践为我们提供了三个重要启示。

第一，构建统一监管框架是平衡创新与风险的核心路径。欧盟通过《加密资产市场监管法案》建立了覆盖全成员国的统一监管框架，明确加密资产分类、发行主体义务和服务商准入标准，在保护投资者权益的同时为创新留出空间。这种系统性立法不仅解决了监管碎片化问题，还通过统一规则降低了企业合规成本，提高了市场透明度。相比之下，美国联邦与州级监管的复杂性导致权限重叠和合规不确定性，例如 SEC 与 CFTC 的管辖权争议，以及纽约州与怀俄明州政策的分歧。统一的顶层设计能更高效地平衡创新与风险，避免监管割裂引发的市场混乱，同时为跨国企业提供清晰的合规指引。

第二，动态调整监管政策是应对技术快速迭代的合理选择。美国与英国均通过立法和行政令不断更新监管框架。例如，美国 2024 年出台的《21 世纪金融创新与技术法案》重新划分数字资产类别并调整监管机构分工，2025 年行政令则转向支持区块链技术但限制 CBDC；英国通过《财产（数字资产等）法案》赋予数字资产明确法律地位，并通过司法判例动态回应技术挑战。这表明，数字资产市场的高波动性和技术复杂性要求监管政策具备灵活性，需定期评估现有规则的有效性，结合市场反馈和技术趋势进行动态调整，避免"一刀切"导致政策抑制创新或滞后于风险演变。

第三，分层监管与沙盒机制可有效兼容创新与合规。英国监管沙盒机制为初创企业提供了在受控环境中测试产品的空间，既鼓励技术创新，又通过阶段性合规要求控制风险。中国香港的 VASP 发牌制度与稳定币发行人牌照制度也体现了分层监管逻辑：对高风险领域（如交易平台）实施严格准入，对稳定币等系统性风险较高的资产强化储备管理和资本要求，而对专业投资者则探索开放衍生品交易。这种分层模式的启示是，监管应区分市场主体的风险等级和业务类型，对普惠性创新给予包容性支持，对涉及金融稳定的领域实施穿透式监管，从而在保护投资者与促进市场活力间取得平衡。

2. 人工智能监管

尽管各地在监管力度、方式和重点上有所不同，但促进技术创新与规制风险的平衡是各地的共同追求。欧盟强于伦理约束，美国重在市场驱动，英国灵活务实，中国香港注重领域协调，中国内地则强调国家主导与全面覆盖，这反映了全球 AI 治理多元化与竞争并存的格局。各地人工智能监管实践为我们提供了三个重要启示。

第一，风险导向的立法框架是平衡创新与安全的核心路径。欧盟《人工智能法案》以风险分级为核心，将 AI 系统划分为"不可接受风险"至"最小风险"四类，并针对不同风险等级设定差异化的监管义务。这种模式既避免了对低风险技术的过度限制，又通过严格合规评估（如对高风险系统的全生命周期监管）确保了公共安全与伦理底线。中国内地《生成式人工智能服务管理暂行办法》同样采取分类分级监管方法，根据应用场景的敏感性（如舆论属性）调整监管强度。这表明，风险导向的立法能够灵活适应技术迭代的复杂性，在鼓励创新的同时规避系统性风险。未来各地可借鉴此类框架，结合本地技术发展阶段和社会需求，构建动态调整的监管机制，避免"一刀切"形成对行业活力的压制。

第二，保障政策的灵活性与适应性是应对技术不确定性的必要策略。英国明确暂缓专项立法，转而通过政策白皮书提出五项原则（包括透明度和可争议性等），并强调"以场景和结果为依据"动态调整监管标准。中国香港通过合规检查与沙盒试点探索实践经验，再逐步制定指引。这种灵活策略避免了僵化规则与技术进步脱节的风险，尤其适用于 AI 应用场景高度碎片化的领域。相比之下，欧盟的统一立法虽具前瞻性，但也面临企业合规成本高、新兴技术定义滞后等挑战。各地需在原则性框架与具体规则间寻求平衡，建立快速响应机制（如定期评估法案适用性），确保监管既能防范风险，又不阻碍技术潜力释放。

第三，国家主导的标准化与国际合作是争夺全球话语权的基础。中国成立工信部人工智能标准化技术委员会，推动大语言模型、风险评估等领域的标准制定，旨在通过技术规则输出增强国际竞争力。欧盟《人工智能法案》

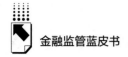

凭借域外效力，迫使全球企业遵循其标准，间接主导了 AI 伦理与安全的全球议程。美国则通过《联邦人工智能风险管理法案》强化联邦机构的技术话语权。这些举措表明，标准化不仅是一国产业规范化的基石，更是国家参与全球治理、抢占道德与市场制高点的战略工具。未来各地需加大投入力度，主导或参与国际标准（如 AI 伦理指南、跨境数据规则）制定，同时通过多边合作（如英国《国家人工智能战略》中的国际伙伴计划）形成技术同盟，避免规则碎片化对全球产业链的冲击。

3. 数据治理及开放金融

各地在数据治理的战略框架、内容体系以及生态环境等核心要素上存在显著差异。美国注重数据的自由流动和商业应用，欧盟强调个人数据保护和隐私权，英国在继承欧盟框架的基础上进行本土化调整，中国内地关注数据安全和国家主权，中国香港则致力于在数据开放与安全之间取得平衡。各地数据治理实践为我们提供了三个重要启示。

第一，平衡隐私保护与数据价值释放是关键挑战。欧盟以"隐私设计"理念为核心，通过"被遗忘权""数据可携权"等赋予个体控制权，但严格的合规要求可能抑制企业创新。美国则更注重数据开放与商业利益，通过 Data. gov 等平台促进公共数据共享，但消费者隐私保护相对碎片化。中国通过"东数西算"工程优化数据资源配置，既推动数字经济发展，又强化国家安全底线。这些经验表明，隐私保护与数据价值并非对立的，需通过技术手段（如匿名化处理）、政策工具（如数据分级分类）和制度设计（如数据确权）实现平衡。

第二，技术基础设施与标准体系是治理能力的重要支撑。欧盟通过"隐私盾""标准合同条款"等技术性工具规范跨境数据流动；美国依托 NIST 网络安全框架和 ISO27001 等国际标准提升企业数据管理能力；中国通过推进"东数西算"工程优化算力布局，并通过政务云平台整合公共数据资源。这些实践凸显技术基础设施的底层支撑作用：一方面，标准化工具可降低合规成本；另一方面，算力网络、数据中心等新型基建能提升数据流通效率。未来，各国需加强技术标准的国际互认（如欧盟-美国隐私框架），同时探索人工智能、隐私计算等技术在数据治理中的应用，以技术驱动治理能力升级。

第三，跨境数据流动需兼顾主权安全与全球化协作。欧盟通过"充分性认定"严控数据出境，强调数据主权，但对依赖全球市场的企业形成合规压力；美国通过《云法案》强化数据跨境调取权，虽便利了跨国企业，但易引发隐私争议；英国脱欧后通过"国际数据传输框架"灵活对接多国，同时探索数据主权边界；中国则通过数据本地化存储和出境安全评估维护国家安全。这些案例表明，跨境数据治理需在主权安全与全球化协作间寻找平衡点：一是建立多边互信机制（如欧盟-美国框架），二是采用差异化策略（如敏感数据本地化、一般数据自由流动），三是推动国际规则协调（如WTO电子商务谈判），避免"数据割据"。

四 政策建议

我国具有在数字金融2.0时代提升金融发展质效和国际竞争力的基础条件，要运筹帷幄，多措并举，努力书写好数字金融"大文章"。

（一）将数字金融发展置于更高的政策优先级

强化战略引领，以更高政策优先级着力做好数字金融2.0发展顶层设计。国际社会普遍认为，以大数据、云计算、人工智能等新兴技术为支撑的数字金融是国际金融体系未来发展的主流方向，而数字金融2.0将深刻改变当前国际金融体系的总量、结构以及竞争格局。主要国家在数字金融领域的发展，不仅关系到其自身的金融稳定和经济发展，也会对全球金融秩序的重塑产生深远影响。具有大市场、大数据、大生态的国家将具有数字金融发展的先机，能更快实现数字金融发展所需的"超级规模效应"，进而成为头部系统或中心国家。未来中国数字金融2.0发展要着力做好顶层设计，要着力强调内外两个战略要点。一是对内要着力发挥技术创新效应。分布式技术将改变传统金融体系集中化经营、管理及监管的模式，虽然，当前比特币较难履行货币职能，但是，其所依托的分布式技术的应用空间巨大，更为重要的是以一篮子货币为锚、具有丰富的应用场景和能够跨境使用的稳定币甚至能对金融体系产生重要影响。二是对外要着重考虑国家金融竞争力。新兴技术在与传统金融相结合的同时，也在深刻改变全球金融系统和货币体系，数字金融、加密资产与货币金融竞争力已成为"时代命题"。

（二）以"四大重点"写好数字金融"大文章"

以国内统一大市场为支撑，以新型基础设施、数字金融生态体系和开放金融为三大战略支柱，系统性地构建数字金融发展新范式，写好数字金融"大文章"。

一是构建国内统一大市场，夯实数字金融发展底座。以国内统一大市场为根基，充分发挥我国人口规模巨大、消费市场巨大、应用场景多元等优势，有效提升数字链接能力，提升市场统一化水平。强化对数字市场、数字服务和数字金融的战略引领，充分发挥我国超大规模市场、多元化市场主体、差异化且可规模化需求等优势，不断夯实数字金融的需求支撑。

二是着力建设数字金融基础设施，有效保障数字金融发展支撑。具有数字技术软硬件基础设施支撑的国家将具有数字金融发展的保障力或自主性，能更好发挥数字金融的网络化、创新性、关联性和可靠性作用。要探索建立符合包括加密资产在内的数字资产发展特征的新型或关键金融基础设施。要着力建立全国一体化数据要素市场，提升数字金融的数字资产支撑。升级数字人民币（DCEP）跨区域应用场景，着力构建"一点接入"的全国数字化支付清算网络，着力完善数字支付清算基础设施，不断增强跨境支付清算体系以及货币桥相关基础设施的支撑作用。完善金融数据治理政策框架和制度规范，促进提升境内机构间、市场间、地区间的数据交互水平，提升数字资产价值。

三是不断完善数字金融生态体系建设。大力培育具有专业性、创新性和竞争力的数字运营主体和（或）数字金融主体，大力支持金融机构数字化转型，充分发挥金融机构用户多、规模大、信息系统较为完备的优势，充分挖掘数字化发展的潜力。鼓励包容数字金融产品、业务和服务创新，深化数字金融供给侧结构性改革，形成供求有效匹配机制。大力发展数字服务、数字市场和数字经济，为数字金融发展提供基础支撑。要着重将区块链技术、去中心化金融、加密资产、人工智能技术应用以及开放金融等置于更加重要的位置，并创新性提升其在数字金融生态系统中的地位和作用。

四是实施高水平金融开放，提升金融数据内外链接力。金融高水平开放和数字金融发展是紧密联系在一起的。在构建新发展格局中，我国金融体系开放程度有待进一步提高，特别是制度型开放的空间可能更大，其中包括金融数据的开放、共享和治理。在内外多重因素的影响之下，我国金融系统在开放性、数据内外链接力和数字金融外部关联性等方面仍存在一些短板或不足，这将影响我国金融国际化发展水平、国际竞争力和国际话语权。金融开放的大门要越开越大，如果内外金融市场有效链接水平提升，国内超大规模数字金融体系的规模效应便能更好地发挥。当然，要有效统筹数字金融发展与高安全的关系，确保金融系统稳定和安全。数据自由流动是数字经济发展的重要基础，为满足数字经济发展背景下金融数据共享的需求，我国在提升境内数据治理水平的同时，应当尽快建立金融数据跨境流动的长效机制，健全金融数据国际治理体系，并提升金融数据跨境安全流动水平。

（三）以现代金融监管确保数字金融稳健发展

防范化解金融风险是金融工作永恒的主题。加强和完善现代金融监管是防范化解金融风险的核心支撑。在数字金融2.0时代，金融监管和金融治理是数字金融稳健高效发展的扎实保障。金融监管在确保数字金融健康发展中扮演着至关重要的角色。随着大数据、区块链、人工智能等技术的快速发展和广泛应用，数字金融在提升效率、降低成本、扩大服务覆盖面的同时，也带来了新的风险挑战，如数据安全问题、市场垄断、系统性风险等。现代金融监管是平衡创新与风险、保障数字金融生态体系可持续发展的关键，需要在技术关和监管关做好相关工作。

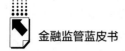

1. 有效把握技术关

将大数据、云计算、区块链以及人工智能等新兴技术作为技术风险防控的重点，有效防控数字金融中的技术风险需要结合技术手段，需要技术和网络管理部门、金融监管部门和金融机构多方协作，构建跨学科、多主体、多层次、动态化的技术风险管理体系。要注重防范数据泄露、DDoS攻击、恶意软件攻击，以更加完善的加密与身份认证、实时监控和防御、数字化新兴基础设施为保障，确保网络安全和技术安全。要强化智能合约规范化验证和第三方审计，多云部署和异地多活容灾，避免算法错误、平台宕机、智能合约漏洞，以提升系统可靠性和金融交易顺畅性。要加强隐私增强技术应用，以联邦学习、匿名化处理敏感数据、合规授权等措施有效保护用户数据、合规使用和交互数据，以确保数据安全和隐私保护。要前瞻研究量子安全加密技术、有效实施算法透明度和伦理审查，着重关注量子计算威胁加密体系、AI算法歧视等潜在的新兴技术风险。强化对数字金融生态体系的安全审查，有效防范云服务商、API接口提供商、关键系统供应商、外包技术供应商以及开源代码等方面的安全风险，穿透并规避第三方依赖风险。

2. 严格把控监管关

一是着力完善数字金融2.0的监管理念和政策框架。要充分认识数字金融对金融体系和国家金融竞争力带来的深远影响，同时，充分认识数字技术和数字金融对传统金融监管体系带来的影响和挑战。要以更加包容开放的态度鼓励数字金融创新，同时以稳健审慎态度防范数字金融潜在风险，实现创新与风险的有效平衡，实现金融监管体系的创新迭代，以适应数字金融2.0的发展需要。同时，着力提高金融监管数字化水平，大力发展监管科技，以更高的数字金融监管技术水平来甄别、预防和处置数字金融方面的技术风险和其他风险。

二是着力防范数字金融业务风险，有效提升韧性监管水平。在探索数字资产未来发展定位的同时，要将数字资产的风险防控作为核心工作，逐步建立健全数字资产的风险防控体系和监管框架。根据业务复杂度发放差异化牌照，预防和制止算法合谋、动态定价垄断和市场地位滥用行为，以提升市场竞争水平；推动新型数字金融业务机构实行风险隔离机制和资金资产隔离监管，将机构自身资产资金与客户资产资金进行有效隔离；强化对新型数字金融业务机构以及参与数字金融服务的传统金融机构与市场的行为监管，有效保护数字金融消费者权益。

三是着重防控关联性风险。充分认识数字金融 2.0 分布式、网络化和智能化的潜在关联性，充分认识开放银行和开放金融的技术、业务及数据多重关联性，要动态更新对关键金融基础设施、系统重要性机构以及重要数字金融产品的认定、监测和规范工作，将达到一定标准的新型数字金融机构或从事数字金融业务的大型互联网平台纳入系统重要性机构的认定和监管范围之中。注重数字金融的跨机构和跨市场风险传染，尤其在分布式和网络化的生态体系中，要能有效追踪资金流动，有效防范市场风险，注重消费者权益保护。着力防范数据交互的安全隐患，不断完善智能合约安全模板，避免跨链协议漏洞，有效缓释和处置关联风险。

四是着重防范潜在的系统性金融风险。在防范前述关联性风险的同时，要注重研究数字金融业务和生态体系的顺周期效应，探索建立针对数字金融 2.0 的宏观审慎管理工具，探索对加密货币抵押贷款等未来可能出现的业务提出资本要求或计提逆周期资本缓冲。同时，需要打造针对数字金融的压力测试体系，尤其需将算法谬误、技术失败、数字资产抛售或挤兑以及重大的顺周期或跨市场传染风险等考虑其中，鉴于此，还需探索建立数字金融 2.0 时代针对数字资产的流动性管理机制或最后贷款人制度。

五是完善数字金融治理体系，注重金融数据治理。优化数字金融治理顶层设计并健全治理框架。建立以金融数据治理为核心的顶层策略，明确数据治理的目标、原则和基本框架；建立跨部门协作机制，形成统一的金融数据标准和共享机制；对现有的金融数据相关法律法规进行全面审视和评估，及时填补法律空白，修订不适应当前金融数据治理需求的法律法规。着力创新金融数据治理工具，推进数据治理标准规范化，健全数据伦理和隐私保护机制，构建灵活数据治理平台，强化跨部门协作，打破数据孤岛，实现数据共

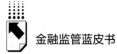

享和整合，有效提升金融数据治理价值，打造数据治理生态圈。深入参与金融数据治理和数字金融的国际治理体系，提升我国的国际话语权和影响力。针对数字金融和加密货币对国际货币体系的潜在影响，要部署前瞻性研究和战略以更好地完善和融入"新"国际货币体系，更好参与全球金融治理，不断提升国际货币金融体系的稳定性、完备性和有效性。

B.2
中国金融监管：2024年重大事件评述

尹振涛　侯姝琦*

摘　要：　2024年我国经济在复杂多变的国际国内环境中，保持了稳中有进、稳中向好的发展态势，高质量发展取得新成效。金融监管部门积极推进各项监管举措落地见效，在强化防范金融风险的基础上继续为实体经济保驾护航。2024年，金融监管部门在持续推动金融高水平开放、优化夯实信贷基础管理、完善资本市场基础制度、维护房地产市场平稳运行、化解地方债务风险、推进中小金融机构改革化险、推动保险业高质量发展以及统筹做好金融"五篇大文章"等方面取得突出成绩。展望2025年，我国金融监管有四个趋势值得关注：一是防范化解重点领域金融风险；二是提升金融业高质量发展能力；三是做深做实金融"五篇大文章"；四是深化金融高水平对外开放。

关键词：　金融监管　金融风险　金融"五篇大文章"

　　2024年是新中国成立75周年，也是实施"十四五"规划的关键一年。在党中央系统部署全面深化改革、推动经济高质量发展的整体背景下，我国金融体制改革不断深化。一方面，金融监管部门围绕"防风险、强监管、促发展"的主线全面加强监督管理，强化监管架构、制度建设与执法力量，

---

* 尹振涛，经济学博士，研究员，中国社会科学院财经战略研究院副院长，国家金融与发展实验室金融法律与金融监管研究基地秘书长，主要研究方向为金融监管、金融风险和金融科技；侯姝琦，经济学博士，中国人民保险集团股份有限公司博士后，主要研究方向为数字经济与区域经济。

运用数字化智能化支撑提升监管效能。国家金融监督管理总局"四级垂管"架构正式形成，执法聚焦"关键人""关键事""关键行为"，惩戒与引导并重。证监会围绕"新国九条"出台系列配套新规，落实综合惩防资本市场财务造假行为，出台"并六条"引导规范并购重组。另一方面，配合国家整体部署与政策，金融监管部门在金融领域协同出台支持性政策与监管新规，涵盖金融服务实体经济、减费让利、做好金融"五篇大文章"、促进长期资金入市等方面，支撑经济社会安全稳定与高质量发展。

一 金融高水平开放稳步前行

作为我国经济对外开放格局的重要组成部分，金融业高水平对外开放与合作既是我国推进中国式现代化进程中提升国际竞争力的关键举措，也是我国加快推动金融强国建设、实现金融高质量发展的必由之路。2024年，我国坚持对外开放方针，围绕优化互联互通机制、促进内地与香港资本市场深度融合、提升资本项目开放水平、促进跨境投融资便利化等，有序推进各项金融市场改革开放政策措施，金融业高水平对外开放与合作取得显著进展。

2024年3月，国务院办公厅发布《扎实推进高水平对外开放更大力度吸引和利用外资行动方案》（下文简称《行动方案》）①，聚焦持续扩大市场准入及开放、强化梯度式政策支持体系、构建统一透明的公平竞争环境、畅通创新要素跨境流动通道以及完善国内规制框架五个核心领域，旨在吸引更多外资投入，提升外资利用效率。《行动方案》在机构、市场以及业务三个层面多措并举厚植外资发展沃土，进一步提升外资机构在华经营便利度。在体制机制上更好地对接国际金融市场、融入国际金融体系，推动金融高水平对外开放不断深化，促进资源配置效率优化，丰富金融产品与服务的种

---

① 《扎实推进高水平对外开放更大力度吸引和利用外资行动方案》，中国政府网，https://www.gov.cn/zhengce/zhengceku/202403/content_ 6940155. htm。

类，强化金融服务实体经济的效能。

2024年4月，国家外汇管理局印发《资本项目外汇业务指引（2024年版）》（下文简称"新版《指引》"）[①]，此次法规调整聚焦资本项目外汇管理机制的持续优化，重点通过简化业务流程、完善制度框架等举措，着力提升跨境资本流动的规范化管理水平。相较于《资本项目外汇业务指引（2020年版）》，新版《指引》在规则标准、核查要求以及合规流程等方面进行了完善修订，为企业跨境投融资行为提供了新的合规框架，着力提升资本市场的透明度和规范性。一是明确业务办理部门职责。新版《指引》将国家外汇管理局和地方外汇管理分（支）局资本项目下的业务进行整合，厘清外汇管理部门与银行的具体业务办理范围。进一步明确特殊目的公司外汇登记及其相关业务的办理部门与审核要求。二是修正登记审核标准。新版《指引》充分吸收当前的操作实践与管理需求，进一步细化特殊目的公司外汇补登记的审核材料、原则等具体要求。三是优化资本项目外汇业务管理。放开境外直接投资（ODI）前期费用限制，简化办理境外机构投资者（QFII/RQFII）资金汇出手续相关要求，持续提升资本项目外汇业务便利度。

2024年12月，证监会持续推动内地与香港基金互认机制优化，促进内地与香港资本市场合作向纵深推进，修订发布《香港互认基金管理规定》（下文简称《管理规定》）[②]，为互认基金发展注入新动力。一是合理调整互认基金客地销售比例上限。秉持循序渐进、稳步放开的原则，将互认基金客地销售比例上限由50%提升至80%。二是允许互认基金的管理人，将互认基金投资管理职能转授予集团内海外关联机构。吸引更多国际资管机构参与香港互认基金，扩大基金的覆盖地区和资产类别。三是在香港互认基金类型中增加"中国证监会认可的其他基金类型"，为未来更多常规

[①] 《国家外汇管理局关于印发〈资本项目外汇业务指引（2024年版）〉的通知》，国家外汇管理局网站，http://www.safe.gov.cn/safe/2024/0412/24226.html。

[②] 《香港互认基金管理规定》，中国政府网，https://www.gov.cn/gongbao/2025/issue_11886/202502/content_7007108.html。

类型产品纳入互认基金范围预留空间，这有助于给内地投资者提供更丰富的产品选择。《管理规定》的出台，在内地与香港资本市场合作发展过程中具有里程碑意义，为两地投资者提供了更多的投资选择和机会。未来，随着两地市场的互联互通和协同发展，香港互认基金将迎来更加广阔的发展前景，为两地金融市场的共同发展和繁荣作出更大贡献。同时，外汇管理部门也需要加强对香港互认基金跨境资金流动的监督和管理，确保跨境资金流动的合规性和稳定性。

二　优化夯实信贷基础管理

为强化银行业信贷业务监管效能，规范金融机构贷款经营行为、强化审慎管理及维护市场秩序等，自 2009 年起银监会陆续出台了《项目融资业务指引》《固定资产贷款管理暂行办法》《流动资金贷款管理暂行办法》《个人贷款管理暂行办法》，合称"三法一指引"。"三法一指引"涵盖了从贷款申请受理到审查流程、风险评估、合同签订、贷款发放以及贷后管理等多个关键环节，通过系统规范贷款操作流程，为银行业贷款业务的稳健运营和精细化管理提供了清晰指引。

我国经济社会的不断发展，对金融机构服务实体经济提出了更高要求，"三法一指引"中的部分规定已无法满足新的监管要求和金融产品特点，表现出一定的局限性和滞后性，急需根据商业银行信贷业务的现实需求与发展趋势进行及时调整，从而更有效地推动商业银行提升信贷管理水平、提升服务实体经济质效。

2024 年，国家金融监督管理总局发布了《固定资产贷款管理办法》《流动资金贷款管理办法》《个人贷款管理办法》①（下文简称"三个办法"），

---

① 《固定资产贷款管理办法》，中国政府网，https：//www. gov. cn/zhengce/202402/content_ 6930735. htm；《流动资金贷款管理办法》，中国政府网，https：//www. gov. cn/gongbao/ 2024/issue_ 11306/202404/content_ 6947721. html；《个人贷款管理办法》，中国政府网， https：//www. gov. cn/gongbao/2024/issue_ 11306/202404/content_ 6947720. html。

旨在约束金融机构的贷款操作规范，增强贷款风险防范意识，推动贷款业务持续向好发展。

"三个办法"对信贷业务管理、尽职调查、贷款审批、贷后管理等规则和流程进行了相应调整，以适应新的金融监管要求和信贷产品发展的新形势，为提升银行业金融机构的信贷管理能力和服务质量，加强风险管理和防控，提供了强有力的规范依据。"三个办法"修订的重点内容包括五个方面：第一，精准匹配信贷市场的现实需求，适度扩大固定资产贷款和流动资金贷款的适用范围及借款人主体，完善流动资金贷款的评估标准；第二，对委托支付的金额限制进行改进，适当放宽委托支付的时间限制，增强委托支付的适应性；第三，创新制定线上信贷数字化展业规范，明确视频面谈的电子存证标准、远程尽调的技术验证路径，提高信贷业务办理效率，满足新型融资场景需求；第四，合理设定贷款期限标准，帮助银行有效识别和防范信贷期限错配风险，提升银行整体资产质量；第五，持续优化信贷风险的防控机制，助力银行增强信贷流程的规范性。

总体来看，"三个办法"修订完善了贷款业务监管规则的整体框架。"三个办法"着重聚焦于贷款业务全流程的合规性，展现出监管部门对贷款业务监管的动态调整与创新思维。一方面，"三个办法"引入诸多富有弹性与前瞻性的规则，实现制度供给与互联网贷款、金融科技等新型业务形态的深度耦合。另一方面，"三个办法"也制定了与近年来出台的监管文件相衔接的具体监管要求，确保监管体系的连贯性与一致性。

三 完善资本市场基础制度

资本市场作为现代金融体系的核心功能枢纽，承担着要素优化配置、风险精准定价和财富长效积累的关键使命，其运行质效直接关系到国民经济系统的稳定性和创新驱动力。2024 年作为资本市场深化改革攻坚年，党中央、国务院以及金融管理部门围绕"防风险、强监管、促发展"三维治理框架，实施"制度供给+预期引导"双轮驱动战略，着力疏解资本市场长期积累的

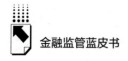

结构性矛盾，为资本市场服务新质生产力培育注入制度动能。

2024 年 4 月，国务院发布《关于加强监管防范风险推动资本市场高质量发展的若干意见》（下文简称新"国九条"）①，这是继 2004 年、2014 年两个"国九条"之后，国务院出台的又一个资本市场指导性文件，标志着中国资本市场迎来了新的历史机遇。新"国九条"总体基调"严字当头"，系统构建了资本市场高质量发展框架：在制度设计层面，严把发行上市准入关、完善持续监管提升上市公司质量、强化退市机制实现市场出清；在机构建设层面，推动证券基金机构回归主业本源，加强交易监管维护市场稳定，引导长期资金实施"长钱长投"；在战略布局层面，统筹推进金融"五篇大文章"，深化资本市场改革与高水平对外开放，同步加强法治建设严厉打击违法行为。新"国九条"立足当前、着眼长远，科学制定了我国未来 5 年、2035 年及 21 世纪中叶的三阶段发展目标，为打造规范、透明、开放、有活力、有韧性的资本市场绘制了系统性改革路线图。

在新"国九条"的引领之下，证监会围绕"巩固市场内生稳定性"与"赋能新质生产力发展"两大核心目标，系统推进 50 余项制度规则的制定与修订工作，最终形成以新"国九条"为核心纲领、多维度配套制度为支撑的"1+N"政策框架。

2024 年 4 月 12 日，证监会发布《关于严格执行退市制度的意见》②，扩大了重大违法强制退市适用范围，收紧了财务类退市指标，新增三项规范类退市情形，有助于提升存量上市公司整体质量。2024 年 9 月 24 日，证监会发布《关于深化上市公司并购重组市场改革的意见》③，进一步提升并购重组市场活跃度。在日常监管领域，2024 年 3 月 15 日证监会发布四项政策，即《关于严把发行上市准入关从源头上提高上市公司质量的意见（试行）》

① 《国务院关于加强监管防范风险推动资本市场高质量发展的若干意见》，中国政府网，https：//www.gov.cn/zhengce/content/202404/content_ 6944877. htm。
② 《关于严格执行退市制度的意见》，中国政府网，https：//www.gov.cn/zhengce/zhengceku/202404/content_ 6945065. htm。
③ 《中国证监会发布〈关于深化上市公司并购重组市场改革的意见〉》，中国政府网，https：//www.gov.cn/lianbo/bumen/202409/content_ 6976331. htm。

《关于加强上市公司监管的意见（试行）》《关于加强证券公司和公募基金监管加快推进建设一流投资银行和投资机构的意见（试行）》《关于落实政治过硬能力过硬作风过硬标准全面加强证监会系统自身建设的意见》①，涉及发行上市准入、上市公司监管、机构监管和证监会系统自身建设，释放强监管防风险促高质量发展信号，有利于夯实资本市场可持续发展的基础。

从整体上看，"1+N"政策体系契合了我国资本市场现阶段的发展需求，为我国资本市场改革开放的进程提供了有力支持。首先，"1+N"政策体系能够进一步优化多层次资本市场架构，推动主板、科创板、创业板和北交所实现差异化发展，根据企业的发展阶段提供定制服务，从而提升资本市场的资源分配效率。其次，"1+N"政策体系以强化监管、防范风险、促进高质量发展为核心，通过打造全面且多层级的监管框架，确保监管措施切实有效，进而提升资本市场的公平性与稳定性，为资本市场持续稳定发展提供坚实支撑。最后，"1+N"政策体系为科技创新企业提供了全生命周期融资方案，能够有力推动科技、产业与金融之间的良性互动。

四　多措并举维护房地产市场平稳运行

2024年以来，金融系统积极支持房地产市场平稳健康发展，相关部门从供需两端综合施策，推动一揽子金融政策持续发力，充分支持"稳楼市"。

一方面，供给端金融支持政策持续加码，重点推进建设融资协调机制，拓展房企"白名单"范围，通过建立住房贷款、专项债保障存量收购，助力房地产市场去库存，并逐步恢复企业正常运营能力。2024年1月，住房城乡建设部和国家金融监督管理总局联合发布《关于建立城市房地产融资协调机制的通知》②，通过建立专项工作机制对房地产市场运行态势及企业

---

① 《证监会集中发布〈关于严把发行上市准入关从源头上提高上市公司质量的意见（试行）〉等四项政策文件》，证监会网站，http：//www.csrc.gov.cn/csrc/c100028/c7467846/content.shtml。

② 《住房城乡建设部　金融监管总局关于建立城市房地产融资协调机制的通知》，中国政府网，https：//www.gov.cn/zhengce/zhengceku/202401/content_6925683.htm。

融资诉求开展动态研判，系统协调化解房地产领域融资过程中存在的突出矛盾与制度障碍。2024 年 6 月 7 日，住房城乡建设部和国家金融监督管理总局联合发布《关于进一步发挥城市房地产融资协调机制作用满足房地产项目合理融资需求的通知》，推动各地房地产融资协调机制有效落地，充分满足房地产在建项目的融资需求，保障项目的顺利建设与交付。与支持整体房地产开发企业相比，该通知以房地产项目为支持对象，有助于更加精准支持正常开发建设的房地产项目建设交付，切实避免项目因资金链断裂出现逾期交付，维护购房人合法权益，同时又能充分发挥房企丰富市场供给、激发市场活力的积极作用。9 月 24 日，中国人民银行和国家金融监督管理总局联合发布《关于延长部分房地产金融政策期限的通知》①，进一步缓解房企资金压力，有效管控供给侧金融风险，推进"保交楼"工作。2024 年我国发布的部分金融支持房地产重点政策如表 1 所示。

表 1　2024 年我国发布的部分金融支持房地产重点政策

时间	发文部门	政策概要	具体措施
1 月	住房城乡建设部、国家金融监督管理总局	建立融资"白名单"	推动建立房地产融资协调机制，地级及以上城市建立"可以给予融资支持的项目名单"报送金融机构，金融机构对名单内项目建立授信绿色通道，支持在建房地产项目融资和建设交付
2 月	国家金融监督管理总局	融资需求"应满尽满"	2 月 20 日，全国 29 个省（区、市）214 个城市已建立房地产融资协调机制，项目"白名单"共涉及 5349 个项目，57 个城市 162 个项目获得银行融资共 294.3 亿元
5 月	中国人民银行	设立保障性住房再贷款	央行设立 3000 亿元保障性住房再贷款，支持地方国企收储存量房。中国人民银行按照贷款本金的 60% 发放再贷款，可带动银行贷款 5000 亿元
6 月	住房城乡建设部、国家金融监督管理总局	持续推动发挥融资协调机制作用	推动各地房地产融资协调机制有效落地，充分满足房地产在建项目的融资需求，保障项目的顺利建设与交付

---

① 《中国人民银行　国家金融监督管理总局关于延长部分房地产金融政策期限的通知》，中国政府网，https://www.gov.cn/zhengce/zhengceku/202409/content_ 6977661. htm。

续表

时间	发文部门	政策概要	具体措施
9月	中国人民银行	保障性住房再贷款	优化保障性住房再贷款政策，此前创设的3000亿元保障性住房再贷款中的央行资金支持比例将由60%提高至100%
10月	住房城乡建设部、国家金融监督管理总局	两项金融政策延期	延长两项房地产金融政策文件的期限，从2024年12月31日延长到2026年12月31日
		扩大"白名单"	进一步推动房地产融资协调机制"扩围增效"，扩大"白名单"覆盖范围，确保合规房地产项目"应进尽进"

资料来源：笔者整理。

另一方面，需求端政策以"四个取消、四个降低、两个增加"的"组合拳"形式持续松绑和加大刺激，旨在提振市场购房预期和购房积极性。"四个取消"包括取消限购、限售、限价、普通住宅和非普通住宅标准。2024年取消限购政策集中在核心城市尤其是一线城市，广州市已经全面取消，北京市、上海市、深圳市均有不同程度的放松，短期对市场起到了一定的刺激作用。北京市、上海市等地在2024年末取消普通住宅和非普通住宅标准，进一步降低了购房门槛。"四个降低"主要包括降低住房公积金贷款利率、住房贷款的首付比例、存量贷款利率、购房交易环节税费。截至2024年12月20日，中国人民银行公布LPR报价：1年期LPR为3.1%、5年期以上LPR为3.6%。作为房贷利率锚的5年期以上LPR在2024年已经过三次调整，累计下调幅度达到60BP。"两个增加"即通过货币化安置等方式新增实施100万套城中村和危旧房改造，将"白名单"项目的信贷规模增加到4万亿元。得益于一系列房市政策"组合拳"的落地，自2024年10月起居民购房需求回暖，房地产市场呈阶段性企稳回暖态势。从销售数据看，2024年前三季度政策效应尚未显现，购房者信心和预期都处于低位。而9月底以来连续的新政利好显著刺激了房地产市场，第四季度销售有所回升。2024年全年新房成交累计同比降幅显著收窄至23%；二手房成交继续走强，2024年12月成交面积同比、环比分别上升46%和11%，全年累计同比增长6%。

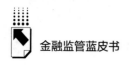

五　化解地方债务风险政策持续深化

为防范化解融资平台等地方债务风险，引导债务规模与地方经济发展和地方财力匹配，促进经济平稳健康发展，2023 年 9 月国务院办公厅发布《关于金融支持融资平台债务风险化解的指导意见》（下文简称"35 号文"），要求落实化解地方债务风险方案，严格控制增量债务，稳妥处置存量债务。

2023 年 10 月，中央金融工作会议指出，应通过制度性安排建立地方债务风险防控长效机制，构建适配高质量发展目标的政府债务管理框架，并着力实现央地两级政府债务结构的动态优化。2024 年 4 月，中共中央政治局会议强调，要深入推进落实地方政府债务风险化解方案，确保债务高风险地区平衡好降债务与稳发展的关系。同年 9 月发布的《国务院关于今年以来预算执行情况的报告》依然强调"着力化解存量隐性债务，坚决遏制新增隐性债务"的要求。随着一揽子化债方案和 35 号文等政策的实施，全国债务化解取得了一定进展，债务风险整体可控，但地方债务管理仍需加强。2024 年，监管部门继续强调地方政府债务风险防控的重要性，坚持"开前门、堵后门"的总体思路，进一步规范地方政府举债融资行为，严禁新增隐性债务，同时鼓励地方通过多种合法合规途径化解存量债务。

2024 年 2 月，国务院办公厅发布《关于进一步统筹做好地方债务风险化解工作的通知》（下文简称"14 号文"），进一步将 35 号文提出的重点地区化债方案扩展适用于其他省份债务重、化债难的部分地级市。14 号文将重点地区的化债支持政策覆盖区域扩围，在"省负总责，市县尽全力化债"的原则下，在金融资源相对较丰富的非重点省份，金融机构更有积极性支持化债，这有助于这些省份中尾部城投企业的债务接续和风险化解。2024 年 7 月，《优化金融支持地方政府平台债务风险化解的通知》（下文简称"134 号文"）发布。134 号文针对此前化债政策执行中出现的新情况作出进一步调整和优化，内容主要涵盖延长此前政策适用期限、拓宽非标债务置换范围，同时适度放开发行境内债券，偿还高成本的境外债券。2024年8月，中国人民银行、财政部、国家发改委、证监会联合发布《关于规范退出融资平台公司的通知》（下文简称"150号文"），进一步明确划定城投退出融资平台的最后期限。150号文给出的期限与134号文隐性债务化解期限相契合，同时150号文赋予地方政府对债权人证据的审核、判定权限，且逾期未退出将由省级行政力量介入，进一步压实了"省负总责、市县尽全力化债"框架下地方政府的责任，并且也对平台转型提出了更为迫切的要求。2024年12月，中国人民银行、国家金融监督管理总局、证监会联合发布《关于严肃化债纪律　做好金融支持融资平台债务风险化解的通知》，敦促金融机构加快置换城投平台非隐债务，并要求金融机构合规提供化债资金，严守化债纪律。

六　全力推进中小金融机构改革化险

近年来，面对经济下行压力，房地产和地方平台公司的违约风险上升，对金融机构尤其是中小金融机构造成了显著冲击。中小金融机构由于过度扩张、风险管理经验不足和存在治理缺陷等，面临的风险更为严峻。为缓解中小金融机构风险，2022年6月银保监会办公厅发布了《关于引导金融资产管理公司聚焦主业积极参与中小金融机构改革化险的指导意见》（下文简称"62号文"），旨在鼓励金融资产管理公司（AMC）积极参与中小金融机构的风险化解和改革工作。62号文强调了AMC在逆周期金融救助和风险化解中的关键作用，特别是在中小金融机构的不良资产评估和处置方面。应利用AMC的专业能力，帮助中小金融机构减轻不良资产负担，推动中小金融机构合并重组，优化公司治理，维护金融体系的整体稳定。

2024年4月16日，国家金融监督管理总局发布《关于落实〈中国银保监会办公厅关于引导金融资产管理公司聚焦主业积极参与中小金融机构改革化险的指导意见〉有关事项的通知》（下文简称"474号文"），强调落实

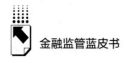

62 号文，贯彻执行 2024 年 1 月国家金融监督管理总局提出的"全力推进中小金融机构改革化险，把握好时度效，有计划、分步骤开展工作"（2024 年八大工作部署之一）。

474 号文在以下四个方面对 62 号文的相关规定进行了补充和完善。一是将 62 号文中对中小银行的规定拓展至大型银行和股份制银行。该条款扩大和加强了 AMC 处置大型银行、股份制银行不良资产的范围和能力，提升了大型银行、股份制银行不良资产的处置效率。二是对 62 号文中关于禁止 AMC 通过结构化交易为银行业金融机构不良资产违规出表提供通道的规定作出进一步补充。三是针对结构化交易中的 AMC 收购尽职调查和报价决策时间作出严格规定。在结构化交易中，银行机构应为 AMC 提供足够的尽职调查时间，原则上不少于 15 个工作日，以促进双方充分评估资产价值。如果银行在 AMC 尽职调查和内部决策期间对拟转让资产进行重大调整，银行应及时向 AMC 披露相关信息，并视情况适当延长 AMC 尽职调查期限。这一规定旨在确保 AMC 能够审慎、充分地评估资产价值，并独立、审慎地开展尽职调查，避免因交易安排降低尽职调查标准。四是加强对 AMC 反委托处置业务的监管。AMC 开展反委托处置业务，应充分论证其必要性，并保留对重大资产处置的决策权，防止利用资产反委托处置之名进行资产假转让，确保反委托处置业务的合规性。

474 号文的发布标志着大型银行与中小银行在不良资产转让方面将实现更加均衡的发展。特别是对"AMC 委托原债权金融机构处置不良资产"的规定，将有助于发挥大型银行在不良资产处置方面的专业优势。大型银行拥有专业的团队和成熟的系统，在不良资产处置方面具备强大的能力，通过接受 AMC 的反委托处置业务，大型银行可以更深入地了解标的资产信息，从而提高处置效率和效益。

七　推动保险业高质量发展

2024 年 9 月，《国务院关于加强监管防范风险推动保险业高质量发展的若干意见》（下文简称新"国十条"）① 正式公布。这是继 2006 年《国务院关于保险业改革发展的若干意见》、2014 年《国务院关于加快发展现代保险服务业的若干意见》发布之后，国务院发布的又一个专门部署推动保险业发展的文件。新"国十条"对保险业的功能和定位重新进行了表述，提出保险行业未来 5~10 年的发展目标，进一步扩展了保险保障和保险服务的内涵和外延，凸显了保险业的重要性和影响力，为保险行业未来一段时间的高质量改革发展打开了广阔空间，有助于保险业拓宽视野，增强动能，提升发展格局。

新"国十条"以强化监管、防范风险、推动高质量发展为核心导向，总体要求充分发挥保险业在经济领域中的减震器作用以及在社会领域中的稳定器功能，通过全面提升保险服务质效和风险保障能级，为金融强国战略提供关键支撑，使保险业深度融入中国式现代化建设的整体布局，推动建立与新发展格局相适应的高质量保险服务体系。相较于 2014 年的"国十条"，新"国十条"顺应了新时代对保险行业高质量发展的要求，在监管思路、行业定位、市场准入、产品创新以及科技应用等方面进行了进一步的系统深刻部署。一是强监管、防风险是保险行业高质量发展的基础和保障。新"国十条"强调"以强监管、防风险、促高质量发展为主线"，围绕强监管、防风险、促高质量发展这三大中心任务统筹部署、系统布局。严格的要求标准覆盖了机构准入、高管任职、股东资质、业务开展、从业人员等全链条各环节。二是建立可持续的业务模式是保险业自身稳健、长期运行，发挥经济减震器和社会稳定器功能的前提。新"国十条"强调强化资产负债联动、提升产品定价精准性、提高数智化水平、增强高质量发展内生驱动等内容，体现了监管重点从规模向业务模式可持续性的转变。保险公司应积极推进战略转型升级，将传统保费规模驱动的粗放式发展模式，转变为以资产负债协同管理为核心的新型经营范式。通过构建精细化、动态化的资产负债联动管理机制，以价值创造和经营效益为根本导向，深度契合人民群众日益增长的

---

① 《国务院关于加强监管防范风险推动保险业高质量发展的若干意见》，中国政府网，https：//www.gov.cn/zhengce/zhengceku/202409/content_ 6973835. htm。

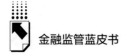

多层次、差异化风险保障需求。三是服务民生保障、服务实体经济是保险行业的发展定位。新"国十条"主要着眼于发展巨灾保险、第三支柱养老保险、健康保险、普惠保险、浮动收益型保险等新产品类型，体现了扩展覆盖面与提高服务质量的政策导向。

新"国十条"是在锚定建设金融强国、更好服务中国式现代化的大背景下提出的，是全面落实中央金融工作会议精神、引导保险业走好中国特色金融发展的新路程、推动形成保险业发展新局面的重要文件。新"国十条"实施后，防范化解风险、保持保险业稳健运行将成为监管工作的重要主题，监管部门将从打造保险业稳健运行微观基础、持续强化风险监测分析等方面对保险公司进行监督管理，并通过现场检查、稽查、行政处罚和监管强制措施，严厉打击违法违规行为。随着保险行业向"高质量发展"转型，公司治理稳健性、管理人员履职情况、资产负债管理水平、风险管控能力、实体经济支持及民生保障能力等将成为行业监管重点，行业的精细化管理程度及违法违规行为处罚力度也将进一步加大，保险公司违法违规成本将进一步上升。在"强监管"政策环境下，保险公司也将秉承审慎经营及可持续发展理念，使得自身经营稳定性持续提升，偿付能力及财务表现更为稳健。

八 统筹做好金融"五篇大文章"

做好科技金融、绿色金融、普惠金融、养老金融、数字金融这"五篇大文章"，是促进金融服务实体经济高质量发展的重要着力点。2024 年，金融监管部门制定出台各领域指导文件，积极调整信贷结构，显著加大金融对重大战略、重点领域与薄弱环节的支持力度，金融"五篇大文章"政策体系不断健全。2024 年 5 月，国家金融监督管理总局印发《关于银行业保险业做好金融"五篇大文章"的指导意见》[①]，围绕金融服务实体经济的核心

---

① 《国家金融监督管理总局关于银行业保险业做好金融"五篇大文章"的指导意见》，中国政府网，https://www.gov.cn/zhengce/zhengceku/202405/content_ 6950223. htm。

任务，从产品服务提质增效、机构职能精准定位、组织架构科学优化、监管保障体系完善等多个维度进行统筹安排，为银行业和保险业的发展提供明确指引。

创新驱动发展，有赖于更加完善的科技金融体系。推动金融与科技深度融合，以金融创新赋能科技创新是做好科技金融这篇大文章的核心要义。2024 年 1 月，国家金融监督管理总局印发《关于加强科技型企业全生命周期金融服务的通知》①，聚焦科技型企业的梯度培育需求，围绕金融体系优化提出系统性部署。4 月，《中国证监会关于资本市场服务科技企业高水平发展的十六项措施》② 发布，从上市融资、并购重组、债券发行、私募投资等产品服务全链条出发，多措并举为科技企业提供全方位赋能。6 月，中国人民银行、科技部、国家发展改革委等七部门联合印发《关于扎实做好科技金融大文章的工作方案》③，引导金融资本投早、投小、投长期、投硬科技，以高质量科技金融服务助力实现高水平科技自立自强。截至 2024 年第三季度末，高技术制造业中长期贷款余额同比增长 12%，"专精特新"企业贷款余额同比增长 13.5%。

发展好绿色金融，是支持实体经济绿色转型、实现金融高质量发展的重要内容。2024 年金融管理部门出台强化金融支持绿色低碳发展、美丽中国建设相关政策文件，延续实施碳减排支持工具。4 月，中国人民银行、国家发改委、工信部等七部门联合制定发布《关于进一步强化金融支持绿色低碳发展的指导意见》④，明确未来 5 年以及到 2035 年我国金融支持绿色低

---

① 《国家金融监督管理总局关于加强科技型企业全生命周期金融服务的通知》，中国政府网，https：//www. gov. cn/zhengce/zhengceku/202401/content_ 6925724. htm。

② 《中国证监会关于资本市场服务科技企业高水平发展的十六项措施》，证监会网站，http：//www. csrc. gov. cn/csrc/c100028/c7474995/content. shtml。

③ 《中国人民银行等七部门联合印发〈关于扎实做好科技金融大文章的工作方案〉》，中国人民银行网站，http：//www. pbc. gov. cn/goutongjiaoliu/113456/113469/5386965/index. html。

④ 《中国人民银行 国家发展改革委 工业和信息化部 财政部 生态环境部 金融监管总局 中国证监会关于进一步强化金融支持绿色低碳发展的指导意见》，中国政府网，https：//www. gov. cn/zhengce/zhengceku/202404/content_ 6944452. htm。

碳发展的主要目标，并围绕完善绿色金融标准体系、推动绿色金融产品创新、夯实制度保障根基以及深化国际合作等提出了明确要求。10月，中国人民银行、生态环境部、国家金融监督管理总局等四部门印发《关于发挥绿色金融作用　服务美丽中国建设的意见》[①]，明确提出要加快健全金融支持美丽中国建设的政策与标准体系，积极创新绿色金融产品与服务，构建绿色金融支持美丽中国建设的项目机制，为美丽中国建设提供有力的投融资保障。

普惠金融体现了金融工作的政治性和人民性，发展普惠金融是缩小贫富差距、推动实现共同富裕的关键路径。2024年，金融监管部门出台多项政策，在扩大服务覆盖面与保障商业可持续之间构建动态平衡，系统提升关键领域普惠金融服务供给效能。在民营小微领域，8月，国家金融监督管理总局发布《关于普惠信贷尽职免责工作的通知》[②]拓展适用对象范围，明确细化免责、追责的具体情形，激发基层信贷人员敢贷、愿贷的积极性。在乡村振兴方面，8月，中国人民银行、国家金融监督管理总局、证监会等五部门联合发布《关于开展学习运用"千万工程"经验加强金融支持乡村全面振兴专项行动的通知》[③]，引导金融资源向县域倾斜，更好满足各类涉农主体多元化金融需求。截至2024年第三季度末，民营经济贷款同比增长6.8%，普惠小微贷款同比增长14.5%。

做好养老金融是应对人口老龄化趋势的战略之举，也是金融供给侧结构性改革的重要内容。2024年，金融监管部门有序推进特定养老储蓄、养老理财、商业养老金等业务试点发展。2024年，中国人民银行、国家金融监督管理总局、国家发改委等九部门联合发布《关于金融支持中国式养老事

[①] 《中国人民银行等四部门印发〈关于发挥绿色金融作用　服务美丽中国建设的意见〉》，中国政府网，https：//www.gov.cn/zhengce/zhengceku/202410/content_ 6979595. htm。

[②] 《国家金融监督管理总局关于普惠信贷尽职免责工作的通知》，中国政府网，https：//www.gov.cn/zhengce/zhengceku/202408/content_ 6966132. htm。

[③] 《中国人民银行　金融监管总局　中国证监会　财政部　农业农村部关于开展学习运用"千万工程"经验加强金融支持乡村全面振兴专项行动的通知》，中国政府网，https：//www.gov.cn/zhengce/zhengceku/202408/content_ 6966634. htm。

业 服务银发经济高质量发展的指导意见》①，旨在通过健全养老金融体系、优化养老服务和产品供给，推动养老产业和银发经济实现高质量发展，为积极应对人口老龄化提供有力支撑。2024 年，人社部、财政部、国家税务总局等五部门联合印发《关于全面实施个人养老金制度的通知》②，明确个人养老金制度自 2024 年 12 月 15 日起全面实施，实施范围由原先的 36 个先行城市（地区）推广至全国，开启了我国养老第三支柱发展新阶段。

在数字经济发展的浪潮下，数字金融正日益成为支撑金融强国建设的关键支柱。2024 年 11 月，中国人民银行、国家发改委、工信部等七部门联合发布《推动数字金融高质量发展行动方案》（下文简称《行动方案》)③，为我国数字金融发展绘制了系统性实施蓝图。该文件聚焦金融机构数字化转型加速、金融服务效能提升、数字经济高质量发展三大核心目标，同步强化金融安全防护体系建设和消费者权益保障机制。《行动方案》的出台既体现了数字金融发展的战略性规划，又为行业数字化进程注入了政策动能，具有顶层规划与行业推动的双重作用。

九　2025年金融监管展望

2025 年是"十四五"规划收官之年，也是"十五五"发展谋篇布局之年。展望 2025 年金融监管仍将坚持稳中求进、统筹发展和安全、防风险促发展的主基调，延续金融支持实体经济，维护金融稳定与安全的导向，引导金融机构积极落实国家整体战略部署，围绕支持现代化产业体系建设，持续

---

① 《中国人民银行等九部门联合印发〈关于金融支持中国式养老事业　服务银发经济高质量发展的指导意见〉》，中国政府网，https：//www.gov.cn/lianbo/bumen/202412/content_ 6992507.htm。

② 《人力资源社会保障部　财政部　国家税务总局　金融监管总局　中国证监会关于全面实施个人养老金制度的通知》，中国政府网，https：//www.gov.cn/zhengce/zhengceku/202412/content_ 6992279.htm。

③ 《中国人民银行等七部门联合印发〈推动数字金融高质量发展行动方案〉》，中国政府网，https：//www.gov.cn/lianbo/bumen/202411/content_ 6989645.htm。

优化金融产品与服务的供给。同时持续强化"五大监管",引领金融机构严控风险,合规经营,聚焦主业,实现差异化竞争与错位发展;并整体保持对于机构与个人双罚的监管高压态势,严厉打击扰乱市场秩序等违法违规行为,在稳定中谋发展。

一是防范化解重点领域金融风险。首先,加快推进中小金融机构改革化险。通过优化中小金融机构的公司治理结构、调整内部决策和管理机制以及对现有中小金融机构的存量业务进行重新梳理和复盘等途径,从根本上改善中小金融机构的经营状况,提升其整体的稳健性和可持续发展能力。其次,推动构建房地产发展新模式。支持地方政府因城施策,增加改善性住房供给,满足居民多元化居住需求。最后,积极配合防范化解地方政府债务风险。加快完善政府债务管理制度,严格规范地方政府举债行为,推动地方政府融资平台的规范化与市场化。

二是提升金融业高质量发展能力。伴随经济发展模式变革,我国中长期利率持续下行,对银行业和保险业的资产负债两端都产生了深远影响。顺应现实的发展环境变化并形成与之相契合的发展方式,是金融业进一步开创新局面、迈上新台阶、实现高质量发展的基础。在新的发展环境下,金融业应坚持内涵式发展、特色化经营和精细化管理,加快由追求速度和规模增长转变为追求以价值和效益增长为中心,树立正确的经营观、业绩观、风险观,强化资产负债统筹联动并将其贯穿到经营管理全链条各环节,切实提高银行业保险业的高质量发展能力。

三是做深做实金融"五篇大文章"。在科技金融方面,持续完善科技创新和技术改造再贷款政策,创新科技领域金融产品,着力打造支持科技创新的金融市场生态。在绿色金融方面,加快推动绿色金融标准统一,完善绿色金融评估体系,提升绿色金融质效。在普惠金融方面,推动支持小微企业融资协调工作机制落地见效,继续实施金融支持乡村全面振兴五大专项行动。在养老金融方面,加快补齐养老第三支柱短板,引导金融机构加大对健康产业、养老产业和银发经济的支持力度。在数字金融方面,优化数字经济金融服务,制定金融支持新型工业化的政策举措,培育高水平金融数据市场,提升金融服务数字化智能化水平。

四是深化金融高水平对外开放。一方面，稳步扩大制度型开放。积极参与全球金融治理，在积极吸纳国际规则与先进实践的同时着力增强在关键国际金融规则和标准制定领域的话语权与影响力。另一方面，进一步深化沪港国际金融中心建设。巩固和提高香港国际金融中心的地位，充分发挥香港国际金融中心连接内地与全球的独特作用。充分发挥上海龙头带动作用，推进更大区域范围内的高层次协同开放。在全球视野下统筹开放与安全、发展与安全两组关系，为沪港金融资源集聚和辐射的连续性可持续性提供保障。

分 报 告

B.3
2024年银行业监管报告

巴劲松　袁开宇*

摘　要：　2024年，我国银行业监管机构采取措施防范化解重点领域风险，中小金融机构风险处置成效突出，城市房地产融资协调机制有序落地，地方政府债务风险防范取得进展；监管体系进一步健全，监管立法和规制得到完善，金融监管"四级垂管"架构形成，银行风险抵补能力整体充足、流动性指标保持平稳，严厉查处违法违规行为。展望2025年，预计银行业监管在总体上将坚持稳中求进工作总基调，保持金融监管目标稳定性，防风险、强监管、促发展，重点化解中小金融机构风险，守住不发生系统性风险的底线；持续强监管、严监管态势，完善监管架构和法规体系，扩大"制度型"开放，深化金融"五篇大文章"，推动金融自身高质量发展；促进金融体系支持实体经济发展，助力经济社会发展目标实现。从监管趋势看，监管趋严，走向精细化，风险为本导向，强调金融机构主动风险管理；科技赋能监管，科技与金融深度融合；监管下沉，

---

* 巴劲松，经济学博士，副研究员，高级经济师，国家金融与发展实验室金融法律与金融监管研究基地特约研究员，主要研究方向为金融监管、金融风险管理、金融法律；袁开宇，北京锦路安生律师事务所高级合伙人、上海分所主任。

县域监管力量强化，引导金融服务本地化；强化差异化监管，区分大型银行与中小银行，实施差异化监管规则和监管措施；开放与国际化并进。

关键词： 银行业监管　风险处置　金融"五篇大文章"

一　2024年银行业监管回顾与发展状况

（一）银行业发展的宏观经济金融环境

2024年，国际形势依然复杂严峻，地缘政治冲突持续频发，保护主义和单边主义冲击国际经济秩序，全球产业链供应链遭受剧烈冲击，世界经济增长面临更大压力。国内经济环境同样面临诸多挑战，新旧动能转换存在阵痛，部分企业生产经营困难，市场预期敏感脆弱，需求不足，就业增收压力较大，消费内生动力不足。面对内外双重压力，在党中央的坚强领导下，我国通过加大宏观调控力度、及时出台一揽子增量政策，有效提振社会信心，推动经济回暖。2024年，我国全年国内生产总值（GDP）达到134.91万亿元，同比增长5.0%。分季度看，四个季度国内生产总值同比增速分别为5.3%、4.7%、4.6%、5.4%，呈现"前高—中低—后高"的"U"形走势。这种走势表明，尽管第二、三季度面临一定的经济下行压力，但随着政策调控的持续发力，第四季度经济增速明显回升，展现出发展的韧性和政策的有效性。分产业行业来看，第一、二、三产业增加值分别比上年增长3.5%、5.3%、5.0%；粮食产量再上新台阶，全年全国粮食总产量比上年增加1109万吨；规模以上工业增加值同比增长5.8%，其中装备制造业和高技术制造业分别增长7.7%和8.9%，成为工业增长的重要引擎；服务业稳中有升，全年服务业增加值比上年增长5%，对国民经济增长的贡献率为56.2%。消费市场稳步复苏，全年社会消费品零售总额48.79万亿元，比上年增长3.5%。固定资产投资（不含农户）同比增长3.2%；其中，基建投资对经济起到托底的基础作用，比上年增长4.4%，制造业投资仍保持较高水平，比上年增长9.2%，房地产开发投资下降 10.6%。我国进一步深入实施创新驱动发展战略，加大资源投入力度，2024 年我国全社会研究与试验发展（R&D）经费投入超过 3.6 万亿元[①]，比上年增长 8.3%；重大创新成果不断涌现，新能源汽车、集成电路、工业机器人战略性新兴产业快速发展，产品产量分别增长 38.7%、22.2%、14.2%；传统产业也在加速升级，钢铁、纺织、机械等产业向高端化、智能化、绿色化迈进。

2024 年，面对复杂多变的经济形势，我国金融管理部门持续发力，深化金融改革，强化政策协同，推动金融服务实体经济质效不断提升。2024 年全年，我国社会融资规模增量为 32.26 万亿元，人民币各项贷款增加 18.09 万亿元，为实体经济筑牢了资金根基。为提升金融机构的资金配置和信贷投放能力，中国人民银行于 2 月和 9 月两次下调金融机构存款准备金率，累计降低 1 个百分点，向市场投放长期流动性约 2 万亿元。同时，货币政策工具如公开市场操作和中期借贷便利（MLF）的超额续作得到灵活运用，进一步保障了流动性的合理充裕。在降低融资成本方面，2024 年多次下调政策利率，引导贷款市场报价利率（LPR）下行，12 月新发放企业贷款加权平均利率比上年同期下降约 36bps；新发放个人住房贷款利率比上年同期下降约 88bps，贷款利率保持在历史低位。同时，存款利率市场化调整机制的持续完善，进一步稳定了银行负债成本，为降低实体经济融资成本创造了有利条件。在优化资金供给结构方面，截至 2024 年末，制造业中长期贷款、"专精特新"企业贷款、普惠小微贷款余额分别同比增长 11.9%、13.0%、14.6%，均高于同期各项贷款增速。在汇率方面，年末人民币对美元汇率收盘价为 7.2988，较上年末贬值 2.8%，但贬值幅度低于同期美元指数 7% 的涨幅。

（二）2024 年银行业发展情况

1. 资产负债规模持续扩大，各类型机构增长格局发生变化

2024 年末，银行业金融机构境内总资产余额 436.40 万亿元，同比增长

---

① 数据来源：国家统计局。

6.52%，银行业金融机构境内总负债余额400.22万亿元，同比增长6.50%。

区分不同类型机构来看，在资产负债增速方面，大型商业银行和城市商业银行资产负债增速均高于平均水平，股份制商业银行、农村金融机构和其他类型金融机构资产负债增速低于平均水平；从占比来看，大型商业银行、城市商业银行资产负债占比提高，股份制商业银行、农村金融机构和其他类型金融机构资产负债占比下降，增长格局发生变化。具体来看，2024年末，大型商业银行总资产余额183.70万亿元，增长7.7%，占比42.1%，同比提高0.4个百分点；总负债余额169.32万亿元，增长7.8%，占比42.3%，同比提高0.5个百分点。股份制商业银行总资产余额72.78万亿元，同比增长4.5%，占比为16.7%，较上年末下降0.3个百分点；总负债余额66.57万亿元，同比增长4.2%，占比为16.6%，较上年末下降0.4个百分点。城市商业银行总资产余额60.14万亿元，同比增长8.9%，占比为13.8%；总负债余额55.68万亿元，同比增长8.9%，占比为13.9%；总资产余额、总负债余额占比均较上年末提高0.3个百分点。农村金融机构总资产余额57.91万亿元，同比增长6.1%，占比为13.3%；总负债余额53.69万亿元，同比增长6.0%，占比13.4%；总资产余额、总负债余额占比均较上年末下降0.1个百分点。其他类型金融机构总资产余额61.87万亿元，同比增长3.8%，占比14.2%；总负债余额54.96万亿元，同比增长3.5%，占比13.7%；总资产余额、总负债余额占比均较上年末下降0.4个百分点。

2. 商业银行贷款质量平稳

截至2024年底，我国商业银行不良贷款规模为3.28万亿元，较上一年增加536亿元，但增速呈现放缓态势。与此同时，银行业资产质量持续提升，年末不良贷款率降至1.50%，较上年同期下降0.09个百分点。2024年各季度商业银行不良贷款余额和不良贷款率如图1所示。在正常贷款方面，余额规模稳步提升至214.7万亿元，较上年增长15.4万亿元，其中正常类贷款余额达209.8万亿元，关注类贷款余额为4.8万亿元。

3. 商业银行盈利水平下滑

2024年度，我国商业银行的净利润总额为2.3万亿元，较上年同期下

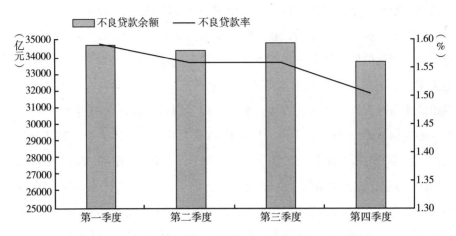

图1　2024年各季度商业银行不良贷款余额和不良贷款率

资料来源：国家金融监督管理总局网站。

降了2.3%。在盈利能力指标方面，平均资本利润率呈现下滑趋势，仅为8.10%，较上一年下降了0.83个百分点；同时，平均资产利润率也有所下降，仅为0.63%，较上年同期降低了0.07个百分点。

4.商业银行风险抵补能力进一步提升

截至2024年末，我国商业银行贷款损失准备金规模达到6.9万亿元，较上一年末增加0.3万亿元。风险覆盖指标呈现积极变化，拨备覆盖率为211.19%，较上年末提升6.05个百分点；贷款拨备率为3.18%，较上年末微降0.09个百分点。在资本充足性方面，商业银行（不含外国银行分行）各项指标均有所改善：核心一级资本充足率升至11.00%，较上年末提升0.46个百分点；一级资本充足率达到12.57%，较上年末提高0.45个百分点；资本充足率提升至15.74%，较上年末增加0.68个百分点。以上指标显示出银行体系的资本实力和风险抵御能力进一步增强。

5.商业银行流动性水平保持平稳

截至2024年底，我国商业银行流动性覆盖率[①]为154.73%，较上一年

① 资产规模在2000亿元以上的商业银行汇总数据。

末提升 3.13 个百分点；流动性比例显著改善，达到 76.74%，较上年末上升 8.86 个百分点。在备付金方面，人民币超额备付金率有所下降，为 1.20%，较上年末降低 1.03 个百分点。同时，存贷款比例（人民币境内口径）呈现上升趋势，达到 80.35%，较上年末增加 1.65 个百分点。

（三）2024年银行业监管回顾

2024 年是我国金融管理体制改革后，国家金融监督管理总局全面履职的第一个完整年度。监管目标围绕防风险、强监管、促发展有序开展，防风险目标被放在第一位，重点领域的风险得到有力防范化解，中小金融机构的风险处置取得成效，城市房地产融资协调机制有序落地，地方政府债务风险防范取得进展，不良资产处置力度加大；监管体系进一步健全，监管立法和规制得到完善，国家金融监督管理总局"四级垂管"架构形成，银行风险抵补能力整体充足、流动性指标保持平稳，持续查处违法违规行为，保持严监管强监管的态势；银行服务实体经济能力增强，积极推动做好金融"五篇大文章"，普惠金融深化、绿色金融与科技金融取得突破，金融大力支持实体经济回升向好。

1.有力有序防范化解重点领域风险

全国农村中小银行坚持"一省一策"，深化体制机制改革，完善公司治理，加快网点、人员和数字化转型，提升经营管理能力和市场竞争力，推动中小金融机构风险明显收敛。在机构改革方面，山西、河南、辽宁、四川、广西等地农合机构改革方案落地实施，新疆、四川等地市统一法人农商银行方案获批，近 30 家县域银行机构通过市场化方式退出或被吸收合并，农村中小金融机构的布局得到不断优化。城市房地产融资协调机制有序落地并取得成效，"白名单"项目审批通过的贷款金额超 5 万亿元，助力推动房地产市场止跌回稳。通过多种手段支持、化解地方政府的债务风险，严密防范和打击非法金融活动，维护金融市场稳定。全年累计处置不良资产超 3 万亿元，为金融体系稳健运行筑牢了"安全垫"。

2. 推进监管体制改革，提升监管质效

2024 年，在中央层面金融监管机构改革的基础上，地方金融监管体制改革也圆满收官，我国金融监管体制改革取得重大进展，构建了"总局-省级监管局-监管分局-监管支局"的四级监管体系，实现了自上而下的全面覆盖，形成了以中央事权为主、央地协同、全方位的监管新格局。国家金融监督管理总局顺利推进省市"三定"方案落地，加快县域机构改革，于 2024 年 4 月 8 日完成县域支局统一挂牌，正式将中国人民银行县（市）支行划入县域支局。通过改革，我国进一步完善了金融监管组织架构，充实了监管力量，有利于强化对银行保险等金融机构的常态化监管，提升金融体系风险防范能力。金融立法和监管规制进一步体系化、逻辑化，启动重要立法修法工作。建立健全行为监管体系，建立了金融消费者保护工作协调机制，上线了消费者服务平台和产品查询平台，不断夯实金融消费者保护工作基础。

3. 积极推动银行保险机构做好金融"五篇大文章"，加大对实体经济的支持力度

2024 年 5 月，国家金融监督管理总局印发了《关于银行业保险业做好金融"五篇大文章"的指导意见》，对银行业保险业金融机构做好"五篇大文章"（科技金融、绿色金融、普惠金融、养老金融、数字金融）提出了明确要求，进行了了全面的安排部署。印发出台了加强科技型企业全生命周期金融服务、小微企业金融服务监管评价、数据安全管理、提升金融服务适老化水平等方面的一系列政策文件，为金融机构做好"五篇大文章"提供具体指导，助力金融高质量发展，服务实体经济和社会民生。积极落实党中央、国务院一揽子增量政策，牵头建立针对小微企业的融资协调工作机制，并阶段性扩大无还本续贷政策至中型企业，助力化解中小微企业的融资难题。引导银行保险机构服务"两重""两新"，丰富消费金融产品，优化信贷服务；引导金融机构更加重视对制造业高质量发展的金融支持，通过加大支持力度、优化服务模式等，为制造强国建设和新型工业化进程提供坚实的金融保障。推动金融资产投资公司股权投资试点扩围，试点区域扩大到 18 个城市，意向性基金签约规模超过了 3400 亿元，推动创业投资发展，培育长期投资力量，以提升金融支持科技创新和实体经济发展的能力。

二 2024年银行业主要监管举措

（一）围绕金融"五篇大文章"主线，建章立制，制度化、规范化

国家金融监督管理总局贯彻落实党的二十届三中全会和中央金融工作会议精神，于 2024 年 5 月发布了《关于银行业保险业做好金融"五篇大文章"的指导意见》（金发〔2024〕11 号，下文简称《指导意见》），对金融监管系统和银行保险机构做好金融"五篇大文章"提出明确要求，进行全面部署，以提升金融服务实体经济质效，助力金融强国建设、民族复兴伟业。

《指导意见》分为五个部分。第一部分为总体要求，确立了推进做好金融"五篇大文章"的指导方针、核心目标及根本原则。第二部分着重于优化金融"五篇大文章"对应的金融产品与服务，主要要求如下：针对关键环节，提升科技金融效能，为科技型企业提供全方位金融服务；围绕"双碳"目标，完善绿色金融体系，支持相关行业实现节能减排，丰富绿色金融产品；针对普惠金融痛点，加大服务力度，平等支持各类所有制企业，特别是民营、小微企业和个体工商户，助力乡村全面振兴；针对养老金融需求，加快发展，支持健康、养老产业及银发经济，推动第三支柱养老保险发展；关注数字金融效能与安全，引导金融机构数字化转型，完善数字化时代的金融监管体系。第三部分强调银行保险机构在服务金融"五篇大文章"中的职能优势，包括发挥开发性、政策性金融作用，突出全国性商业银行的主力军地位，强化中小银行的特色化经营，同时发挥保险业的稳定器和减震器作用以及非银行金融机构的专业优势。第四部分提出完善银行保险机构组织管理体系，强化内部管理，优化激励约束机制，严守风险底线。第五部分则聚焦监管支持，强化监管引导，优化外部环境，防范违法违规行为，促进良好经验交流与借鉴。

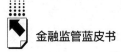

在推进做好金融"五篇大文章"的过程中，主要原则包括坚持问题导向、市场主导、守正创新和系统观念。具体要求体现为银行保险机构加强内部管理机制建设，完善激励约束机制，并坚守风险底线。重点工作则集中在强化监管引领、推动完善外部环境、严防违法违规的金融活动以及鼓励良好经验交流互鉴上。这些原则、要求和重点工作共同构成了金融"五篇大文章"的实施框架，旨在通过分类施策、优化发展战略、树立正确社会价值导向、强化科技引领和监管协同以及提升专业化服务水平，促进金融业健康发展和经济社会全面进步。同时，确保金融创新在审慎监管前提下进行，维护金融稳定，防止风险累积，并通过实践经验总结和推广，不断提升金融服务实体经济的能力。

（二）通过金融制度创新，推动金融支持科技发展

1. 深化科技型企业金融服务，构建全生命周期支持体系

2024 年 1 月，国家金融监督管理总局印发了《关于加强科技型企业全生命周期金融服务的通知》（金发〔2024〕2 号）。该通知立足于加快实施创新驱动发展战略，旨在提升科技自立自强能力，响应中央金融工作会议对科技金融工作的重要部署，聚焦营造有利于科技型中小微企业成长的金融环境，推动创新链、产业链、资金链、人才链的深度融合，并将更多金融资源投向科技创新领域。该通知的出台明确了科技型企业全生命周期金融服务的具体要求，进一步完善了支持科技型企业发展的金融政策环境。

《关于加强科技型企业全生命周期金融服务的通知》旨在全面强化金融机构对科技型企业的支持，涵盖了从初创期到成熟期的差异化金融服务。主要目标包括：一是加大信用贷款投放，支持初创期企业成长；二是丰富融资模式，如完善知识产权质押和供应链金融，助力成长期企业发展；三是提升金融服务适配性，如提供并购贷款和综合性保险以满足成熟期企业需求。差异化安排体现为引导金融机构建立专业化科技金融服务体系，强化风险管理和内部控制，实施差异化的绩效考核。重要举措包括：明确责任部门和职责分工，细化政策措施，开展能力提升行动，加强督导检查，推动科技金融专

业或特色机构集约化、专业化发展，并促进跨部门协作，共同构建支持科技型企业发展的金融生态体系。

2. 扩大金融资产投资公司股权投资试点，深化科技金融和科创投资模式

鉴于我国社会融资结构中间接融资占比仍较高的现状，为探索符合我国国情的科技金融和科创投资发展模式，国家金融监督管理总局在前期大型商业银行下设的金融资产投资公司在上海开展股权投资试点并取得经验的基础上，依据国务院办公厅《促进创业投资高质量发展的若干政策措施》的部署，于 2024 年 9 月印发了《关于做好金融资产投资公司股权投资扩大试点工作的通知》（金办发〔2024〕100 号，下文简称《试点工作通知》）和《关于扩大金融资产投资公司股权投资试点范围的通知》（金办便函〔2024〕1210 号，下文简称《试点范围通知》）。此举旨在发挥试点的示范效应，推动创业投资发展，培育长期投资力量，促进提升金融支持实体经济的能力。

《试点工作通知》明确了金融资产投资公司股权投资试点范围，涵盖北京、天津、上海、重庆、南京、杭州、合肥、济南、武汉、长沙、广州、成都、西安、宁波、厦门、青岛、深圳、苏州 18 个大中型城市。这些城市因满足经济实力较强、科技企业数量较多、研发投入量较大和股权投资活跃等条件，被选为新的试点地区。在扩大股权投资试点的政策基础上，《试点工作通知》就上海的试点工作进行了若干调整，主要包括放宽股权投资金额和比例限制，将金融资产投资公司表内资金进行股权投资的金额占公司上季度末总资产的比例由 4% 提升至 10%，投资单只私募股权投资基金的金额占该基金发行规模的比例由 20% 提升至 30%。同时，进一步完善了尽职免责和绩效考核体系，以适应股权投资业务的规律和特点。《试点工作通知》对金融资产投资公司股权投资试点业务的管理和风险管控提出了严格要求。公司需遵守相关规定和监管要求，建立完善的股权投资业务制度流程，并在市场化、法治化原则下开展业务。此外，公司需通过附属机构发行私募股权投资基金进行投资，并遵守相关法规制度。在风险管理方面，公司需提升风险管理能力，建立完善的风险管理体系，优化内部管理流程，加强人才队伍建设，以有效防控风险并提升投资水平。

《试点工作通知》和《试点范围通知》的印发，有助于扩大金融资产投资公司股权投资试点的范围，进一步深化科技金融和科创投资模式，促进创业投资发展，培育长期投资力量。这些措施有助于优化社会融资结构，提高直接融资比例，支持实体经济特别是科技型企业的发展。同时，通过放宽投资限制、完善尽职免责和绩效考核体系以及强化业务管理和风险管控，将有效提升金融资产投资公司的专业能力和服务水平。

3. 推进提升专利权质押登记办理效率，助力知识产权融资

国家知识产权局办公室和国家金融监督管理总局办公厅于2024年5月联合发布了《关于在银行业金融机构全面开展知识产权质押登记全流程无纸化办理的通知》（国知办发运字〔2024〕16号）。该通知主要包括四部分内容：一是支持各银行业金融机构通过专利业务办理系统在线办理专利权质押登记手续，符合要求并作出相关承诺的，国家知识产权局发通知书后不需要补交纸质原件，暂不具备条件的按规定办理；二是各地区相关部门要督促辖区银行业金融机构审核材料、核对一致性，指导完善管理制度及做好纸质材料保存管理，配合后续监管查验；三是各地区相关部门要明确工作机制、落实监管责任，对违规办理行为采取惩戒措施；四是各银行业金融机构要持续优化内部流程，提升效率，提供便捷全流程金融服务。

全面开展知识产权质押登记全流程无纸化办理有着重要意义，有助于加快落实金融支持科技创新的决策部署，推动专利转化运用更高效，为企业创新发展营造良好金融环境，进一步增强经济发展中的创新活力。

（三）健全普惠金融服务体系，助力共同富裕和乡村振兴

1. 优化小微企业金融服务监管办法，多方共赢开启经济发展新格局

2024年11月，国家金融监督管理总局发布了《银行业金融机构小微企业金融服务监管评价办法》（金规〔2024〕18号，下文简称《评价办法》）。

《评价办法》共计六章三十条，在以下三个方面作出了较大调整。一是改进了评价机制，充分考虑到地区间的差异性。包括强化监管的协同联动，赋予省级派出机构一定的自主权，以便更准确地反映银行业金融机构在支持

地方经济发展和服务小微企业方面的成效。这种灵活性和适应性，有助于监管评价更加科学化，同时也能够使监管评价更好地适应不同地区的经济和金融环境。二是在完善评价内容方面作出了重要调整，银行业金融机构在小微企业金融服务中承担着重要职责，要增加服务供给、优化信贷结构等，使得尽职免责和绩效考核等内部激励约束机制得到有效实施。这些措施旨在推动银行业金融机构提升对小微企业的金融服务水平，确保小微企业能够获得更加精准和高效的金融支持。三是在评价标准方面，对指标设置进行了全新升级。这一改变的侧重点在于关注服务的实际效果，不仅关注银行自身指标的纵向变化，也强调与同业的横向比较，以此来提升评价体系的客观性和科学性。利用这种多维度的评价方式，可以更准确地衡量银行业金融机构在小微企业金融服务中的表现和进步。

《评价办法》根据近年来小微企业金融服务政策要求，丰富完善了银行业金融机构小微企业金融服务工作监管评价要素，优化了监管评价指标设置和评价标准，有助于更好发挥监管引领作用，激励引导银行业金融机构强化小微金融战略导向，切实提升小微企业服务质效，促进小微企业高质量发展，保障金融稳定。

2. 完善无还本续贷政策，提高小微企业金融服务水平

国家金融监督管理总局于 2024 年 9 月发布了《关于做好续贷工作 提高小微企业金融服务水平的通知》（金规〔2024〕13 号），为小微企业金融服务注入强心剂。该通知主要内容包括：一是将续贷范围从部分小微企业扩展至所有小微企业，贷款到期后有真实融资需求同时存在临时资金困难的小微企业，均可申请续贷支持；二是明确小微企业流动资金贷款和小微企业主、个体工商户及农户经营性贷款等均可以续期；三是将续贷政策阶段性扩大至中型企业，期限暂定为三年；四是优化风险分类标准，对依法合规、持续经营、信用良好，无欠息逃废债等不良行为的企业，办理贷款续期时，不因续贷单独下调风险分类；五是要求银行业金融机构完善续贷尽职免责相关制度，优化工作流程，切实为信贷人员松绑减负。

《关于做好续贷工作 提高小微企业金融服务水平的通知》明确了续贷

条件并简化流程，让符合条件的小微企业无缝对接续贷资金，避免因资金链断裂陷入经营绝境，是缓解中小微企业融资压力的重要举措，对企业畅通产供销循环、维持正常经营、扩大经营规模起到积极作用。该通知的发布有利于持续推动续贷政策的落实落地，引导银行业金融机构提高金融服务水平，有效提升金融服务实体经济质效。

3. 修订普惠信贷尽职免责制度，为普惠金融服务供给完善制度保障

国家金融监督管理总局于 2024 年 8 月发布了《关于普惠信贷尽职免责工作的通知》（金规〔2024〕11 号），将尽职免责制度适用对象扩大至小型微型企业、个体工商户、小微企业主和农户等重点领域贷款，细化免责、追责情形，切实为基层信贷人员松绑减负，解除敢贷、愿贷的后顾之忧。

《关于普惠信贷尽职免责工作的通知》主要内容包括四部分。一是指出银行业金融机构在普惠信贷业务出现风险后，经过有关工作流程，认定相关人员尽职履行职责的，免除其全部或部分责任，包括内部考核扣减分、行政处分、经济处罚等责任。二是提出了鼓励担当、尽职免责、失职追责问责的原则，分别列举了应免责情形、可减免责情形和不得免责情形。对于无确切证据证明相关人员违反有关法律法规、监管规定和内部管理制度，失职或履职不到位的，要求原则上应免除全部责任。在应免责情形的基础上，对于未违反有关法律法规和监管规定，基本履行了岗位职责，仅存在轻微过失的，明确可视情况减责、免责。结合当前监管重点关注的违规问题，对于有重大过错的人员，明确不得免责。三是规范了尽职免责工作机制。要求银行在尽职免责工作流程中增加"申诉"环节，并强调不得因被评议人申诉而加重其责任认定结果，推动银行畅通申诉渠道，更好保护信贷人员权益。在提高效率方面，要求尽职免责工作启动后原则上在一年内完成。对于贷款金额较小、责任划分清楚的业务，明确可批量出具尽职评议报告。四是强调抓好政策细化落实。要求银行业金融机构结合自身实际，制定完善内部制度，统筹考虑履职过程、履职结果和损失程度等因素，明确普惠信贷业务不同岗位、不同类型产品的尽职认定标准，细化免责情形。要求银行业金融机构定期开展普惠信贷尽职免责工作效果评价，内部通报尽职免责工作总体情况和典型免责事例，培育尽职免责文化氛围。要求各级监管部门加强对普惠信贷尽职免责工作的引导和督促。

《关于普惠信贷尽职免责工作的通知》的出台对于推动我国普惠金融业务的发展、完善普惠金融制度体系有着重要的现实意义。小微企业是我国经济和社会发展的主要力量，普惠信贷考核和监管制度的进一步完善，将激励基层业务人员在合规的框架内更好地为小微企业、个体工商户及农户提供多样化普惠金融服务，助力实体经济持续回升向好。

（四）推进金融数字化转型，提升金融服务效率与安全性

1.筑牢金融数据安全防线，助力数字金融稳健发展

2024年12月国家金融监督管理总局制定发布了《银行保险机构数据安全管理办法》（金规〔2024〕24号，下文简称《管理办法》），以强化政策要求，促使银行保险机构落实主体责任，优化内部管理机制，并通过有效的管理和技术手段，加强数据安全防护，保障客户信息和金融交易数据的安全。

《管理办法》共九章八十一条，其主要内容和特点可概括为以下五个方面。第一，确立了数据安全责任制。明确了银行保险机构党委（党组）、董（理）事会对于数据安全工作的主体责任，将机构主要负责人定位为数据安全第一责任人，分管领导则为直接责任人，确保数据安全管理的层级责任清晰。第二，明确了数据安全管理的专门部门。要求各机构指定专门的数据安全归口管理部门，由其负责制定管理制度、建立数据目录、推动数据分类分级保护、组织风险监测预警及应急处置等。第三，将数据安全风险纳入全面风险管理框架。强调银行保险机构需明确管理流程，主动进行风险评估，并对数据安全风险实施有效监控，以防出现数据破坏、泄露或非法使用等安全事件，同时通过审计和监督检查确保数据安全。第四，加强了数据安全评估的要求。《管理办法》规定，在开展数据处理活动前，银行保险机构必须进行安全评估，分析潜在风险及其对数据主体权益的影响，评估处理的必要性、合规性及防控措施的有效性。第五，建立了数据安全保护的基本标准。《管理办法》将数据安全纳入网络安全等级保护体系，对敏感及以上级别的

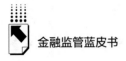

数据实施重点保护，并在数据全生命周期内采取有效的访问控制和传输保障措施，确保数据的完整性、保密性和可用性。

《管理办法》针对数据安全管理的不同方面提出了以下具体要求，主要包括四个方面。第一，数据分类分级要求。《管理办法》规定银行保险机构需建立数据分类分级保护制度，确立数据目录和分类分级标准，实施动态管理。数据分类涵盖客户数据、业务数据、经营管理数据及系统运行和安全管理数据等。数据分级则依据重要性和敏感程度，将数据分为核心数据、重要数据、一般数据，并进一步将一般数据细分为敏感数据和其他一般数据。机构需对数据安全级别进行及时调整，以适应数据属性和风险程度的变化。第二，数据安全管理职责。机构必须根据国家政策和自身发展战略制定数据安全保护策略，进行数据安全评估，明确数据收集和处理的原则、范围、规则，并保障数据安全性。同时，机构需在数据内部共享过程中建立安全隔离机制，并对数据处理各场景，如数据加工、委托处理、数据转移等，提出具体安全管理要求。第三，个人信息保护。《管理办法》专设章节强化个人信息保护，要求银行保险机构在处理个人信息时遵循"明确告知、授权同意"原则，限制收集范围，避免过度收集。在处理、共享和提供个人信息时，必须履行告知义务并取得同意。对于有重大影响的个人信息处理活动，需进行影响评估，并在委托第三方处理时明确保护义务。第四，数据安全事件应急响应与处置机制。《管理办法》将数据安全事件分为四个级别，并要求机构建立应急预案、培训和演练机制。事件发生时，机构应立即启动应急处置，分析原因、评估影响、定级并控制事态。同时，建立报告机制，按照规定及时向监管部门报告，并在特别重大事件发生时，立即采取处置措施，告知用户并向相关机构报告。事件结束后，机构需在规定时间内提交事件处置的评估、总结和改进报告。

《管理办法》的发布，对于支持金融机构数字化转型、提升金融服务效率与安全性具有重要意义。《管理办法》通过确立数据安全责任制、明确数据安全管理职责、实施数据分类分级保护、强化个人信息保护以及建立数据安全事件应急响应与处置机制，为银行保险机构提供了清晰的数据安全管理和保护框架。这不仅有助于防范和化解金融数据安全风险，保障客户信息和金融交易安全，而且促进了金融机构在数字化进程中更加稳健、高效地发展。

2. 发布工作操作指引，推动银行函证规范化、集约化、数字化发展

为了进一步落实《关于加快推进银行函证规范化、集约化、数字化建设的通知》（财会〔2022〕39号）的要求，强化对银行函证工作的指导，提高银行函证工作的质量和效率，财政部办公厅和国家金融监督管理总局办公厅于2024年1月联合发布了《银行函证工作操作指引》（财办会〔2024〕2号，下文简称《操作指引》）。

《操作指引》主要包括三方面内容。第一，银行函证工作办理说明。《操作指引》详细说明了会计师事务所和注册会计师在办理银行函证工作中的职责和流程。这包括按照中国注册会计师审计准则的规定实施函证程序，确保对银行询证函的全过程保持控制以及履行保密义务等。第二，会计师事务所工作说明。《操作指引》要求会计师事务所安排专门部门或岗位集中发送、收回银行询证函，采用公示地址作为邮寄地址，并直接从银行业金融机构获取回函。同时，会计师事务所需要按照符合《操作指引》要求的格式填写和发送询证函。第三，银行业金融机构公示信息说明。银行业金融机构应当在公开渠道就办理函证相关事项进行公示，包括各种函证方式下的办理机构及其联系方式，受理函证事项等，以确保银行业金融机构对符合公示条件的申请不拒绝办理。

《操作指引》的发布是相关部门对银行函证工作规范化、集约化和数字化趋势的响应，旨在通过明确具体操作流程和要求，提升银行函证工作的效率和安全性，有助于加强金融机构内部控制，保障金融信息安全，同时促进提升金融行业服务的透明度和可信度。

（五）强化房地产等重点领域风险防控，确保金融系统稳定

1. 延长房地产金融政策期限，支持企业融资缓解市场压力

针对房地产市场面临的资金压力和市场调整期，中国人民银行和国家金融监督管理总局于2024年9月联合发布了《关于延长部分房地产金融政策期限的通知》（银发〔2024〕171号），旨在通过灵活的融资安排支持房地

产企业的稳定发展。

该通知具体内容包括两大部分。一是《中国人民银行　中国银行保险监督管理委员会关于做好当前金融支持房地产市场平稳健康发展工作的通知》（银发〔2022〕254号）中有关支持开发贷款、信托贷款等存量融资合理展期政策的适用期限将延长至2026年12月31日。其中相关政策具体是指："支持开发贷款、信托贷款等存量融资合理展期。对于房地产企业开发贷款、信托贷款等存量融资，在保证债权安全的前提下，鼓励金融机构与房地产企业基于商业性原则自主协商，积极通过存量贷款展期、调整还款安排等方式予以支持，促进项目完工交付。自本通知印发之日起，未来半年内到期的，可以允许超出原规定多展期1年，可不调整贷款分类，报送征信系统的贷款分类与之保持一致"。二是《中国人民银行办公厅　国家金融监督管理总局办公厅关于做好经营性物业贷款管理的通知》（银办发〔2024〕8号）中有关政策有适用期限的，将适用期限延长至2026年12月31日。其中相关政策具体是指："坚持依法合规展业，经营性物业贷款可用于承贷物业在经营期间的维护、改造、装修等与物业本身相关的经营性资金需求，以及置换借款人为建设或购置该物业形成的贷款、股东借款等，不得用于购地、新建项目或其他限制性领域。经营性物业贷款在发放前应明确贷款用途。2024年底前，对规范经营、发展前景良好的房地产开发企业，全国性商业银行在风险可控、商业可持续基础上，还可发放经营性物业贷款用于偿还该企业及其集团控股公司（含并表子公司）存量房地产领域相关贷款和公开市场债券。"

该通知将进一步促进房地产市场的平稳健康发展，解决当前房地产企业的融资困难，尤其是强化对于存量融资的支持。通过将存量融资展期至2026年底，金融机构可以与房地产企业更灵活地协商调整贷款安排，减轻企业的还款压力，确保房地产项目的顺利交付。此外，经营性物业贷款的政策延续，有助于满足房地产企业在项目运营和债务置换方面的资金需求，优化资金流动，防范房地产企业因流动性紧张导致的违约风险。这些措施有助于增强市场信心，维护债权人和消费者的合法权益，推动房地产行业实现健康、可持续发展。

专栏："白名单"扩围　保交房增效

国家金融监督管理总局、住房城乡建设部联合印发有关通知，制定"白名单"项目扩围增效方案，推动商品住房项目贷款全部纳入"白名单"，进一步发挥相关支持政策作用，推动城市房地产融资协调机制落地见效。

2024年，福建省泉州市中骏雍璟府830套预售商品房顺利交房。该项目曾一度因销售资金回笼未达预期，面临较大财务压力。纳入"白名单"后，主办银行为项目提供授信金额1.59亿元，支持项目建设。四川省成都市某房地产项目原本已停工两年，当地城市协调机制专班推动金融机构组建银团贷款并全部投放，加快项目建设进度，2024年2500余套住宅已实现交付。山东省济宁市某项目前期出现项目公司资本金不足的情况。经多方沟通，公司股东同意将借款资金转为项目资本金，支持项目建设。2024年，该项目已纳入"白名单"并获得银行贷款2亿元。初步统计，全国已有超1000个项目经修复后纳入"白名单"。

国家金融监督管理总局数据显示，"白名单"项目贷款质量良好，能够按时还本付息。有的"白名单"项目获得融资建成后，销售回款情况好转，不仅保障了新增贷款安全，也提升了对存量债务的清偿能力，促进了房地产与金融的良性循环。更好满足房地产行业的合理融资需求，不仅有利于打赢保交房攻坚战，保障购房人合法权益，从长期看，也能够促进房地产企业稳健经营与持续发展，更好防范金融风险。

资料来源：屈信明：《"白名单"扩围　保交房增效（经济聚焦）》，人民网，2024年11月，http://finance.people.com.cn/n1/2024/1112/c1004-40359021.html。

2. 推动建立房地产融资协调机制，促进市场平稳健康发展

为了应对房地产市场面临的融资困难和行业不稳定现状，促进政府与金融机构的协调合作，帮助房地产企业获得必要的资金支持，推动市场复苏，同时防范潜在的金融风险和减轻行业负担，住房城乡建设部和国家金融监督管理总局于2024年1月联合发布了《关于建立城市房地产融资协调机制的

通知》（建房〔2024〕2号）。

《关于建立城市房地产融资协调机制的通知》包含四大方面的内容。一是各地级及以上城市应建立由政府分管住房城乡建设的负责同志任组长，由属地住房城乡建设部门和金融监管机构为成员单位的房地产融资协调机制，定期研判市场情况并解决融资困难。二是协调机制根据项目开发情况和企业信用筛选支持对象，确保资金流向合规项目。三是金融机构需根据市场化原则评估融资需求，为资产负债合理的项目开设绿色通道，简化审批流程，满足合理融资需求。对于遇到资金流动性问题的项目，金融机构可调整还款计划或延长贷款期限。四是各方应加快行政许可办理，确保符合条件的项目尽快获得必要证照，并通过信息共享等方式为融资提供保障，推动项目顺利进行。

《关于建立城市房地产融资协调机制的通知》通过建立房地产融资协调机制，推动金融机构与房地产企业的有效对接，有效缓解企业融资难题，促进市场稳定。各地政府、住房城乡建设部门及金融监管机构共同参与，定期评估市场形势并解决融资困难，根据项目开发情况和企业信用筛选支持对象，确保资金流向合规项目。金融机构将为符合条件的项目开设绿色通道，简化审批流程，解决资金流动性问题，同时，通过加快行政许可办理和信息共享，为融资提供保障，确保项目顺利推进。整体来看，该通知的发布有助于解决房地产企业的融资难题，促进市场健康发展，同时加强金融风险防控。

3.优化住房贷款政策，刺激市场复苏

近年来，房地产市场面临销售下滑和库存过剩的问题，市场需求不足导致房地产复苏困难。为了刺激购房需求并推动市场活跃，中国人民银行和国家金融监督管理总局于2024年5月联合发布了《关于调整个人住房贷款最低首付款比例政策的通知》（银发〔2024〕102号）。该通知内容如下：对于贷款购买商品住房的居民家庭，首套住房商业性个人住房贷款最低首付款比例调整为不低于15%，二套住房商业性个人住房贷款最低首付款比例调整为不低于25%。两部门于2024年9月联合发布《关于优化个人住房贷款

最低首付款比例政策的通知》（银发〔2024〕172 号），内容如下：对于贷款购买住房的居民家庭，商业性个人住房贷款不再区分首套、二套住房，最低首付款比例统一为不低于 15%。

此次政策调整简化了贷款流程，统一了首付款比例，降低了购房门槛，旨在刺激购房需求，尤其是在房地产市场疲软的情况下，促进提升市场活跃度。取消首套和二套住房的区别后，购房者不再受到严格的区分限制，进一步提高了市场的灵活性。然而，尽管政策放宽，政府仍保持了谨慎态度，设定最低首付款比例为 15%，以控制金融风险，防止过度放贷和市场泡沫的产生。整体来看，政策的核心目的是通过适度放松贷款条件来刺激需求，推动房地产市场的健康发展，同时加强风险防控，避免市场过热或资金流动不稳定的风险。

4. 优化住房租赁金融政策，推动市场健康稳定发展

为推进住房制度改革，形成多主体供给、多渠道保障、租购并举的模式，同时优化金融政策，推动租赁市场健康发展，中国人民银行、国家金融监督管理总局于 2024 年 1 月联合发布了《关于金融支持住房租赁市场发展的意见》（银发〔2024〕2 号）。

《关于金融支持住房租赁市场发展的意见》包含四大方面共计十七条举措，主要包括以下内容：一是支持住房租赁供给侧结构性改革，重点解决新市民和青年群体住房问题，支持各类主体建设、改建和运营长期租赁住房，盘活存量房屋，增加保障性和商业性租赁住房供应；二是支持自持物业的专业化、规模化住房租赁企业发展，促进其规模化经营，提升长期租赁住房供给能力；三是建立健全住房租赁金融支持体系，提供多元化的金融产品和服务，确保市场功能完备、结构均衡；四是加大住房租赁信贷支持力度，支持各类主体新建、改建长期租赁住房，并提供团体购房贷款和经营性贷款；五是拓宽住房租赁市场的多元化投融资渠道，鼓励社会资金和资本市场的参与，支持房地产投资信托基金和债券融资；六是加强和完善住房租赁金融管理，严格划定金融业务边界，规范信贷资金管理，防范金融风险，并加强住房租赁金融的监测评估，保障投资者合法权益。

《关于金融支持住房租赁市场发展的意见》通过金融支持促进住房租赁

市场的健康发展，推动住房租赁供给侧改革，解决新市民和青年群体的住房问题，增强租赁住房供应能力。通过支持专业化、规模化的住房租赁企业，提升市场运营水平，同时建立多元化的金融支持体系，优化金融产品和服务，提高资金配置效率，降低风险。政策还拓宽了投融资渠道，鼓励社会资本的参与，增强资金流动性和市场稳定性。此外，该通知要求严格住房租赁金融业务边界，确保资金用途合规，防范潜在金融风险，保护投资者和市场的可持续发展，为租赁市场提供了坚实的金融保障。

（六）推动金融机构合规管理升级，培育中国特色金融合规文化

为贯彻中央金融工作会议精神，提高金融机构依法合规经营能力，以及培育具有中国特色的金融文化，国家金融监督管理总局于2024年12月发布了《金融机构合规管理办法》（国家金融监督管理总局令2024年第7号，下文简称《办法》）。合规管理对于金融机构的稳健运营和高质量发展具有关键作用，同时也是完善公司治理结构、增强风险防范和处置能力的迫切需求。2006年银监会发布《商业银行合规风险管理指引》、2016年保监会发布《保险公司合规管理办法》，这两项基础制度在引导银行保险机构建立合规管理体系、加强合规管理工作中发挥了重要作用。然而，随着金融业发展环境的变化，金融机构合规管理实践也在不断深化，原有制度已无法完全适应新形势下的各项要求。因此，国家金融监督管理总局在总结前期制度执行经验的基础上，结合新的形势和要求，制定了《办法》，目的在于进一步提升金融机构合规管理的有效性，推动金融业的高质量发展。

《办法》总计五章五十八条，涵盖了金融机构合规管理的各方面内容。首章"总则"确立了《办法》的宗旨、适用范围、基本原则以及监管主体；第二章"合规管理架构与职责"详细阐述了合规体系的构建、合规文化的培育，以及董事会、高级管理人员、首席合规官和合规官的职责分工；第三章"合规管理保障"则着重于完善履职保障措施，确保合规官及部门的独立性和有效性；第四章"监督管理与法律责任"规定了行政处罚和其他监管措施，对未能有效实施合规管理的金融机构及其责任人，尤其是董事、高

级管理人员、首席合规官和合规官等，将严肃追究其法律责任；最后一章"附则"明确了《办法》的实施日期和过渡期安排，为金融机构合规管理提供了全面的制度指引和执行保障。

在答记者问中，相关司局负责人就《办法》强调了如下方面的内容。第一，合规管理目标。《办法》旨在引导金融机构构建全面、深入的合规管理体系，实现从被动监管遵循到主动合规治理的转变，通过培育合规文化，提高全员合规意识，营造良好的合规氛围，保障金融机构的高质量发展。第二，董事会和高级管理人员责任。金融机构的董事会和高级管理人员承担合规管理的最终责任，负责将合规管理融入公司治理和业务流程，确保合规目标的实现，并在各自分管领域内领导合规工作，保障合规措施的有效执行。第三，首席合规官及合规官设置的目的。设立首席合规官和合规官是为了确保合规管理的独立性和严肃性，明确岗位职责，推进合规管理工作，保障金融机构遵循法律法规，避免触碰底线和红线。第四，对合规管理部门的工作要求。《办法》对合规管理部门提出了全面的工作要求，包括制定和执行合规规范，检查和评估合规执行状况，预警和识别违规行为，以及处理和纠正违规行为，确保合规管理全流程的完整性。第五，合规管理部门与其他部门的职责分工。《办法》明确了合规管理部门、业务部门和内部审计部门在合规管理工作中的职责分工，要求三方各司其职，协调配合，形成合力，共同确保金融机构的合规经营。相关司局负责人还就合规官兼任及任职资格等业界关心的问题作出了说明，《办法》允许金融机构的高层管理人员兼任首席合规官和合规官，但需符合特定条件，以确保合规管理的独立性和专业性；对已任职的合规管理人员实施"新老划断"原则，免除其在《办法》施行前的任职资格限制，保障合规管理工作的连续性。

《办法》的发布，对于提升金融机构依法合规经营水平、培育中国特色金融合规文化具有重要意义。《办法》通过构建全面、深入的合规管理体系，强化董事会和高管的合规责任，确保合规管理的独立性和有效性，促进了金融机构从被动监管到主动治理的转变，提升了全员合规意识，为金融机构的稳健运营和高质量发展提供了坚实的制度保障。

（七）深化金融机构治理改革，贯彻落实新《公司法》

为顺应新修订的《公司法》的实施，确保金融监管制度与新《公司法》的要求有效衔接，国家金融监督管理总局于 2024 年 12 月发布了《关于公司治理监管规定与公司法衔接有关事项的通知》（金规〔2024〕23 号）。新《公司法》自 2024 年 7 月 1 日起正式施行，对监事会制度、职工董事的设置等提出了新的规定。为了贯彻落实新《公司法》的各项要求，使得金融机构在完善治理结构、修订公司章程等关键环节上有章可循，国家金融监督管理总局对相关制度文件进行了深入研究与整理，并据此起草了该通知，以保障金融行业的公司治理工作与法律同步更新，促进金融机构治理水平的提升。

为了指导金融机构根据新修订的《公司法》，优化公司治理结构，《关于公司治理监督规定与公司法衔接有关事项的通知》明确了金融机构监事会设置、职工董事设置以及原外部监事转任的相关规定。首先，在监事会设置方面，该通知规定，金融机构可根据公司章程，选择在董事会中设立由董事组成的审计委员会，由其来行使监事会的职权，从而可以选择不设监事会或监事。这一修改与《公司法》保持一致，旨在降低管理成本，增强治理的灵活性和有效性。其次，关于职工董事设置，该通知要求，职工人数超过300 人的金融机构，在董事会成员中应包含职工董事，除非该机构已设有监事会及职工监事。职工董事应由公司职工通过民主选举产生，且高级管理人员和监事不得兼任职工董事，以防止利益冲突。国家金融监督管理总局将指导金融机构稳妥有序地进行章程修改和人员选任。最后，对于原外部监事转任独立董事的问题，该通知指出，在金融机构取消监事会后，符合独立董事任职资格的原外部监事，可按照独立董事的选任程序转任。然而，原外部监事和转任独立董事的累计任职年限，原则上不得超过六年，以确保治理结构的合理性和监督效力。

《关于公司治理监督规定与公司法衔接有关事项的通知》确保了金融监管制度与新《公司法》的有效衔接，有助于推动金融机构在新的法律框架下更好地实施公司治理，保障职工合法权益，同时降低管理成本，提升治理的灵活性和有效性。

（八）规范行政处罚裁量权，保障金融执法公正透明有效

为了响应新修订的《行政处罚法》的要求，进一步规范行政处罚裁量权的行使，确保执法的严格性与公正性，国家金融监督管理总局于2024年3月发布了《行政处罚裁量权实施办法》（国家金融监督管理总局令2024年第5号，下文简称《实施办法》）。此举旨在提升执法透明度，增强社会对执法的信任，以及维护金融行业的公平公正秩序。

国家金融监督管理总局基于对行政处罚裁量权制度建设的持续加强，结合执法实践中积累的有效经验，制定了《实施办法》。它不仅总结了以往处罚裁量的实践成果，还对裁量过程中的关键问题和环节进行了统一规范，通过明确裁量标准、范围、种类和幅度，提高案件的处理质量，确保监管法律法规得到有效实施。《实施办法》包含四章三十二条，核心内容涵盖以下四方面：第一，对执法行为进行了严格规范，包括处罚裁量权的定义及其行使应遵循的法定、过罚相当、程序合法等原则，以及"从旧兼从轻"和处罚时效认定等适用规则；第二，细化了裁量阶次及其适用情形，对减轻、从轻、适中、从重处的内涵进行了明确，并根据新修订的《行政处罚法》要求，具体化不同处罚情形的适用条件，同时强调了在认定人员责任时应综合考虑多个因素，并在处罚多名责任人员时应区分责任主次；第三，规范了罚款与没收违法所得的适用标准，包括银行业保险业罚款幅度的标准、违法所得的认定与计算方法，并指出在计算违法所得时应扣除已退赔款项和相关合法支出；第四，依据国务院办公厅的相关意见，允许各监管部门根据当地经济社会发展状况，对行政处罚的阶次、幅度和适用情形进行合理细化和量化，并规定了在特定情况下调整适用的权限，同时对滥用处罚裁量权的行为设定了法律责任。

《实施办法》为确保新修订的《行政处罚法》得到有效实施，作出了一系列具体规定。例如：根据《行政处罚法》的要求，明确了行政处罚裁量

基准的制定和公布，确保了裁量权的行使符合法律要求；在处罚追诉时效上，针对涉及金融安全的违法行为，将其追诉时效延长至五年，并明确了判断违法行为连续或继续状态的标准；在裁量阶次的适用上，具体化了不予处罚、减轻处罚、从轻处罚、从重处罚的各种情形，增强了执法的实际操作性；在处罚种类的适用上，针对罚款和没收违法所得这两类常见处罚，规定了具体的裁量幅度标准和违法所得的认定及计算方法。此外，为了强化自我约束，《实施办法》还针对存在滥用处罚裁量权、徇私舞弊、玩忽职守等违法违纪行为的人员明确了法律责任，确保了行政处罚裁量权的合法、公正行使，体现了对新修订的《行政处罚法》的全面落实。

（九）明确资本计量高级方法实施流程和监管要求，引导商业银行通过高级方法提升风险管理水平

为引导商业银行资本管理和风险管理精细化，国家金融监督管理总局于2024 年 11 月发布了《商业银行实施资本计量高级方法申请及验收规定》（金规〔2024〕16 号，下文简称《验收规定》）。《验收规定》的制定背景是：第一，2024 年新修订的《商业银行资本管理办法》对信用风险、市场风险和操作风险的计量规则进行了全面更新，尤其是市场风险和操作风险的计量方法变化显著；第二，已有的六家银行在信用风险计量上可继续使用高级方法，但其他风险模块需重新申请和验收，同时更多银行积极准备并有意向采用高级方法。国家金融监督管理总局出台《验收规定》，旨在为银行实施资本计量高级方法提供明确的流程和监管要求，确保资本监管工作的有序进行，进一步推动商业银行资本管理的精细化发展。

《验收规定》的核心内容涵盖了高级方法的验收标准、程序和持续监管框架。主要内容包括：一是明确了适用对象和验收范围，允许第一档银行分模块、分步骤申请实施高级方法；二是设定了实施高级方法的前提条件，如银行需要具备稳健的经营业绩和良好的风险管理水平；三是详细规定了申请及验收流程，包括所需提交的材料清单，确保合规性，此外，《验收规定》还强调了评估及验收原则，根据资本监管规则的变化，设定了不同风险模块

的最低验收标准，以提高资本计量结果的审慎性；四是《验收规定》完善了持续监管要求，包括定期报送监管信息和重大调整的事前认可，以保障资本监管的有效性。

根据相关法规要求，银行若要实施资本计量高级方法，必须符合一系列严格的标准和条件。首先，银行需要具备坚实的实施基础，体现在公司治理、风险管理、内部控制、经营状况、数据治理、信息系统及结果应用等多个方面。《验收规定》对这些方面设定了基本要求，确保只有经营稳健、风险管理良好的银行才能申请。其次，银行需满足审慎的监管要求，针对信用风险、市场风险和操作风险的不同模块，从政策流程、模型方法、参数估计到运行表现等方面，都要满足监管的审慎要求。最后，银行必须符合《商业银行资本管理办法》规定的具体计量规则和技术标准，确保计量模型的审慎性和可靠性，以及支持体系的稳健性和有效性。同时，实施资本计量高级方法将对银行产生深远影响。

与统一风险权重的标准方法相比，高级方法允许银行使用内部模型和自行估计风险参数，提高了资本计量的精确度。这不仅促进了银行完善全面风险管理体系，提升数据基础和质量，还使得银行提升了系统整合和自动化程度，形成了基于风险量化的决策机制，推动了管理的科学化和精细化。对于资产质量稳健、风险管理良好的银行而言，实施高级方法通常会正向影响其资本充足率。

（十）健全完善贷款管理法规，提升银行信贷管理精细化、规范化水平

1. 修订《银团贷款业务指引》，完善对银团贷款业务的管理和监督

为进一步优化完善对银团贷款业务的监管，推动银团贷款业务规范健康发展，国家金融监督管理总局对《银团贷款业务指引》（银监发〔2011〕85号，下文简称《业务指引》）进行了修订，形成了《银团贷款业务管理办法》（金规〔2024〕14号，下文简称《业务管理办法》），并于2024年11月1日起施行，《业务指引》同时废止。

《业务管理办法》共分为七章六十一条，包括总则、银团成员、银团贷

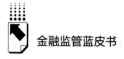
款的发起和筹组、银团贷款合同、银团贷款管理、银团贷款转让交易和附则等部分。与《业务指引》相比较，重点修订的内容包括以下方面。一是明确监管导向，要求银行开展银团贷款业务要更好支持实体经济发展，同时有效防范化解风险。二是丰富银团筹组模式、优化分销比例和二级市场份额转让规则，提升开展银团贷款业务的便利性。《业务管理办法》新增了"分组银团贷款"的概念；明确了鼓励采取银团贷款方式的具体情形；按照兼顾效率和风险分散的原则，调整并优化了具体分销比例；同时，明确了银行将银团贷款的余额或承贷额部分转让的条件。三是规范银团贷款收费的原则和方式，进一步完善银团贷款定价机制。《业务管理办法》明确规定，银团贷款收取的费用应当由借款人支付，相关费用仅限于为借款人提供相应服务的银团成员享有，并必须确保费用的公平合理性；同时，银行应完善定价机制，明确内部执行标准，建立内部超限额审核机制，并向借款人充分揭示和披露费用构成、计费标准、计费方式等信息；另外，《业务管理办法》也明确了不得向借款人收取银团服务费用的具体情形。四是对银团贷款管理提出了更为系统化的要求，进一步明确了牵头行和代理行的职责。五是增加了对银行的刚性约束。本次修订将《业务指引》修改为《业务管理办法》，并增加了监督管理（第七条）等相关内容，强化了对银行的刚性监管约束。

《业务管理办法》的颁布及实施将为银行业的发展带来新的机遇，推动银团贷款业务进一步向高效、合规的方向稳步发展，并向实体经济提供有力的支持。《业务管理办法》中关于银团的筹组机制、分销比例、二级市场份额转让等的规定，可以有效地提高银行参与银团业务的动力，提升资金运用效率，从而切实地提高银行业整体的信贷服务水平。《业务管理办法》也同时增加了对银行的刚性约束，要求银行进一步加强自我管理能力和提高合规能力，从而更好地保障银行业务，甚至整个金融系统的安全。

2. 发布实施"三个办法"，完善银行业金融机构信贷管理制度

为进一步促进银行业金融机构提升信贷管理能力和金融服务质效，国家金融监督管理总局对《固定资产贷款管理暂行办法》（中国银行业监督管理委员会令 2009 年第 2 号）、《流动资金贷款管理暂行办法》（中国银行业监督管理委员会令 2010 年第 1 号)、《个人贷款管理暂行办法》(中国银行业监督管理委员会令 2010 年第 2 号)和《项目融资业务指引》(银监发〔2009〕71 号)(下文简称"三个办法一个指引")等信贷管理制度进行了修订,形成《固定资产贷款管理办法》(国家金融监督管理总局令 2024 年第 1 号,下文简称《固贷办法》)、《流动资金贷款管理办法》(国家金融监督管理总局令 2024 年第 2 号,下文简称《流贷办法》)以及《个人贷款管理办法》(国家金融监督管理总局令 2024 年第 3 号,下文简称《个贷办法》)。《固贷办法》《流贷办法》《个贷办法》(下文合称"三个办法")于 2024 年 2 月正式发布,并于 2024 年 7 月 1 日起施行。

根据国家金融监督管理总局的公告,本次修订的重点内容包括:一是合理拓宽固定资产贷款和流动资金贷款的用途及贷款对象范围,优化流动资金贷款测算要求,满足信贷市场实际需求;二是调整优化受托支付金额标准,适度延长受托支付时限要求,提升受托支付的灵活性;三是结合信贷办理线上需求,明确视频面谈、非现场调查等办理形式,适配新型融资场景;四是明确贷款期限要求,引导商业银行有效防范贷款期限错配风险,进一步优化贷款结构;五是进一步强化信贷风险管控,推动商业银行提升信贷管理的规范化水平;六是将项目融资业务管理规定作为专章纳入《固贷办法》。

(1)调整、废除固贷行业旧规,满足信贷市场需求

《固贷办法》自 2024 年 7 月 1 日起施行,《固定资产贷款管理暂行办法》(中国银行业监督管理委员会令 2009 年第 2 号)、《项目融资业务指引》(银监发〔2009〕71 号)、《中国银监会关于规范中长期贷款还款方式的通知》(银监发〔2010〕103 号)、《中国银监会办公厅关于严格执行〈固定资产贷款管理暂行办法〉、〈流动资金贷款管理暂行办法〉和〈项目融资业务指引〉的通知》(银监办发〔2010〕53 号)同时废止。

《固贷办法》的主要修订:一是明确了受其规制的贷款人是在中华人民共和国境内设立的商业银行、农村合作银行、农村信用合作社等吸收公众存款的银行业金融机构,国家开发银行、政策性银行以及经国家金融监督管理总局批准设立的非银行金融机构发放的固定资产贷款也可参照适用,同时,

消费金融公司、汽车金融公司、信托公司等非银行金融机构发放的固定资产贷款亦可参照适用；二是明确扩大了固定资产贷款的用途和贷款对象范围，例如《固贷办法》规定，对以专利权、著作权等知识产权以及采矿权等其他无形资产办理的贷款，可根据贷款项目的业务特征、运行模式等参照《固贷办法》执行，扩大了持有专利权、著作权等知识产权以及采矿权等其他无形资产的企业从贷款人处取得融资的机会；三是明确了受托支付金额标准、延长时限要求，同时提高受托支付灵活性；四是明确固定资产贷款期限及还款安排的要求；五是在尽职调查中明确增加了"借款人的还款来源情况、重大经营计划、投融资计划及未来预期现金流状况"等内容，要求各机构确保尽职调查报告的完整性和有效性；六是将项目融资业务管理规定作为专章并入《固贷办法》，并明确允许银行为固定资产贷款办理信用贷款；七是监管层面强化了对贷款资金挪用的防控措施，同时提高了对贷款人进行贷后管理的要求；八是增加了利用金融科技加强贷款资金监管的规定。

"三个办法一个指引"执行十余年来，在银行信贷管理方面发挥了不容忽视的积极作用。但随着社会和经济的巨大发展和变化，监管部门也意识到，"三个办法一个指引"中的很多规定不再符合实际经济社会发展的新要求，于是对其进行了相应的修改和调整。2024 年颁布并实施的包括《固贷办法》在内的"三个办法"能够有效地反映中国银行信贷业的发展需求，将进一步地服务于银行业及实体经济的发展，促进金融业更好地服务于实体经济。

（2）优化流动资金贷款规定，解决业务中的多发实际问题

《流贷办法》自 2024 年 7 月 1 日起施行，《流动资金贷款管理暂行办法》（中国银行业监督管理委员会令 2010 年第 1 号）同时废止。

《流贷办法》的主要修订：一是明确了受其规制的贷款人是在中华人民共和国境内设立的商业银行、农村合作银行、农村信用合作社等吸收公众存款的银行业金融机构，国家开发银行、政策性银行以及经国家金融监督管理总局批准设立的非银行金融机构发放的流动资金贷款也可参照适用，同时，消费金融公司、汽车金融公司、信托公司等非银行金融机构发放的流动资金贷款亦可参照《流贷办法》执行；二是明确贷款对象包括非法人组织，与

《民法典》的规定保持一致；三是明确了流动资金贷款期限，增加了对分期还款及贷款展期的规定，以更好地防范期限错配风险；四是明确贷款用途限制，明确贷款不得用于股东分红及金融资产投资；五是强化资金使用的监管要求，防控资金挪用风险；六是支持小微企业发展，化解融资难问题，适当简化了向小微企业发放流动资金贷款的流程；七是优化受托支付标准，适当放宽受托支付要求；八是增加了利用金融科技加强贷款资金监管的规定。

与已经废止的《流动资金贷款管理暂行办法》相比，《流贷办法》致力于解决流动资金贷款行业的诸多实际问题，根据流动资金贷款业务的实际发展和需求，对相关的流动资金贷款业务机制进行了补充和进一步细化，尤其是重视小微企业融资难的问题，并相应地在贷款流程等方面进行了明确规定。《流贷办法》的正式实施，对于银行业金融机构及非金融机构与流动资金贷款相关的贷前、贷中及贷后管理工作和合同文本的更新都提出了新的要求，有利于各机构梳理优化内部流程，从而更好地服务于经济发展中对于流动资金贷款的需求。

（3）适应个人信贷业务实际，兼顾数字化转型

《个贷办法》自 2024 年 7 月 1 日起施行，《个人贷款管理暂行办法》（中国银行业监督管理委员会令 2010 年第 2 号）同时废止。《个贷办法》共有八章五十二条，主要分为总则、受理与调查、风险评价与审批、协议与发放、支付管理、贷后管理、法律责任、附则，主要对贷款期限、贷款调查及风险评价、风险控制、贷款支付等方面内容进行了修订。

《个贷办法》的主要修订：一是明确了受其规制的贷款人是在中华人民共和国境内设立的商业银行、农村合作银行、农村信用合作社等吸收公众存款的银行业金融机构，国家开发银行、政策性银行以及经国家金融监督管理总局批准设立的非银行金融机构发放的个人贷款也可参照适用，同时，消费金融公司、汽车金融公司、信托公司等非银行金融机构发放的个人贷款亦可参照《个贷办法》执行；二是明确了个人贷款期限；三是着力确保资金的实际用途，明确了对于借款用途进行调查的要求，并且增加规定"用于生产经营的还应调查借款人经营情况"；四是对于小额个人贷款（人民币 20

万元以下），可简化或不再进行现场实地调查；五是细化了贷款人与第三方合作的要求，并持续强调核心风控不得外包；六是细化风险评估要求（包括对担保人的风险评估），并要求贷款人严防资金挪用；七是增加了利用金融科技加强贷款资金监管的规定。

与之前的个人信贷制度相比，《个贷办法》更符合目前的信贷实际，也顺应了银行业数字化转型的趋势，对个人贷款业务的指导更加精细化。《个贷办法》将极大地提升个贷业务管理的精细化水平，并提高包括银行在内的贷款人的风控能力，在优化个贷业务流程、提高金融效率的同时，做到防范风险、严控资金滥用。

三 总结与展望

（一）2025年银行业发展的宏观环境分析

2025 年，全球经济复苏进程依然缓慢且充满不确定性。我国经济基础稳、优势多、韧性强、潜能大的基本面没有改变。同时，有效需求不足、部分企业经营困难等问题比较突出，外部环境不确定性可能对我国出口造成一定压力，经济发展的机遇和挑战并存。2025 年，我国将采取更加积极主动的宏观政策导向，重点聚焦扩大内需，促进科技创新与产业创新的深度融合，以此推动经济持续向稳向好发展。财政政策方面，我国将会实施更加积极的财政政策，通过提高财政赤字率、加大财政支出强度、增加特别国债和地方政府专项债券发行、优化财政支出结构等方式，支持重大项目建设、内需扩大和民生改善，这将有利于对冲外部不确定性，为经济稳定增长、持续向好提供支撑。货币政策方面，我国将实施适度宽松的货币政策，这是自2010 年以来我国对货币政策基调首次进行重大调整，与以往"稳健"的货币政策相比，"适度宽松"意味着更积极的逆周期调节，政策工具的使用将更加灵活和有力。预计央行将通过降准、降息等工具维持流动性合理充裕，为银行体系提供更多流动性支持，降低资金成本，推动社会融资规模合理增长，支持实体经济增长。同时，也会引导信贷资源向重点领域倾斜，加大对金融"五篇大文章"方面的支持，重点支持科技创新、绿色发展、普惠小微、民营经济等领域。在复杂的经营发展环境中，银行业必须紧跟政策导向和产业发展方向，不断提升风险管理能力和数字化水平，持续优化资产投放结构，做好资产负债量价的平衡发展，更好地服务实体经济和社会民生，同时实现自身的可持续发展。

（二）2025年银行业监管展望

2025年是"十四五"规划的收官之年。面对内外部经济金融的发展形势，预计金融监管机构可能继续保持金融监管目标稳定性，防风险、强监管、促发展，采取有力措施重点化解中小金融机构风险，守住不发生系统性风险的底线；持续强监管、严监管态势，完善监管架构和法规体系，扩大"制度型"开放，深化金融"五篇大文章"，推动金融自身高质量发展；通过金融活动发挥金融功能支持实体经济发展，助力经济社会发展目标实现。从监管趋势看，预计监管趋严与精细化，坚持风险为本导向，强调主动风险管理；科技赋能监管，科技与金融深度融合；监管下沉，县域监管力量强化，引导金融服务本地化；强化差异化监管，区分大型银行与中小银行，实施差异化监管规则和监管措施；开放与国际化并进。

1.深入推进中小金融机构风险化解工作

通过建立上下联动、责任包干、协同发力的工作机制，系统排查风险隐患，多方协作制定改革方案，重点推进高风险机构集中地区制定并实施针对性化解方案，确保高风险机构得到有效处置。完善公司治理机制，加速数字化转型进程，全面提升中小金融机构的经营管理水平和市场竞争力，促进其实现高质量发展。在重点风险领域防控方面，持续关注房地产市场和地方政府债务风险，坚决防范系统性金融风险。进一步扩大城市房地产融资协调机制覆盖面并提升效能，助力构建房地产发展新模式，促进房地产市场企稳回升。同时，稳妥推进地方政府债务风险防范化解工作，严厉打击非法金融活动。完善风险监测预警体系，实施精准化、差异化监管，优化监管激励机

制，在支持行业健康发展的同时，确保重点领域风险处于可控范围。

2.引导银行业金融机构高质量发展

督促银行业金融机构加强宏观经济形势研判，做好自身资产负债的总量和结构分析，强化资产负债量价的联动管理，持续优化资产负债结构，加强负债成本管理和风险定价管理，提升资源配置效率，降本增效，夯实可持续发展基础。鼓励银行业金融机构加快数字化转型，不断提升服务效率和风险管理能力，引导银行业金融机构加大对科技创新、绿色发展等重点领域的支持，推动经济高质量发展。

3.坚持问题导向提升监管质效

将针对银行业发展的重点领域和风险环节，加快推动重要立法修法，织密制度体系，完善监管法规制度；并通过规范执法、提升监管能力，增强监管质效。做实央地监管协同机制，加强部门间的横向联动沟通，提升监管工作的整体合力。更好履行金融消费者保护职责，提升消费者权益保护水平。

4.推动金融支持实体经济高质量发展

进一步推动银行业金融机构深入做好金融"五篇大文章"，有力有效地支持产业升级、新质生产力培育和实体经济转型升级。通过多项政策举措支持经济高质量发展，助力完成全年经济发展目标，实现"十四五"规划的顺利收官。将全面支持国家扩内需战略，积极推动消费提振计划实施，重点服务"两重"（重大工程、重点项目）和"两新"（新型基础设施、新型城镇化）领域建设。在资本市场方面，持续引导保险资金、理财资金等长期资金入市，维护资本市场平稳健康发展。同时，完善投早、投小、投长期、投硬科技的支持政策体系，为经济高质量发展提供新动能。

5.持续深化金融领域高水平对外开放，着力提升金融市场国际化程度

通过扩大制度型开放，进一步巩固和提升香港国际金融中心地位，同时加快推进上海国际金融中心建设。在跨境贸易金融服务方面，将不断提升综合服务质量和效率，为稳外资、稳外贸提供有力支撑，推动形成更高水平的开放型经济新体制。

附录：2024 年发布的部分银行业相关监管规章及规范性文件

发布时间	法规名称	文号
2024 年 1 月 5 日	住房城乡建设部　金融监管总局关于建立城市房地产融资协调机制的通知	建房〔2024〕2 号
2024 年 1 月 5 日	国家金融监督管理总局关于加强科技型企业全生命周期金融服务的通知	金发〔2024〕2 号
2024 年 1 月 5 日	中国人民银行　国家金融监督管理总局关于金融支持住房租赁市场发展的意见	银发〔2024〕2 号
2024 年 1 月 24 日	关于印发《银行函证工作操作指引》的通知	财办会〔2024〕2 号
2024 年 1 月 24 日	中国人民银行办公厅　国家金融监督管理总局办公厅关于做好经营性物业贷款管理的通知	—
2024 年 1 月 30 日	流动资金贷款管理办法	国家金融监督管理总局令 2024 年第 2 号
2024 年 1 月 30 日	个人贷款管理办法	国家金融监督管理总局令 2024 年第 3 号
2024 年 1 月 30 日	固定资产贷款管理办法	国家金融监督管理总局令 2024 年第 1 号
2024 年 2 月 8 日	国家金融监督管理总局关于印发汽车金融公司监管评级办法的通知	金规〔2024〕1 号
2024 年 3 月 18 日	消费金融公司管理办法	国家金融监督管理总局令 2024 年第 4 号
2024 年 3 月 27 日	国家金融监督管理总局行政处罚裁量权实施办法	国家金融监督管理总局令 2024 年第 5 号
2024 年 3 月 28 日	中国人民银行　国家金融监督管理总局关于调整汽车贷款有关政策的通知	（银发〔2024〕69 号）
2024 年 4 月 3 日	国家金融监督管理总局　工业和信息化部　国家发展改革委关于深化制造业金融服务　助力推进新型工业化的通知	金发〔2024〕5 号
2024 年 4 月 19 日	国家金融监督管理总局　中国人民银行关于优化已故存款人小额存款提取有关要求的通知	金规〔2024〕6 号
2024 年 4 月 29 日	国家金融监督管理总局发布《关于促进企业集团财务公司规范健康发展提升监管质效的指导意见》	金规〔2024〕7 号
2024 年 5 月 9 日	国家金融监督管理总局关于银行业保险业做好金融"五篇大文章"的指导意见	金发〔2024〕11 号

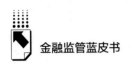

发布时间	法规名称	文号
2024 年 5 月 10 日	国家知识产权局办公室　国家金融监督管理总局办公厅关于在银行业金融机构全面开展知识产权质押登记全流程无纸化办理的通知	国知办发运〔2024〕16 号
2024 年 5 月 17 日	中国人民银行　国家金融监督管理总局关于调整个人住房贷款最低首付款比例政策的通知	银发〔2024〕102 号
2024 年 5 月 21 日	自然资源部办公厅　国家林业和草原局办公室　国家金融监督管理总局办公厅关于落实深化集体林权制度改革要求　规范高效做好林权类不动产登记工作的通知	自然资办发〔2024〕24 号
2024 年 8 月 2 日	国家金融监督管理总局关于普惠信贷尽职免责工作的通知	金规〔2024〕11 号
2024 年 8 月 16 日	国家金融监督管理总局办公厅关于印发金融租赁公司业务发展鼓励清单、负面清单和项目公司业务正面清单的通知	金办发〔2024〕91 号
2024 年 9 月 2 日	国家金融监督管理总局关于印发金融机构涉刑案件管理办法的通知	金规〔2024〕12 号
2024 年 9 月 10 日	国家金融监督管理总局办公厅关于促进非银行金融机构支持大规模设备更新和消费品以旧换新行动的通知	金办发〔2024〕96 号
2024 年 9 月 10 日	国家金融监督管理总局关于部分非银机构差异化适用公司治理等相关监管规定的通知	金规〔2024〕15 号
2024 年 9 月 14 日	国家金融监督管理总局办公厅关于做好金融资产投资公司股权投资扩大试点工作的通知	金办发〔2024〕100 号
2024 年 9 月 14 日	金融租赁公司管理办法	国家金融监督管理总局令 2024 年第 6 号
2024 年 9 月 24 日	中国人民银行　国家金融监督管理总局关于延长部分房地产金融政策期限的通知	银发〔2024〕171 号
2024 年 9 月 24 日	中国人民银行　国家金融监督管理总局关于优化个人住房贷款最低首付款比例政策的通知	银发〔2024〕172 号
2024 年 9 月 24 日	国家金融监督管理总局关于做好续贷工作　提高小微企业金融服务水平的通知	金规〔2024〕13 号
2024 年 9 月 24 日	国家金融监督管理总局办公厅关于扩大金融资产投资公司股权投资试点范围的通知	金办便函〔2024〕1210 号

续表

发布时间	法规名称	文号
2024 年 11 月 1 日	国家金融监督管理总局关于印发商业银行实施资本计量高级方法申请及验收规定的通知	金发〔2024〕16 号
2024 年 11 月 11 日	国家金融监督管理总局关于进一步提升金融服务适老化水平的指导意见	金发〔2024〕34 号
2024 年 11 月 11 日	国家金融监督管理总局关于印发金融资产管理公司不良资产业务管理办法的通知	金规〔2024〕17 号
2024 年 11 月 25 日	国家金融监督管理总局关于印发银行业金融机构小微企业金融服务监管评价办法的通知	金规〔2024〕18 号
2024 年 12 月 5 日	国家金融监督管理总局办公厅印发《关于强监管防风险促改革推动财险业高质量发展行动方案》的通知	金办发〔2024〕121 号
2024 年 12 月 25 日	金融机构合规管理办法	国家金融监督管理总局令 2024 年第 7 号
2024 年 12 月 27 日	国家金融监督管理总局关于印发银行保险机构数据安全管理办法的通知	金规〔2024〕24 号

B.4
2024年证券业监管报告

李一民[*]

摘　要：　2024年，我国资本市场呈现积极而深刻的变化。证券业监管工作统筹推进防风险、强监管、促高质量发展，强本强基、严监严管，系统性重塑资本市场基础制度和监管底层逻辑。《关于加强监管防范风险推动资本市场高质量发展的若干意见》出台后，证监会推动新"国九条"和"1+N"政策体系形成，资本市场体系、结构和制度机制不断完善。资本市场运行企稳，依法从严监管见效，中长期资金入市堵点被打破，证券基金机构互换便利首批操作顺利落地。上市公司总市值刷新历史纪录，债券市场规模继续扩大，权益类ETF规模明显增大，资产证券化REITs项目类型扩充。投融资发展"更协同"，上市公司分红、回购金额创新高。资本市场发展势能在持续集中，高质量发展的体系与基础日趋完善。"支持科技十六条""科创板八条"等政策出台，科创板、创业板、北交所改革持续推进，科创金融产品服务供给有望加大力度，发行上市、信息披露、板块层次的差异性安排也将更趋优化。以深化投融资综合改革为牵引，以高水平对外开放推进改革，加快推进建设一流投资银行和投资机构，引导行业加力做好金融"五篇大文章"。

关键词：　证券业监管　资本市场　高质量发展

---

[*] 李一民，经济学博士，国家金融与发展实验室金融法律与金融监管研究基地特约研究员，主要研究方向为宏观金融、资本市场。

一　2024年证券业监管回顾与发展现状

（一）2024年证券业监管回顾

中央金融工作会议强调金融的战略定位，通过"三个着力"为资本市场改革指明方向。党的二十届三中全会要求，健全投资和融资相协调的资本市场功能，防风险、强监管，促进资本市场健康稳定发展。2024年，我国资本市场全面深化投融资综合改革，坚持工作主线，稳中求进、以进促稳，紧扣防风险、强监管、促发展，推动资本市场新"国九条"和"1+N"政策体系见效落地、资本市场基础制度和监管底层逻辑系统性重塑。

1. 全力维护资本市场稳定运行

2024年，面对复杂严峻的市场运行形势，证券监管部门打出一系列政策"组合拳"，促进稳市机制不断完善。第一，强化融券业务逆周期调节。7月，证监会批准中证金融公司暂停转融券业务的申请，存量转融券合约可以展期，批准证券交易所将融券保证金比例、私募证券投资基金参与融券的保证金比例由原有不低于80%、100%分别上调至100%、120%。第二，推动中长期资金入市。9月，中央金融办、证监会联合印发《关于推动中长期资金入市的指导意见》，中央金融办等六部门联合印发了《关于推动中长期资金入市工作的实施方案》，着力完善各类中长期资金入市配套政策制度安排。发展指数化基金投资，优化权益类公募基金考核，首批保险资金长期投资改革试点投资落地，专业机构投资者持股市值占比较前一年有所提升。第三，推出结构性货币政策工具。10月，中国人民银行等部门联合发布《关于设立股票回购增持再贷款有关事宜的通知》，证监会配合并引导金融机构向上市公司和主要股东提供贷款，支持上市公司和股东回购和增持上市公司股票。配合创设了证券、基金、保险公司互换便利（SFISF），共计20家公司在证监会同意下开展互换便利操作。12月，互换便利参与机构范围进一步扩大。截至2024年底，有261家上市公司披露回购增持再贷款信息，40

家证券公司和基金公司加入互换便利操作投标备选池①，对维护资本市场稳定运行发挥了积极作用。

2. 资本市场改革政策接续出台

围绕中央金融工作会议和国务院作出的具体安排部署，资本市场改革政策相继出台落地。2024年4月，国务院颁布《关于加强监管防范风险推动资本市场高质量发展的若干意见》，提出以完善资本市场基础制度为工作重点。证监会制定修订若干配套文件和制度规则，资本市场新"国九条"和"1+N"政策体系形成。怎样处理好资本市场规模增长和市场发展质量之间的平衡问题，是重塑资本市场基础制度和监管底层逻辑工作亟待解决的历史性、规律性问题。投资与融资一体两面，围绕市场量的总体平衡，兼顾上市公司质的提升，资本市场高质量发展的主要矛盾得到重视。在投资端，证监会制定《关于加强证券公司和公募基金监管加快推进建设一流投资银行和投资机构的意见（试行）》《证券市场程序化交易管理规定（试行）》等文件，对市场主体与金融机构提出要求，在引入更多中长期增量资金的同时，解决投资行为短期化等问题。在融资端，相关部门发布《关于严把发行上市准入关从源头上提高上市公司质量的意见（试行）》《关于深化上市公司并购重组市场改革的意见》《上市公司股东减持股份管理暂行办法》等，督促上市公司完善公司治理，落实市值管理责任。通过完善一二级市场协调发展机制，推动注册制改革进一步走深走实，资本市场投资价值迅速凸显。

3. 坚持依法从严监管

构建全方位、立体化的资本市场监管体系，监管"长牙带刺"、有棱有角的要求落地。第一，制定修订监管规则。近一年来，证监会发布了50多项制度规则，包括《首发企业现场检查规定》《关于加强上市公司监管的意见（试行）》《关于严格执行退市制度的意见》等，涵盖发行、上市、退市、机构、交易监管及投资者保护等全链条多方面，监管制度机制进一步健

---

① 《中国证监会扩大互换便利参与机构范围》，证监会网站，http://www.csrc.gov.cn/csrc/c100028/c7529480/content.shtml。

全。第二，坚持依法从严监管。证监会加强与检察机关等相关部门的协作配合，推进各项措施落地见效，从严惩处违法违规案件，打击证券期货违法犯罪。现场检查、现场督导覆盖面扩大，严肃查处欺诈发行、财务造假、操纵市场、违规减持等一批大案要案，形成财务造假综合惩防体系。证监会还发布了7个监管规则适用指引政策文件，涉及会计类、机构类、发行类多个领域，体现出规范市场行为、保护投资者合法权益的首要地位。新《证券法》实施后首批当事人承诺案件落地；55家上市公司平稳退市。

4. 提升资本市场服务高质量发展质效

服务创新引领经济新形势，为高质量发展贡献力量，是当前发展资本市场的紧迫任务。2024年4月，证监会制定《关于资本市场服务科技企业高水平发展的十六项措施》（简称"支持科技十六条"）、发布《关于修改〈科创属性评价指引（试行）〉的决定》，深入推进发行监管转型，科技型企业上市融资环境得到优化。6月，证监会颁布《关于深化科创板改革　服务科技创新和新质生产力发展的八条措施》（简称"科创板八条"），强调强化科创板"硬科技"的市场定位，深化发行承销制度试点，优化科创板上市公司股债融资制度。"支持科技十六条"与"科创板八条"等文件的出台，明确提升了资本市场发展质量，支持了新质生产力发展。第一，多层次各板块市场功能定位统筹健全。突出科创板、创业板定位服务早期科技型企业，北交所高质量发展扎实推进，科技型企业再融资、并购重组获得政策支持。第二，服务科技型企业各方责任进一步压实。健全全链条"绿色通道"机制，建立交易所债券市场服务创新机制，推动母基金发展，引导私募股权创投基金投向科技创新领域。2024年，我国上市公司结构显著改善，资本市场生态逐步向好。上市公司实施现金分红2.4万亿元，股份回购金额共1476亿元，全年披露的并购重组交易数量合计2131单[①]。资本市场自身的高质量发展与我国经济社会的高质量发展相互促进，形成良性循环。

[①] 《中国证监会召开2025年系统工作会议》，http://www.csrc.gov.cn/csrc/c106311/c7533169/content.shtml。

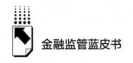

（二）2024年证券市场发展概况

截至 2024 年底，我国境内股票市场共有上市公司 5392 家，与 2023 年相比增加了 46 家。上市公司总市值为 94.0 万亿元，较 2023 年增长 6.3 万亿元。按上市所在地统计，沪、深、北证券交易所分别有上市公司 2278 家、2852 家、262 家，境外主要市场（香港、纽约、伦敦等）以中国概念进行上市的企业总数超过 1700 家。分股份类型统计，仅发行 A 股的公司 5160 家，仅发行 B 股的公司 9 家，发行 A+B、A+H 等多股份类型的公司 223 家。债券市场规模继续扩大，2024 年末总存量规模达 177 万亿元，较 2023 年末增长 12.1%。全年发行各类债券 79.3 万亿元，同比上升 11.7%。资产证券化市场运行平稳，2024 年末存量规模约 3.82 万亿元，全年发行各类产品约 1.98 万亿元①。

1. 交易所市场融资发展情况

2024 年，我国 A 股市场共有 100 家企业完成首发上市，累计募集资金总额 673.5 亿元，分别较 2023 年下降 68.1% 和 81.1%。IPO 上市数量与融资规模减小，与完善发行制度、严把发行上市关、严把再融资审核关的背景有关。从融资结构看，创业板上市公司数量与募资总额均居首位。创业板 IPO 上市公司数量为 38 家，募资规模为 225.8 亿元，占比为 33.5%。北交所 IPO 上市公司数量为 23 家，募资规模为 46.8 亿元，占比为 6.9%。此外，上证主板 IPO 上市公司数量为 17 家，募资规模为 175.2 亿元；科创板上市公司数量为 15 家，募资规模为 151.6 亿元；深证主板上市公司数量为 7 家，募资规模为 74.1 亿元。新"国九条"发布后，创业板上市公司数量与质量有明显提升，上市公司数量持续逼近深证主板公司数量；科创板着重强调"硬科技"属性，强化科创属性标准要求，近三年研发投入占比均值超过 10%。

再融资方面，2024 年 A 股再融资审核加严。2024 年，共 178 家上市公

---

① 数据来源：Wind 数据库。

司进行再融资（包括定增、优先股、可转债），募资总额为 2198.9 亿元，较 2023 年下降约 71%。分类型看，定增仍为再融资最主要的渠道，募资金额占再融资总额比重达到 77.2%。分行业看，基础化工、交通运输、公用事业再融资金额居前三位。同时，监管机构加强对已上市公司质量的监管要求，全年对 319 家上市公司进行了现场检查，对存在问题的公司采取了包括责令整改、罚款在内的监管措施，确保上市公司能为投资者提供稳定回报。进入 2024 年第四季度，随着资本市场表现回暖，上市公司再融资活跃度明显提升。

2. 股票二级市场运行

2024 年，股票二级市场整体表现稳健，主要指数呈现震荡上行趋势。截至年末，上证指数收于 3351.8 点，全年涨幅 12.7%；深证成指收于 10414.6 点，全年上涨 9.3%；创业板指数收于 2141.6 点，全年涨幅 13.2%。从规模指数看，科创 50 上涨 16.07%，在各大指数中涨幅居前；上证 50 指数、沪深 300 指数分别上涨 15.42%、14.68%。从申万一级行业来看，多数行业上涨，少数行业下跌。2024 年，涨幅居前的行业有银行板块、非银金融与家用电器板块，涨幅分别为 38.5%、30.3%、26.6%；跌幅居前的行业有医药生物、建筑材料与美容护理板块，跌幅分别为 13.8%、11.9%、8.5%。

交易量方面，沪深两市全年的总成交额达 254.8 万亿元，同比增长 20.1%，市场活跃度较前一年明显改善。此外，2024 年全市场分红金额创历史新高，达到 2.4 万亿元。截至 2024 年，上市公司的股份回购规模接近 1500 亿元，创历史新高。市场全年分红与回购总额已显著超过首次公开募股、再融资以及股东减持规模的总和。与此同时，沪深 300 指数权重股的股息率达到了 3.4%，反映出市场投资与融资活动的协调性正在显著提升，一个更加平衡且可持续的市场生态正在加速构建。

3. 债券市场总体情况

2024 年，我国债券市场总体规模继续扩大，国债收益率整体震荡下行。债券市场共发行各类债券 79.3 万亿元，同比上升 11.7%，除同业存单外各

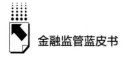
类债券合计发行 47.8 万亿元。其中，银行间债券市场发行债券 70.4 万亿元，交易所市场发行债券 8.9 万亿元。截至年末，我国各类债券存量规模超过 175 万亿元。2024 年末，1 年、3 年、5 年、7 年、10 年期国债收益率分别为 1.08%、1.19%、1.42%、1.59%、1.68%。表 1 展示了 2023～2024 年我国债券市场不同种类债券的存量规模变化情况。

表 1　2023～2024 年我国债券市场不同种类债券的存量规模情况

类别	2024 年				2023 年			
	债券数量（只）	债券数量比重（%）	债券余额（亿元）	余额比重（%）	债券数量（只）	债券数量比重（%）	债券余额（亿元）	余额比重（%）
国债	279	0.37	342913.36	19.49	273	0.39	297136.99	19.08
地方政府债	11873	15.95	473363.10	26.90	10508	14.95	405409.75	26.03
央行票据	4	0.01	620.90	0.04	3	0.00	150.00	0.01
同业存单	14598	19.61	194350.00	11.04	14586	20.76	147630.70	9.48
金融债	3210	4.31	400602.57	22.76	2946	4.19	372280.28	23.91
企业债	2266	3.04	15967.80	0.91	2649	3.77	19253.03	1.24
公司债	14507	19.48	119254.78	6.78	13688	19.48	114165.16	7.33
中期票据	11530	15.48	113747.31	6.46	9426	13.41	94067.06	6.04
短期融资券	2417	3.25	20230.96	1.15	2719	3.87	21309.59	1.37
定向工具	3359	4.51	20496.12	1.16	3611	5.14	22603.61	1.45
国际机构债	30	0.04	910.00	0.05	25	0.04	580.00	0.04
政府支持机构债	171	0.23	15875.00	0.90	190	0.27	18215.00	1.17
资产支持证券	9580	12.87	33015.78	1.88	8938	12.72	34174.48	2.19
可转债	529	0.71	7337.22	0.42	578	0.82	8753.38	0.56
可交换债	96	0.13	1146.40	0.07	112	0.16	1365.80	0.09
项目收益票据	11	0.01	43.60	0.00	19	0.03	88.05	0.01
合计	74460	100.00	1759874.89	100.00	70271	100.00	1557182.87	100.00

资料来源：Wind 数据库。

在债券品种方面，国债发行总规模 12.4 万亿元，同比增长 12.7%；地方政府债发行规模 9.8 万亿元，同比增长 5.4%。同时，金融债发行 10.4 万亿元，公司债发行 14.5 万亿元，信用债发行 20.4 万亿元。其中，中期票据、公司债、短期融资券和资产支持证券，成为占比居前的信用债品种。在发行主体企业性质方面，央企、民企的债券发行量占比有所上升，地方国企债券发行量占比有所下降，显示高风险主体逐步出清，信用风险仍呈现收敛态势。

4. 资产证券化市场运行

2024 年，我国资产证券化市场运行平稳，资产证券化产品的种类和规模稍有变化。截至 2024 年上半年，资产证券化产品总体共发行 2114 单（包括公募 REITs），发行金额合计 2.0 万亿元，同比增长 9.6%①。具体来看，企业资产证券化（ABS）、信贷资产证券化（MBS）及资产支持票据（ABN）发行规模合计为 4.4 万亿元，其中 ABS 大幅收缩，MBS 持平、ABN 显著放量。总体来看，我国资产证券化市场稳步推进完善 REITs 市场规范与体系建设，REITs 项目类型由 9 类扩充至 12 类，两只保租房 REITs 发行上市，为资本市场的发展提供了有力支持，提供了新的融资渠道，也为投资者提供了更多样的投资选择。

二 2024年证券业的主要监管措施和监管行动

（一）深化资本市场投融资综合改革

为了落实国务院《关于加强监管防范风险推动资本市场高质量发展的若干意见》，证监会制定修订配套文件和制度规则 50 多项。在中央金融办统筹协调下，全面加强监管、有效防范化解风险，落实严监严管，健全监管制度机制，覆盖包括发行上市、信息披露、并购重组、公司治理、交易、退市在内的全链条、各环节，推动新"国九条"具体落实，形成了"1+N"政策体系。

第一，严把发行上市准入关卡。2024 年 3 月，证监会发布《首发企业现场检查规定》，大幅提高现场检查比例、扩大覆盖面，严惩欺诈发行、财务造

---

① 数据来源：《2023 年度中国资产证券化市场统计报告》。

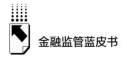

假行为。现场检查是证监会的一项重要执法监管手段，是依法对发行上市书面审核的进一步延伸和补充，这种检查方式不仅加大了监管力度，还提升了审核的全面性和准确性。此举强化首发企业信息披露监管，督促保荐人、证券服务机构归位尽责。同月，出台《首次公开发行股票并上市辅导监管规定》《关于严把发行上市准入关从源头上提高上市公司质量的意见（试行）》，提出具体措施。一是严把拟上市企业申报质量，压实拟上市企业及"关键少数"对发行申请文件特别是经营财务等方面，信息披露真实准确完整的第一责任。二是强化证监会派出机构所在地的监管责任，扎实履行好辅导监管和现场检查职责。三是突出交易所审核主体责任，严格执行审核标准，对申报项目依法作出明确判断。四是坚决履行证监会机关全链条统筹职责，抓好发行上市监管制度标准的制定执行。从上市企业、中介机构、交易所审核、监管机关等上市全链条严把准入关卡，严守各环节回溯问责机制规则。

第二，加强上市公司监管与信息披露。2024年3月，证监会发布《关于加强上市公司监管的意见（试行）》，对上市公司提出明确要求。这体现在加强信息披露监管，严惩业绩造假，完善减持规则，防范绕道减持，并对分红采取强约束措施，提升股份回购监管约束力，压实上市公司市值管理主体责任等方面。5月，审议通过《上市公司股东减持股份管理暂行办法》，规范上市公司股东减持股份行为。2024年9月，证监会发布《关于深化上市公司并购重组市场改革的意见》，鼓励上市公司综合运用股份、现金、定向可转债等工具实施并购重组、注入优质资产，多措并举活跃并购重组市场，全年披露并购重组交易2131单。2024年11月，证监会发布《上市公司监管指引第10号——市值管理》，引导上市公司关注自身价值，切实提升投资者回报。上市公司全年实施分红2.4万亿元、回购1476亿元，规模均创历史新高。2024年12月，证监会就《上市公司信息披露管理办法（修订稿）》公开征求意见，主要内容包括明确豁免方式，坚持披露原则；明确豁免事项，便于实践执行；强化内部管理，压实公司责任；加强外部监管，防范滥用风险。同月，证监会也就《公开发行证券的公司信息披露内容与格式准则第2号——年度报告的内容与格式（修订稿）》《公开发行证券的公司信息披露内容与格式准则第 3 号——半年度报告的内容与格式（修订稿）》向社会公开征求意见。证监会会同地方政府全年走访 1622 家上市公司，推动公司管理，提升投资价值。

第三，加大退市监管力度。2024 年 4 月，证监会落实国务院《关于加强监管防范风险推动资本市场高质量发展的若干意见》，出台相关规定，加大退市监管力度。监管部门全年对上市公司质量提出更高的要求，共 55 家上市公司平稳退市。2024 年 4 月，证监会《关于严格执行退市制度的意见》提出：一是强化信息披露和交易监测，督促公司及早揭示退市风险；加大对违规规避退市行为的监管力度；优化上市公司财务造假发现查处机制。二是压实会计师事务所责任，财务失真、内控失效的审计意见可以作为退市决策的重要依据；督促注册会计师规范执业。三是严惩导致上市公司重大违法强制退市的责任人员，坚持对退市公司及其控股股东、实际控制人、董事、高管违法违规行为"一追到底"。严格财务指标类、交易指标类、规范运作类、重大违法类强制退市标准；支持市场化方式退市，严惩退市违法行为，健全投资者赔偿救济机制。加强退市监管执法工作。推动健全行政、刑事和民事赔偿立体化追责体系。

（二）综合惩防资本市场违法犯罪行为

第一，加大案件查办和自律惩戒力度。2024 年 7 月，国务院办公厅转发证监会等部门《关于进一步做好资本市场财务造假综合惩防工作的意见》，该意见主要强调，为切实保护投资者合法权益，维护资本市场健康稳定发展，当前监管工作应聚焦严厉打击财务造假、欺诈发行、操纵市场以及内幕交易等严重违法违规行为。2024 年，通过开展专项行动，集中力量查处上市公司财务造假案件，全年共办理各类案件 739 件，罚没款总额 153 亿元，较上一年增长超过一倍①。在行政处罚的基础上，对于涉嫌犯罪的行

---

① 《中国证监会 2024 年法治政府建设情况》，证监会网站，http：//www.csrc.gov.cn/csrc/c100028/c7546094/content.shtml。

为，积极协同公安机关追究刑事责任，移送案件及线索 178 件，同比增长 51%。未来，将继续优化证券监管执法体制机制，加大全方位、立体化的追责力度，强化部际协调与央地协同，推动重点领域财务造假的常态化、长效化防治，坚决遏制违法违规行为的发生。推动新《证券法》实施后紫晶存储、泽达易盛相关中介机构 2 起当事人承诺案件落地，平稳推进金通灵、美尚生态 2 起特别代表人诉讼案件，加大案件查办和自律惩戒力度，提高违规违法行为惩戒威慑力，形成新《证券法》实施后资本市场监管生态。

第二，推动形成违法违规综合惩防体系。2024 年 4 月，证监会发布《关于修改〈中国证监会随机抽查事项清单〉的决定》，结合首发企业现场检查工作实际，一是将清单附件所列抽查事项第 1 项"首发企业检查"的抽查比例由"随机抽签的比例为 5%"修改为"随机抽签的比例为 20%"；二是将清单附件所列抽查事项第 1 项"首发企业检查"的抽查依据修改为"《证券发行上市保荐业务管理办法》第六十一条"。2024 年，IPO 新申报企业的现场检查与现场督导力度显著增大，现场督导覆盖率已不低于1/3。证监会、各地证监局以及沪深北三大证券交易所、证券业协会在该年度针对证券公司共发出 516 份措施文件，涉及 82 家证券机构以及超过 400 名相关从业人员。2024 年 6 月，最高人民法院对外公布一批财务造假典型案例，强化对财务审计秩序的依法治理，遏制财务造假行为的滋生与蔓延，致力于构建一个公开透明、以诚信为本的市场环境，为资本市场的健康发展提供坚实的法治保障。2024 年 9 月，证监会发布《证监会系统离职人员入股拟上市企业监管规定（试行）》。2024 年中国证券业协会依规审结自律案件 11 批，对 13 家次公司、53 人次从业人员采取纪律处分和自律管理措施，向 8 家次公司、4 人次从业人员发送提醒函，督促行业完善制度建设，加强合规管理和风险控制，及时整改违规行为；针对华源证券在廉洁从业管理、从业人员登记管理以及考试组织方面存在的违反自律规则的情形，采取警示的自律管理措施，对麦高证券和申港证券 2 家机构分别采取自律管理措施。

（三）支持科技创新和新质生产力发展

第一，深入推进发行监管转型。2024年4月，证监会出台了《关于资本市场服务科技企业高水平发展的十六项措施》，旨在进一步加大资本市场对科技创新的支持力度，助力新质生产力的培育与发展。该措施从上市融资、并购重组、债券发行以及私募投资等多个维度入手，提出了一系列具有针对性的支持政策。具体而言，措施强调集中资源支持重大科技攻关项目，完善针对科技型企业的股权激励机制，并加大对科技型企业再融资与并购重组的支持力度。此外，政策还支持具有关键核心技术、市场潜力大且科创属性突出的优质未盈利科技型企业上市，并进一步提升北京证券交易所的市场准入包容性。同月，证监会对《科创属性评价指引（试行）》进行了修订。修订后的指引提高了对拟在科创板上市企业的研发投入、发明专利数量以及营业收入复合增长率的要求。这一调整的目的是引导科创企业更加注重科研投入和科研成果的产业化，从而提升申报企业的整体质量。与此同时，证监会秉持"开门搞审核"的理念，建立健全了科技型企业上市与再融资的"预沟通"机制。实施这一机制，旨在提高科技型企业在咨询过程中的便利性和有效性，为企业提供更加高效、透明的审核服务，进一步优化资本市场对科技创新的支持环境。增强制度包容性、适应性，支持优质未盈利科技企业发行上市，稳妥恢复科创板第五套标准适用，尽快推出具有示范意义的典型案例，更好促进科技创新和产业创新融合发展。

第二，加快健全科技企业支持机制。6月，证监会颁布《关于深化科创板改革　服务科技创新和新质生产力发展的八条措施》，优化科创板上市公司股债融资制度。"支持科技十六条"与"科创板八条"等文件出台后，当前证监会将科创板第五套标准、未盈利企业上市制度与"并购六条"配套机制相结合，形成覆盖企业全生命周期的支持体系。例如，2024年，在科创板、创业板以及北交所新上市的企业中，高新技术企业所占比例已超过90%。与此同时，战略性新兴产业上市公司市值占比已突破40%。这一数据表明，资本市场正逐步演化为推动科技创新的关键孵化平台，为相关企业的发展提供了有力支持。这一政策设计既符合促进新质生产力发展的要求，也通过差异化的制度安排缓解了科技企业融资难题。当前资本市场致力于加强培育统筹，提升对重点领域科技型企业的服务效能。未来要大力吸引和培育一批创新型中小企业上市，充分发挥区域性股权市场服务培育规范科技型企业的功能，高质量建设"专精特新"专板，不断丰富针对科技型企业的服务工具和融资产品。

（四）规范证券基金经营机构监管

第一，提高证券基金行业监管要求。2024 年 3 月，证监会颁布《关于加强证券公司和公募基金监管加快推进建设一流投资银行和投资机构的意见（试行）》。目的是解决行业机构经营理念有偏差、功能发挥不充分、治理水平待提高、合规意识和水平不高等问题，推动优质头部机构引领行业高质量发展。该意见针对证券基金经营机构校正行业机构定位、夯实合规风控基础、优化行业发展生态、促进行业功能发挥、全面强化监管执法、防范化解金融风险、抓好监管队伍建设等提出具体要求。2024 年 4 月，证监会颁布《监管规则适用指引——机构类第 3 号》，明确了非金融企业成为证券基金经营机构控股股东适用的权益性投资指标要求。2024 年 5 月，公布修订后的《关于加强上市证券公司监管的规定》，督促上市证券公司端正经营理念，聚焦主责主业，首要突出证券公司的功能性。2024 年 6 月，证监会颁布《公开发行证券的公司信息披露编报规则第 4 号——保险公司信息披露特别规定（2024 年修订）》，进一步推动上市保险公司提升信息披露的针对性和有效性。

第二，发布金融行业基础标准。2024 年 4 月，证监会颁布金融行业推荐性标准《投资研究时序数据参考模型》《证券期货业基础数据元规范　第 1 部分：基础数据元》《证券期货业基础数据元规范　第 2 部分：基础代码》。2024 年 11 月，证监会发布《上市公司行业统计分类与代码》等 8 项金融行业推荐性标准。《上市公司行业统计分类与代码》标准是对已发布标准《上市公司分类与代码》的修订，规定了上市公司行业划分等级和行业划分原则。《区域性股权市场跨链技术规范》《区域性股权市场跨链数据规范》《区域性股权市场跨链认证安全规范》《区域性股权市场区块链通用基础设施通讯指南》规定了监管链和地方业务链跨链对接的应用环境以及跨链对接过程中业务数据存储的基本要求、规范与指南，推进资本市场信息化数字化建设。《证券期货业数据标准属性框架》《证券基金经营机构运维自动化能力成熟度规范》旨在提高行业数据治理水平。

第三，完善私募基金监管制度。2024年4月，中国证券投资基金业协会发布《私募证券投资基金运作指引》，规范私募证券投资基金的募集、投资、运作等环节，明确资金募集要求，规范投资行为，强调受托管理职责，引导长期投资理念。2024年7月，为了落实《私募投资基金监督管理条例》的有关规定，证监会整理形成《私募投资基金信息披露和信息报送管理规定（征求意见稿）》。目的是明确私募基金管理人、私募基金托管人、私募基金服务机构应当按照法律、行政法规、证监会规定向私募基金投资者披露信息，向证监会及其派出机构、基金业协会报送信息。进一步提升私募基金信息披露和报送的规范性，增强市场透明度，保护投资者以及相关当事人合法权益，推动私募基金行业健康有序发展。2024年5月，证监会发布《证券市场程序化交易管理规定（试行）》，明确程序化交易的定义和总体要求，规范报告管理，强化交易监测和风险防控，加强信息系统管理，并对高频交易提出了差异化监管要求，旨在规范量化基金的交易行为，促进市场平稳健康发展。

第四，完善行业长周期考核机制。2024年4月，证监会出台《公开募集证券投资基金证券交易费用管理规定》，降低基金股票交易佣金费率，并下调基金管理人证券交易佣金分配比例上限。此举旨在稳步降低公募基金行业的综合费率，从而增强证券基金公司参与资本市场的活力。2024年9月，中央金融办与证监会联合发布《关于推动中长期资金入市的指导意见》，提出建立ETF指数基金快速审批通道，鼓励私募证券投资基金拓展产品类型与投资策略，推动证券基金期货经营机构提升权益类私募资管业务占比。同时，健全商业保险资金、各类养老金等中长期资金的三年以上长周期考核机制，完善中长期资金入市的配套政策，引导更多中长期资金流入资本市场。2024 年 9 月，证监会发布《关于深化上市公司并购重组市场改革的意见》，引导证券公司等机构提高服务能力，支持私募投资基金以促进产业整合为目的依法收购上市公司，实施"反向挂钩"政策，推动私募投资基金在并购重组市场中发挥更大作用。

（五）推动债券与期货市场高质量发展

第一，推动债券市场定向扩容。2024 年 4 月，证监会发布《关于资本市场服务科技企业高水平发展的十六项措施》，强调加强债券市场对科技创新的精准支持，推动科技创新公司债券高质量发展，重点支持高新技术和战略性新兴产业企业债券融资。2024 年全年债券市场规模约 170 万亿元，居世界第二，科技创新公司债券发行规模达 1.2 万亿元。2024 年 8 月，《关于进一步做好金融支持长江经济带绿色低碳高质量发展的指导意见》发布，明确支持符合条件的企业和金融机构发行绿色债券，规范绿色债券业务，防止"漂绿"行为。此外，2024 年证监会进一步加大对债券市场的规范处置力度，落实"零容忍"工作方针，严厉打击债券欺诈发行、承揽恶意竞争、虚假或延迟信息披露、挪用募集资金等违法违规行为，对多家金融机构采取措施。

第二，促进期货市场高质量发展。2024 年 10 月，国务院办公厅转发证监会等部门《关于加强监管防范风险促进期货市场高质量发展的意见》，主要内容包括：严格监管期货交易行为，加强对各类交易行为的穿透式监管，强化高频交易全过程监管；坚决抑制过度投机炒作，从严查处违法违规行为。健全期货公司风险出清长效机制；强化期货市场风险防范，巩固期货市场风险预防预警体系，提高期货市场风险应对和处置能力。2024 年 11 月，证监会发布《加强证券期货业标准化工作三年行动计划（2024－2026年）》，扎实推动证券期货业标准化工作。2024 年 12 月，证监会发布《期货经纪合同要素》《证券期货业信息系统备份能力规范》《证券期货业数据模型 第 5 部分：期货公司逻辑模型》等金融行业推荐性标准，进一步规范期货行业行为，推动资本市场信息化、数字化建设。2024 年，我国期货市场新增 15 个期货期权品种注册上市，包括生猪期权、鸡蛋期权等。

（六）加强投资者教育和政策宣传

第一，宣传资本市场服务新质生产力发展政策和成果。围绕推动资本市场更好服务新质生产力发展，对资本市场做好金融"五篇大文章"重大改革、重要政策加强宣传解读，努力营造良好的宣传舆论环境。一是提高政治站位，加强对相关政策的宣传解读。举办"科创板八条"主题宣讲，聚焦金融"五篇大文章"开展讲座、座谈等活动。同时充分运用线上宣传渠道，通过公众号、投资者教育网站、行情交易软件等平台，对资本市场"1+N"系列政策文件开展宣传。二是加强正面引导，开展可持续金融、科技和数字金融主题宣教活动。推出"沪市 ETF 百花大赏"之碳中和主题作品，举办"上市公司数字化转型、高管战略性思维与合规管理创新"线上培训，面向投资者开展 ESG 主题投教直播，帮助实体企业和广大投资者提高对可持续金融和绿色金融的认知，理解科技和数字金融发展现状和趋势。三是加强投资者维权教育，重点关注民事赔偿纠纷相关法律知识教育。在前期开展"在普法宣传中加强投资者教育"活动基础上，进一步宣传投资者维权救济法律渠道及典型案例，切实推动投资者依法行使权利，理性维护合法权益。

第二，加强理性投资理念和风险防范宣传教育。2024 年 5 月，"5·15全国投资者保护宣传日"专项活动举办，证监会集中发布了一系列与投资者保护紧密相关的制度规则，共计 10 项。包括《证券市场程序化交易管理规定（试行）》、《监管规则适用指引——发行类第 10 号》以及《关于完善证券期货纠纷多元化解机制 深入推进诉源治理的工作方案》，以及相关自律组织、投资者保护机构业务规则等。此外，证监会还对外公布了 12 起涉及内幕交易、操纵市场、利用未公开信息交易、从业人员违法炒股以及违规占用上市公司资金等领域的投资者保护执法典型案件。与此同时，证监会发布了 10 个投资者保护典型案例，如泽达易盛特别代表人诉讼案、紫晶存储先行赔付案以及投保机构股东代位诉讼摩登大道资金占用案等。此外，还介绍了 12 个广受投资者欢迎的投资者教育产品，并对 2023 年证监会执法工作的总体情况进行了详细阐述。通过切实推动管理规定落地与实际市场案例宣教，帮助投资者增强风险意识和自我保护能力。2024 年 12 月，举办"2024年世界投资者周"活动期间，共制作原创投教产品 1.17 万种，发放原创实物投教产品近 146.50 万件，原创电子投教产品总点击量 1.17 亿余次，开展活动近 2.39 万场，参加活动 9330.77 万余人次，取得了良好效果。①

（七）深化内地与港澳的金融合作

第一，资本市场高水平对外开放。在过去的 20 年里，中国实施的资本市场改革开放政策对资本市场的持续发展起到了重要推动作用。2024 年是沪深港通机制建立十周年，全年北向和南向交易日均成交额分别达 1497.6 亿元人民币及 481.1 亿港元，与开通时相比分别增长 25 倍和 50 倍②。2024 年 4 月，证监会发布了 5 项资本市场对港合作措施，进一步拓展优化沪深港通机制、助力香港巩固提升国际金融中心地位，促进内地与香港资本市场协同发展。具体合作措施包括：放宽沪深港通下股票 ETF 合资格产品范围，将 REITs纳入沪深港通，支持人民币股票交易柜台纳入港股通，优化基金互认安排，支持内地行业龙头企业赴香港上市。合格境内有限合伙人（QDLP）市场展现出迅猛增长态势。2024 年，外资机构纷纷加速推出 QDLP 产品，其中包括霸菱、摩根士丹利资管、威灵顿投资以及贝莱德等知名机构。数据显示，2024 年前八个月备案的 QDLP 基金产品超 20 只，接近 2023 年全年备案数量。

第二，促进内地与港澳资本市场协同发展。2024 年 11 月，为贯彻落实国家关于建设粤港澳大湾区的战略部署，证监会与中国人民银行、国家金融监督管理总局、香港证监会密切配合，稳步推进证券公司参与粤港澳大湾区

---

① 《证监会系统组织开展"2024 年世界投资者周"活动》，证监会网站，http://www.csrc.gov.cn/csrc/c100210/c7529465/content.shtml。
② 《港交所发布〈内地与香港资本市场互联互通十周年白皮书〉》，人民网，http://paper.people.com.cn/hwbwap/html/2024-11/13/content_26090513.htm。

"跨境理财通"业务试点。深化粤港澳金融合作,根据《粤港澳大湾区"跨境理财通"业务试点实施细则》,在经过系统性的评估与验收程序后,共有14家证券公司顺利完成了业务筹备与系统建设工作,正式成为首批获准开展"跨境理财通"业务的试点机构。这些证券公司将与获得香港证监会认可的金融机构开展合作,致力于满足粤港澳大湾区居民的跨境投资需求,进而推动粤港澳区域金融市场实现更高水平的互联互通,为区域金融一体化进程提供有力支持。2024年12月,证监会正式发布《香港互认基金管理规定》。互认基金客地销售比例限制由50%放宽至80%,适当放松香港互认基金投资管理职能的转授权限制,允许香港互认基金投资管理职能转授予集团内海外关联机构,同时为未来更多常规类型产品纳入香港互认基金范围预留空间。统筹开放和安全,坚持"引进来"和"走出去"并重,稳步扩大资本市场制度型开放,更好地实现内地与相关资本市场的深度合作,满足内地与港澳投资者跨境理财需求。

三 2025年证券业监管重点展望

2025年是"十四五"规划收官之年,是一个承上启下的重要节点。证券业监管要以习近平新时代中国特色社会主义思想为指导,全面贯彻落实党的二十大和二十届二中、三中全会精神,奋力开创资本市场高质量发展新局面。2025年1月,证监会召开2025年系统工作会议,指出2025年我国宏观政策取向将更加积极有为,超预期逆周期调节力度将加大,各方合力稳市机制将更加健全。证券监管部门要围绕稳住股市、深化改革、聚焦主责主业、注重固本强基,制定发布资本市场做好金融"五篇大文章"的实施意见,持续推动新"国九条"和"1+N"政策体系落地见效,努力实现支持经济回升向好与推动自身高质量发展的良性互动。

(一)积极稳住资本市场,深化基础性制度改革

2025年,我国资本市场形势呈现复杂多变的特征,外部输入性风险不

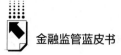
断加大，与内部风险因素相互交织叠加，使得整体风险态势更为严峻复杂。一方面，证券监管部门应坚决落实稳住股市的重要要求，强调全面理性客观辩证看待市场形势，与中国人民银行协同合作，充分发挥结构性货币政策工具的作用，强化战略性力量储备及稳市机制的构建。在此基础上，还需加强政策解读与宣传引导，及时回应市场关切，进一步稳固市场预期。另一方面，深入推进资本市场投融资综合改革，积极引导中长期资金入市，破解中长期资金入市过程中的瓶颈与障碍。提升资本市场制度的包容性与适应性，为市场的长期稳定发展奠定坚实基础。改革优化股票发行上市和并购重组制度，加快多层次债券市场发展。大力推进投资端改革，帮助养老社保等长期资金分享经济成长和资本市场发展红利，推动健全有利于中长期资金入市的政策环境。

（二）聚焦主责主业监管，着力提升监管执法效能

坚持惩、防、治并举，突出依法监管、分类监管，提升监管执法的精准性。一是提高监管透明度。聚焦主责主业，注重固本强基。着力加强监管执法全链条透明度建设，强化上市公司信息披露，严肃整治影子股东、政商"旋转门"和"逃逸式辞职"。二是全面加强监管执法与投资者保护。一方面，加强"入口"审核把关，在IPO审核中严查"圈钱"动机，大幅提高现场检查比例，倒逼企业提升申报质量。另一方面，坚持"零容忍"打击欺诈发行、财务造假等严重违法违规行为，推进构建行政处罚、民事赔偿、刑事追责立体化惩戒约束体系，保护投资者合法权益。三是加强基础制度建设。打造多元化退出机制，鼓励产业链上下游并购合并，推动企业间技术协同，也为经营不善的企业提供主动退市通道，避免强制退市引发的市场震荡。继续出台中小投资者保护政策措施文件，补齐资本市场法治建设短板。

（三）发挥资本市场功能，持续提升服务高质量发展质效

制定发布资本市场做好金融"五篇大文章"的实施意见。聚焦支持新

质生产力发展，促进市场资源流向新产业新业态新技术领域，推动要素生产力向科技创新、先进制造、绿色低碳、普惠民生等重大战略、重点领域、薄弱环节集聚。抓好"科创板八条"等政策文件的落地实施。一是加快健全专门针对科技企业的支持机制，提出"重科轻财"的 IPO 审核原则，优先支持科技创新企业，放宽对企业短期盈利的硬性要求，但严控传统行业"圈钱式"上市。二是深化科创板、创业板、北交所改革，在发行上市、信息披露、板块层次等方面，进一步优化差异化的安排。三是加大支持科创的金融产品服务供给。在股票之外，发挥债券、可转债、优先股、资产证券化、期权、期货等产品和工具的融资功能。打好支持科技创新"组合拳"，稳步发展知识产权资产证券化，为科技创新提供更加全面、更加高效的资本市场服务。完善科创债发行注册流程，提高产业债融资比重，加快 REITs 市场建设。

（四）继续加快改革开放，引导行业走好高质量发展之路

在引导行业高质量发展方面，一是需要加快推进证券基金机构完善现代公司治理体系并树立正确的机构定位，抓紧推动出台证券公司高质量发展计划与规划。二是深化公募基金行业改革，头部公司需加速向财富管理领域转型。加强对证券、基金、期货等行业的自律监管，推动行业机构全面落实风险管控要求。协同推动各类中长期资金建立长周期考核机制，提高权益投资比例，推动行业从规模扩张转向质量提升。三是加强对私募机构的监督管理。强化行业机构在服务新质生产力与居民财富管理方面的综合能力。努力培育国际一流投行机构，要鼓励和支持头部机构做大做强，5 年形成10 家左右优质头部机构引领行业高质量发展的态势。支持投行机构更多布局金融科技领域，依法合规推动金融产品和金融服务创新。坚持以开放促改革，持续优化境外上市备案制度，进一步拓展资本市场的跨境互联互通机制。深入研究并充分借鉴境外市场的有益实践，以此提升 A 股市场的竞争力与吸引力。

附录：2024 年发布的部分证券业相关监管规章及规范性文件

发布时间	法规名称	文号
2024 年 3 月 11 日	首发企业现场检查规定	证监会公告〔2024〕1 号
2024 年 3 月 11 日	首次公开发行股票并上市辅导监管规定	证监会公告〔2024〕2 号
2024 年 3 月 15 日	关于加强证券公司和公募基金监管加快推进建设一流投资银行和投资机构的意见（试行）	
2024 年 3 月 15 日	关于加强上市公司监管的意见（试行）	
2024 年 3 月 15 日	关于严把发行上市准入关从源头上提高上市公司质量的意见（试行）	
2024 年 4 月 12 日	关于严格执行退市制度的意见	
2024 年 4 月 12 日	监管规则适用指引——机构类第 3 号	
2024 年 4 月 12 日	关于加强监管防范风险推动资本市场高质量发展的若干意见	国发〔2024〕10 号
2024 年 4 月 19 日	公开募集证券投资基金证券交易费用管理规定	证监会公告〔2024〕3 号
2024 年 4 月 19 日	中国证监会关于资本市场服务科技企业高水平发展的十六项措施	
2024 年 4 月 23 日	金融行业推荐性标准《投资研究时序数据参考模型》(JR/T 0303—2024)、《证券期货业基础数据元规范　第 1 部分：基础数据元》(JR/T 0304.1—2024)、《证券期货业基础数据元规范　第 2 部分：基础代码》(JR/T 0304.2—2024)	证监会公告〔2024〕4 号
2024 年 4 月 30 日	关于修改《中国证监会随机抽查事项清单》的决定	证监会公告〔2024〕5 号
2024 年 4 月 30 日	关于修改《科创属性评价指引（试行）》的决定	证监会公告〔2024〕6 号
2024 年 5 月 10 日	关于修订《关于加强上市证券公司监管的规定》的决定	证监会公告〔2024〕7 号
2024 年 5 月 11 日	证券市场程序化交易管理规定（试行）	证监会公告〔2024〕8 号
2024 年 5 月 24 日	上市公司股东减持股份管理暂行办法	证监会令第 224 号
2024 年 5 月 24 日	上市公司董事、监事和高级管理人员所持本公司股份及其变动管理规则	证监会公告〔2024〕9 号
2024 年 6 月 19 日	中国证监会关于深化科创板改革　服务科技创新和新质生产力发展的八条措施	
2024 年 9 月 11 日	证券发行人信息披露文件编码规则	证监会公告〔2024〕12 号
2024 年 9 月 13 日	证券公司风险控制指标计算标准规定	证监会公告〔2024〕13 号
2024 年 9 月 24 日	关于深化上市公司并购重组市场改革的意见	
2024 年 9 月	关于推动中长期资金入市的指导意见	

发布时间	法规名称	文号
2024 年 10 月 11 日	关于加强监管防范风险促进期货市场高质量发展的意见	国办发〔2024〕47 号
2024 年 11 月 6 日	上市公司监管指引第 10 号——市值管理	证监会公告〔2024〕14 号
2024 年 11 月 20 日	金融行业推荐性标准《上市公司行业统计分类与代码》(JR/T 0020—2024)、《区域性股权市场跨链技术规范》(JR/T 0314—2024)、《区域性股权市场跨链数据规范》(JR/T 0315—2024)、《区域性股权市场跨链认证安全规范》(JR/T 0316—2024)、《区域性股权市场区块链通用基础设施通讯指南》(JR/T 0317—2024)、《证券期货业信息技术架构管理指南》(JR/T 0318—2024)、《证券期货业数据标准属性框架》(JR/T 0319—2024)、《证券基金经营机构运维自动化能力成熟度规范》(JR/T 0320—2024)	证监会公告〔2024〕16 号
2024 年 12 月 17 日	香港互认基金管理规定	证监会公告〔2024〕17 号
2024 年 12 月 20 日	监管规则适用指引——机构类第 4 号	
2024 年 12 月 24 日	金融行业推荐性标准《期货经纪合同要素》(JR/T 0100—2024)、《证券期货业信息系统备份能力规范》(JR/T 0059—2024)、《证券期货业数据模型第 5 部分:期货公司逻辑模型》(JR/T 0176.5—2024)、《区域性股权市场分布式数字身份技术规范》(JR/T 0325—2024)、《区域性股权市场企业、产品和投资者编码规范》(JR/T 0326—2024)	证监会公告〔2024〕18 号
2024 年 12 月 23 日	《资产评估机构从事证券服务业务备案办法》	财资〔2024〕172 号

B.5
2024年保险业监管报告

范令箭*

摘　要： 2024年，我国原保险保费收入保持快速增长趋势。保险业监管始终坚持金融工作的政治性、人民性，持续深化行业改革，发布保险业"新国十条"，确定保险业强监管、防风险、促改革的发展方向，推动保险业做好金融"五篇大文章"，进一步完善保险业务经营规范，持续强化保险机构风控合规管理，有力推动保险业高质量发展。2025年，保险业监管将进一步强化机构监管，严厉打击机构违法违规行为，持续加强风险防控工作，推动保险业服务实体经济和民生保障。

关键词： 保险业监管　业务规范　风控合规

一　2024年保险业发展状况和监管回顾

（一）2024年保险业发展状况

根据国家金融监督管理总局（下文简称"国家金融监管总局"）统计数据，2024年我国原保险保费收入56963亿元，同比增长11.15%，增长率同比提高2.01个百分点。保险业总资产359058亿元，同比增长19.86%，增长率同比提高9.33个百分点；净资产33247亿元，同比增长21.57%，增

---

* 范令箭，现任职于中国再保险（集团）股份有限公司，主要研究方向为保险发展、经济制裁、金融监管。

长率同比提高 20.32 个百分点。①

1. 财产保险业务总体较快增长

2024 年，财产保险业务原保险保费收入 14331 亿元，同比增长 5.32%，增长率同比降低 1.72 个百分点（见图 1）。

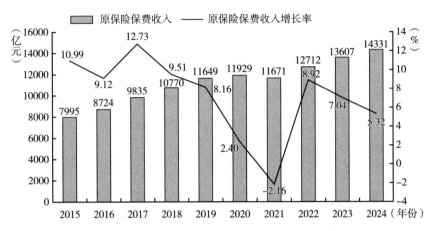

图1 2015~2024 年财产保险业务原保险保费收入及其增长率

资料来源：国家金融监管总局。

2. 人身保险业务总体大幅增长

2024 年，人身保险业务原保险保费收入 42633 亿元，同比增长 13.27%，增长率同比提高 3.36 个百分点（见图 2）。②

（二）2024年保险业监管回顾

1. 保险业"新国十条"促进行业高质量发展

一是国务院发布《关于加强监管防范风险推动保险业高质量发展的若

---

① 数据来源于国家金融监管总局网站公开统计信息，https：//www.nfra.gov.cn/cn/view/pages/ItemList.html？itemPId=953&itemId=954&itemUrl=ItemListRightList.html&itemName=%E7%BB%9F%E8%AE%A1%E4%BF%A1%E6%81%AF，2025 年 3 月 1 日最后访问。
② 数据来源于国家金融监管总局网站公开统计信息，https：//www.nfra.gov.cn/cn/view/pages/ItemList.html？itemPId=953&itemId=954&itemUrl=ItemListRightList.html&itemName=%E7%BB%9F%E8%AE%A1%E4%BF%A1%E6%81%AF，2025 年 3 月 1 日最后访问。

图2　2015～2024年人身保险业务原保险保费收入及其增长率

资料来源：国家金融监管总局。

干意见》（国发〔2024〕21号），以强化保险业风险防控和监管能力，提升保险服务民生与实体经济质效，深化保险产品与市场改革，推进保险业高水平开放与数字化转型。二是国家金融监管总局办公厅发布《关于强监管防风险促改革推动财险业高质量发展行动方案》（金办发〔2024〕121号），要求财产保险业全面加强监管，强化风险防控，深化转型升级，服务实体经济发展，扩大高水平对外开放。

2. 推动银行业保险业做好金融"五篇大文章"

一是发布《关于银行业保险业做好金融"五篇大文章"的指导意见》（金发〔2024〕11号），明确银行业保险业服务科技金融、绿色金融、普惠金融、养老金融、数字金融的战略定位与目标体系，推动产品服务创新与机制优化，明确不同类型金融机构职能分工，强化风险防控与监管支持。二是发布政策指导绿色保险、普惠保险高质量发展，推动保险机构加大绿色保险产品的创新供给和对绿色经济的资金支持力度，促进保险业助力构建多层次社会保障体系。

3. 进一步完善保险业经营规范

一是在人身保险方面，健全人身保险产品定价机制，下调人身保险产品预定利率上限，缓解人身保险行业利差损风险；扩大商业养老金业务试点，推动商业保险年金服务创新和产品供给；完善人身保险公司监管评级机制，推动人身保险业从规模扩张向质量提升转型。二是在财产保险方面，加强和改进互联网财产保险业务监管规范，推进农业保险精准投保理赔，扩大城乡居民住宅巨灾保险保障范围，完善首台（套）重大技术装备首批次新材料保险补偿政策，构建风险为本、效能优先的中国出口信用保险公司监管机制。

4. 持续强化保险机构风控合规管理

一是统一规范金融机构合规管理工作，明确规定金融机构合规管理架构和职责、合规管理保障以及监督管理与法律责任，强化金融机构合规约束。二是统一金融机构涉刑案件管理标准，优化案件全流程管理，提升案件处置质效。三是优化完善保险资产风险分类管理机制，系统性规范保险公司投资未上市企业股权、不动产及金融产品等非标资产的内部控制工作，加强保险资产风险源头管控。四是完善银行保险机构数据安全管理规范，强化数据全生命周期管理，加强银行业保险业移动互联网应用程序管理。五是加强反保险欺诈工作，推动形成科技驱动、协同共治的行业反欺诈新格局。

二 2024年保险业监管重大举措

（一）保险业"新国十条"促进行业高质量发展

经过几十年的发展，我国保险机构数量、保险资产规模以及保险保障范围等都获得了显著提升。截至 2024 年 12 月底，我国保险业总资产超过 35 万亿元、净资产超过 3 万亿元，保险公司资金运用余额超过 33 万亿元①。但我国保险业也面临着险企偿付能力承压、保险产品同质化、资产负债错配等问题，特别是部分中小险企市场竞争力较弱、资本补充困难、存量利差损

---

① 数据来源于国家金融监管总局网站公开统计信息，https://www.nfra.gov.cn/cn/view/pages/ItemDetail.html？docId＝1199442&itemId＝954&generaltype＝0，2025 年 3 月 1 日最后访问。

化解困难。而近年来全球极端天气频发、科技发展迅速、新型风险逐渐凸显，急需保险业提供更加完善、与时俱进的风险保障服务，以支持"金融强国"和"中国式现代化"建设。因此，为有效防范化解行业风险、促进保险业服务好国家战略与实体经济，国务院于 2024 年 9 月发布《关于加强监管防范风险推动保险业高质量发展的若干意见》（下文简称《若干意见》），明确了我国保险业未来高质量发展方向。

《若干意见》以强监管、防风险、促改革为主线，提出 2029 年初步形成保险业高质量发展框架、2035 年基本形成保险业新格局的分阶段发展目标，并列明严把保险市场准入关、严格保险机构持续监管、严肃整治保险违法违规行为、有力有序有效防范化解保险业风险、提升保险业服务民生保障水平、提升保险业服务实体经济质效、深化保险业改革开放、增强保险业可持续发展能力以及强化推动保险业高质量发展政策协同九项工作要求。主要集中在以下方面推进保险业系统化改革：一是强化行业风险防控和监管能力。通过加强偿付能力监管、严控增量风险、加大不良资产处置力度，完善保险业风险监测与处置机制，确保行业稳健运行；修订《保险法》，强化险企合规管理，打击保险诈骗、虚假宣传等行为，整顿市场乱象，优化市场秩序。二是提升行业服务民生与实体经济质效。扩展巨灾保险保障范围至全灾种，试点巨灾债券与气候保险，构建多层次风险分担机制；扩容科技保险保障范畴，覆盖科技成果研发至转化全周期，推动新技术产业化；引导保险资金投资战略性新兴产业、绿色低碳等领域。三是深化保险产品与市场改革。推进新能源车险综改，优化车险自主定价系数，缓解高赔付难题，促进车险市场可持续发展；推动商业保险年金发展，鼓励浮动收益型产品，提升个人养老金制度的普惠性与稳定性；支持险企专业化经营，降低创新门槛，优化偿付能力和准备金监管政策缓解资本压力。四是推进高水平开放与数字化转型。扩大保险业对外开放，支持外资机构在华展业，鼓励中资险企拓展海外业务，深化国际监管合作；推动科技赋能行业转型，利用卫星遥感、大数据等技术优化定价模型，提升风险减量服务效率。

虽然我国保险业面临的盈利承压等长期发展挑战仍然存在，但《若干意见》的实施将促进行业增强风险防控能力，帮助中小险企逐步化解利差损风险，有力引导保险服务国家战略，激励保险市场结构和竞争模式转型。不过《若干意见》需要进一步细化支持方案，将政策落到实处。对此，作为后续衔接《若干意见》的顶层设计以及强化财产保险业监管实践的措施之一，国家金融监管总局办公厅于 2024 年 12 月发布的《关于强监管防风险促改革推动财险业高质量发展行动方案》（下文简称《行动方案》）为我国财产保险业未来五年的发展指明了方向。

针对财产保险行业的《行动方案》的出台，除了旨在落实中央金融工作会议精神、《若干意见》工作要求等，也有其现实紧迫性。一方面，我国财产保险业长期存在的违法违规问题亟待整治，部分财产保险机构通过关联交易输送利益、通过嵌套投资规避监管，业务财务数据真实性不足、虚假承保理赔等现象屡见不鲜。另一方面，我国财产保险业也面临着结构性矛盾，财产保险同质化竞争激烈，部分财产保险机构风险管理能力滞后，难以满足实体经济对多样化风险保障的需求，而新能源汽车、智能驾驶等新领域的兴起，又需财产保险业尽快升级创新产品和技术来拓展服务边界。

《行动方案》针对我国财产保险业的现存问题提出五大核心改革任务。一是全面加强行业监管。实施穿透式监管，严格审查股东资质与资金来源，清退违规股东，优化分支机构布局，淘汰问题产品；推行险企分级分类监管，建立动态评级体系，对高风险机构实施高强度监管；严打违法违规行为，重点整治虚假承保、虚列费用、侵害消费者权益等问题，强化机构与个人双罚制。二是强化行业风险防控。增强险企资本补充能力，通过"报行合一"降本增效，支持险企增资扩股与发行资本工具；建立风险预警机制，运用大数据监测公司治理缺陷、偿付能力不足等风险，实现风险早识别、早处置；创新风险处置方式，鼓励兼并重组与"迁册化险"，探索市场化退出路径，压实机构、属地与监管三方责任。三是深化行业转型升级。推动业务创新，丰富新能源车险产品，优化定价机制，探索智能驾驶、量子科技等新赛道保险；强化科技赋能，加快数字化转型，构建数据资产体系，提升风险减量服务能力；优化财产保险市场结构，支持大型险企做优做强，引导中小机构差异化发展，规范互联网财产保险与自保公司运营。四是服务实体经济发展。完善科技保险政策体系，扩大首台（套）保险覆盖范围，支持绿色保险创新；推进农业保险"扩面增品提标"，构建多层次巨灾保险机制；保障国家战略，发展航运保险、跨境保险，支持香港国际金融中心建设。五是扩大高水平对外开放。放宽外资准入，支持境外机构投资我国财产保险市场，鼓励中资险企"走出去"；加快上海国际再保险中心建设，推动境内外市场规则互认，提升国际话语权。

《行动方案》是对《若干意见》在财产保险行业的落实的响应，通过强监管加速财产保险市场出清，推动形成"头部引领、中小特色"的财产保险市场差异化发展格局，完善财产保险行业资本补充机制、风险预警机制、风险化解处置机制，同时深入推进财产保险业服务实体经济、强化保护消费者权益。

（二）推动银行业保险业做好金融"五篇大文章"

在经济金融方面，我国正处在新旧动能转换的关键期，科技创新、低碳转型、共同富裕等战略对金融服务提出了更高要求，但我国银行业保险业长期存在科技企业融资难、绿色金融产品创新不足、普惠金融覆盖不均、养老金融供给短缺、数字金融风控能力滞后等矛盾。

为应对上述情况，国家金融监管总局于 2024 年 5 月发布《关于银行业保险业做好金融"五篇大文章"的指导意见》，聚焦科技金融、绿色金融、普惠金融、养老金融、数字金融五大领域为银行业保险业指明服务国家战略、防范金融风险、实现高质量发展的路径。一是明确战略定位与目标体系。提出未来 5 年建成"多层次、广覆盖、多样化、可持续"的银行业保险业服务体系，推动科技金融形成"科技-产业-金融"良性循环，绿色金融支持绿色、低碳、循环经济，普惠金融助力共同富裕，养老金融满足养老金融需求，数字金融赋能银行业保险业数字化转型；明确差异化发展路径，科技金融聚焦研发活动与成果转化，绿色金融强化 ESG 管理，普惠金融扩大首贷、信用贷投放，养老金融发展第三支柱保险，数字金融提升数字化风控能力。二是推动产品服务创新与机制优化。科技金融方面，鼓励开发知识产权质押融资、首台（套）装备保险等专属产品，探索"贷款+外部直投"模式，破解科技型企业轻资产融资难题；绿色金融方面，推广碳排放权抵质押融资，建立绿色保险费率调节机制，支持高耗能行业低碳转型；普惠金融方面，优化小微企业续贷、中长期贷款服务，扩大完全成本保险覆盖，强化乡村振兴金融支持；养老金融方面，试点商业养老金与长期护理保险衔接，支持保险机构参与养老服务体系建设；数字金融方面，推动银行业保险业数字化转型，加强数据安全管理，鼓励科技输出赋能中小机构。三是划分机构职能。开发性、政策性金融机构聚焦中长期基础设施建设；大型商业银行发挥主力军作用，强化科技金融与普惠金融专业化机制；中小银行立足区域特色，深耕小微企业与"三农"领域；保险业强化风险保障功能，探索科技保险、绿色保险产品创新，发挥经济减震器作用。四是强化风险防控与监管支持。建立差异化考核机制，落实尽职免责制度，激发基层创新活力；强化科技金融、绿色金融风险监测，防范"伪创新"和套利行为；推动监管与产业、财税政策协同，完善知识产权交易、碳排放权市场等配套环境。

《关于银行业保险业做好金融"五篇大文章"的指导意见》的出台有助于推动金融机构回归本源，以差异化服务满足实体经济多样化需求。同时，国家金融监管总局分别于 2024 年 4 月、5 月发布《关于推动绿色保险高质量发展的指导意见》（金规〔2024〕5 号）、《关于推进普惠保险高质量发展的指导意见》（金发〔2024〕13 号），进一步细化指导未来我国保险业在绿色金融、普惠金融领域的发展。

《关于推动绿色保险高质量发展的指导意见》通过明确发展路径、强化风险保障、优化资金配置，为保险业服务生态文明建设提供顶层框架。一是设定双阶段目标。短期目标是到 2027 年，建立较完善的政策支持体系，形成示范服务模式，绿色保险风险保障增速与保险资金绿色投资增速高于行业均值，服务能力显著增强；中长期目标是到 2030 年，建成基本健全的服务

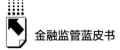

体系，成为绿色转型的重要金融工具，绿色保险风险保障水平与保险资金绿色投资规模大幅提升，市场影响力显著增强。二是升级重点领域风险保障。气候安全方面，发展气象指数保险、巨灾保险，强化气候投融资试点地区的风险保障，提升社会应对极端天气能力；科技创新方面，推出研发费用损失险、低碳技术装备险，破解科技型企业转型风险难题；能源转型方面，为光伏、风电等清洁能源提供全生命周期保障，助力传统能源企业低碳改造；绿色消费方面，推广新能源汽车险、绿色建筑性能险，助推低碳生活方式普及。三是优化保险资金绿色投资。要求将 ESG 纳入投资决策流程，建立绿色投资业绩评价体系；鼓励加大绿色债券配置力度，探索"保险资金+绿色项目"直投模式，重点支持碳汇工程、绿色基建等领域。四是强化险企绿色保险经营管理能力。压实机构主体责任，要求设立绿色保险专属部门，建立差异化考核机制；推动数字化转型，优化产品定价与风控模型。五是提供政策保障与协同。优化偿付能力计算规则，降低绿色业务资本占用；完善跨境合作机制，推动绿色标准国际接轨；加强与财政、环保部门的协同，探索税收优惠、风险补偿等激励措施。《关于推进普惠保险高质量发展的指导意见》则针对普惠保险目前存在的服务广度不足、产品创新不足、可持续性不足等问题提出应对方案。一是扩大普惠保险覆盖范围，精准触达重点群体。聚焦农民、城镇低收入人群、老年人、残疾人、新市民等群体，开发适配性产品；强化小微企业保障，分散经营风险，助力产业链安全。二是创新普惠保险产品服务，提升保障质效。发展专属普惠保险，针对社会保险缺口领域提供定制化服务；鼓励开发农业保险、气候保险产品，提升防灾减灾能力；推广"养老年金+护理服务"模式，探索保险与养老服务融合。三是优化保险公司经营机制，保障可持续发展。建立盈亏分担机制，允许保险公司与地方政府协商动态调整费率，避免"赔穿"或暴利；将普惠保险纳入经营绩效考核，要求大型险企普惠保险考核权重原则上不低于 5%，引导资源向民生领域倾斜。四是强化科技赋能与数据支撑。推动行业数据共享，整合卫生健康、民政等部门信息，提升定价科学性；发展数字化服务，简化投保理赔流程。

（三）进一步完善保险业务经营规范

1. 人身保险

（1）健全人身保险产品定价机制

近年来，我国长期利率中枢持续下行，10 年期国债收益率从 2022 年末的 2.84% 降至 2024 年末的 1.68%[①]，而人身保险产品预定利率此前普遍保持在 3.0% 以上，导致人身保险公司利差损风险累积，同时随着居民财富管理需求升级，部分人身保险产品过度强调储蓄属性，偏离了保险保障的核心功能。基于此，国家金融监管总局于 2024 年 8 月发布《关于健全人身保险产品定价机制的通知》（金发〔2024〕18 号，下文简称《通知》），通过市场化手段提高人身保险业负债质量。

《通知》以动态调整、精准适配、风险共担原则健全人身保险产品定价机制：一是分阶段下调人身保险产品预定利率上限。普通型产品自 2024 年 9 月 1 日起预定利率上限降至 2.5%，分红型产品自 2024 年 10 月 1 日起预定利率上限降至 2.0%，万能型产品最低保证利率上限调至 1.5%，不符合新规的产品需在切换日前停售，推动行业负债成本系统性下降。二是建立市场化动态调整机制。参考 5 年期以上 LPR、10 年期国债收益率等长期利率指标，由保险业协会制定预定利率基准值，当市场利率触发阈值时，险企可自主调整产品定价，实现负债成本与资产收益的实时联动。三是强化全流程风险管理。要求保单利益演示突出保障功能，明确浮动收益与风险共担机制；深化"报行合一"，按渠道披露附加费用率，防止渠道套利；建立产品切换专项工作机制，确保新旧产品平稳过渡。

《通知》实施后，人身保险产品预定利率下调将直接降低新增业务负债成本，缓解人身保险公司的利差损压力，加强人身保险公司的资产负债管理能力，虽然短期内可能导致储蓄型产品吸引力下降，但也将促使人身保险公

[①] 数据来源：中国债券信息网，https：//yield.chinabond.com.cn/cbweb-mn/yield_main？locale=zh_CN，2025 年 3 月 1 日最后访问。

司优化产品结构，回归保险保障本源，注重健康险、养老险等保障型业务布局。

（2）大力发展商业保险年金

当前我国老龄人口规模扩大，居民养老保险需求增加，但我国养老保险体系目前存在基本养老保险替代率不足、第二支柱覆盖人群有限、第三支柱发展滞后等短板。为做好养老金融大文章，并落实《若干意见》关于大力发展商业保险年金的要求，国家金融监管总局于2024年10月发布《关于大力发展商业保险年金有关事项的通知》（金办发〔2024〕110号），通过政策引导激活市场潜力，促进第三支柱发展。

《关于大力发展商业保险年金有关事项的通知》主要规定了商业保险年金的产品供给、试点推进和监管保障。一是明确商业保险年金概念，强化养老属性。定义商业保险年金为"具有养老风险管理、长期资金稳健积累等功能的产品"，要求突出"养老"特征，与短期理财型保险形成区分。二是扩大商业养老金业务试点，优化产品结构。推进商业养老金业务试点扩围，支持符合条件的养老保险公司参与，延长试点期限，扩大试点区域；鼓励开发适应个人养老金制度的新产品和专属产品，提升投保便捷性与产品适配性。三是推动服务创新，深化产融结合。支持险企探索"保险+养老服务"模式，将年金给付与医疗、护理等服务衔接，打造一站式养老解决方案；引导保险资金加大对银发经济、新型基础设施的投资，助力实体经济与养老产业协同发展。四是健全监管体系，防范市场风险。建立商业保险年金业务统计制度，强化数据监测与风险评估，严打误导销售、违规套利等行为；要求险企优化资产负债管理，确保长期资金稳健运营，切实保护消费者权益。

《关于大力发展商业保险年金有关事项的通知》为应对我国老龄化挑战提供了市场化解决方案，随着商业保险年金业务的推广和产品服务的迭代，商业保险年金将在缓解人口老龄化压力、完善多层次养老保障体系上发挥更深远的作用。

（3）完善人身保险公司监管评级机制

我国人身保险业多年来蓬勃发展，但也存在重规模、轻风险的问题，部分人身保险机构因公司治理缺陷、偿付能力不足等问题而发生风险事件。国家金融监管总局于 2024 年 3 月印发《人身保险公司监管评级办法》（金规〔2024〕4 号），旨在通过构建科学的风险评估和差异化监管机制，进一步推动人身保险业从规模扩张向质量提升转型。

《人身保险公司监管评级办法》建立的监管评级机制以风险为本、分类施策为原则。一是设定公司治理（22%）、资金运用（22%）、业务经营（14%）、资产负债管理（14%）、偿付能力（14%）及其他（14%）六大评估维度。其中，公司治理与资金运用权重最高，公司治理重点关注股东资质、董事会独立性及关联交易合规性，资金运用强化资产质量与负债匹配度考核、防范利差损风险，二者对公司稳健运营具有关键作用。二是确定综合风险等级划分与动态调整机制。人身保险公司的综合风险等级划分为 1~5 级（数值越大风险越高），并设置 S 级（公司处于重组、接管等特殊状态）；引入"一票否决"机制，若公司存在单项重大风险情形，如公司治理存在严重问题或关联交易管理存在严重问题等，直接被评定为 5 级；建立风险信息库，通过非现场监测与现场检查相结合，实现评级结果的动态调整。三是采取分类监管与差异化措施。对 1 级、2 级公司，降低现场检查频率，支持业务创新与市场准入；对 3 级公司，要求提交风险改进计划，加大非现场监管频次；对 4 级、5 级、S 级公司，限制分红、增设分支机构及业务范围，甚至要求其启动重组或退出程序。

2.财产保险

（1）加强和改进互联网财产保险业务监管规范

随着互联网财产保险规模快速扩张，互联网财产保险行业也暴露出了一系列问题，如部分机构依赖高费用补贴抢占市场，导致渠道成本攀升、偿付能力承压；跨区域经营引发属地监管真空，线下服务能力不足导致理赔难、投诉多；产品设计偏离保障本源，"首月 0 元"等误导性营销损害消费者权益。对此，国家金融监管总局于 2024 年 7 月印发《关于加强和改进互联网财产保险业务监管有关事项的通知》（金规〔2024〕9 号），推动互联网财产保险行业从野蛮生长转向规范发展。一是严格准入门槛，优化市场主体结

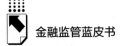

构。要求非互联网财产保险公司需满足"连续四个季度综合偿付能力充足率≥120%、核心偿付能力≥75%、风险综合评级为 B 类及以上"等条件。二是限定经营区域，遏制无序扩张。允许符合条件的公司拓展互联网财产保险经营区域至未设分公司地区，但明确车辆保险、农业保险等险种不得通过互联网跨区域经营，严禁线下业务线上化，以平衡普惠服务与属地监管，防范区域性风险传导。三是强化险企服务能力，保障消费者权益。要求保险机构建立全流程线上服务体系，无法线上完成的业务需提前告知消费者；强调产品信息透明化、操作轨迹可回溯，并明确"不得违反保险原理开发产品"，遏制噱头式营销。四是推动数字化转型，提升风控能力。鼓励险企运用科技手段构建智能化风控体系，禁止将核心风控环节外包，要求合作的保险中介机构向险企提供客户信息、反洗钱数据等核心资料；支持开发小额分散、场景化产品，助力服务新市民、新经济等领域。

（2）推进农业保险精准投保理赔

我国农业保险发展快速，但发展质量与"三农"需求存在一定矛盾，如农业保险投保信息失真、定损标准模糊、理赔周期冗长等，同时我国农业现代化进程的加快也对农业保险风险保障精准性提出了更高要求。对此，国家金融监管总局联合财政部、农业农村部、国家林草局于 2024 年 11 月发布《关于推进农业保险精准投保理赔等有关事项的通知》（金发〔2024〕35号），以建立具备精准性、时效性、协同性的农险投保理赔规范体系。一是投保环节强化数据核验与动态管理。要求险企对集体投保和规模经营主体实施差异化验标，精准锁定地块信息；建立土地流转备案与承保数据比对机制，强化信息真实性核查；推行"愿保尽保"原则，确保农户合理需求得到满足，杜绝选择性承保。二是理赔环节标准细化与效率提升。制定分作物、分灾情、分生长阶段的赔付标准，建立地方损失核定委员会与第三方机构参与机制，提升定损公信力；推行预赔付制度，鼓励险企提高预赔付比例，缩短理赔周期，解决"理赔慢"难题。三是技术赋能再造科技驱动流程。推广无人机、遥感、物联网等技术，实现承保理赔全流程数字化；建立跨部门数据共享平台，整合土地、气象、防疫等信息，优化风险评估模型。四是强调市场竞争与监管协同。破除县域独家垄断，建立以服务能力为导向的适度竞争机制；对险企实施综合考评，严查违规操作，确保财政补贴资金精准落地。

（3）扩大城乡居民住宅巨灾保险保障范围

为应对我国自然灾害频发态势，减小我国巨灾风险保障缺口，国家金融监管总局联合财政部于 2024 年 2 月印发《关于扩大城乡居民住宅巨灾保险保障范围进一步完善巨灾保险制度的通知》（金规〔2024〕2 号），以构建覆盖范围更广、保障力度更大的巨灾风险防护体系。一是扩展对城乡居民住宅及室内附属设施的巨灾保险责任范围。保险责任由地震扩展增加台风、洪水、暴雨、泥石流、滑坡等常见自然灾害，覆盖全国主要灾因，基本实现城乡住宅巨灾风险全域可保。二是提升基础保障水平。基本保额翻倍，城镇居民住宅每户提升至 10 万元、农村居民住宅每户提升至 4 万元，并允许家庭根据房屋价值与保险公司协商将保额提升至 100 万元，100 万元以上部分由商业保险补充，满足差异化需求。三是构建多层次保障体系。升级原中国城乡居民住宅地震巨灾保险共同体为中国城乡居民住宅巨灾保险共同体，鼓励地方政府开展综合试点；支持商业保险开发人身伤亡、财产损失等补充险种，形成巨灾保险保障基础、扩展、补充三层次协同机制。

（4）完善首台（套）重大技术装备首批次新材料保险补偿政策

我国高端装备与新材料产业长期面临创新成果多、市场应用少的矛盾，首台（套）产品因技术风险高、用户信任不足，难以快速进入市场，而原有政策存在险种单一、费率僵化、支持范围有限等问题，难以适应技术迭代与产业升级需求。工业和信息化部联合财政部、国家金融监管总局于 2024 年 5 月印发《关于进一步完善首台（套）重大技术装备首批次新材料保险补偿政策的意见》（工信部联重装〔2024〕89 号），旨在推动我国高端装备制造与新材料产业突破应用瓶颈，加速创新成果向现实生产力转化。一是拓展支持范围和概念内涵。将首台（套）定义从"首台（套）装备"扩展至进入市场初期的整机装备、核心系统及关键零部件产品，支持年限延长至形成成本优势；针对首批次新材料，取消首年度购买限制，允许企业自主协商保险期限，覆盖规模化应用前的全周期风险。二是构建多元化保险保障体系。打破原有单一险种模式，允许生产企业根据产品特性选择质量保证险、产品责任险等险种组合，提供全链条风险保障。三是动态调整费率与优化流程。建立"保本微利+精算平衡"的市场化费率机制，险企需定期回溯评估风险，差异化厘定费率；申报流程从"先投保后补贴"调整为"先资格审定、后投保、再申请资金"，明确补助额度上限，稳定企业预期。四是强化监管与风险防控。严打骗补骗保行为，对提供虚假材料的企业实施 3 年禁入，并追究法律责任；要求地方部门加强审核，确保财政资金精准投向国家战略领域，如航空航天、半导体等关键产业链。

（5）完善中国出口信用保险公司监管机制

为推动中国出口信用保险公司（下文简称"中国信保"）更好服务外贸稳增长与高水平对外开放，国家金融监管总局于 2024 年 12 月印发《中国出口信用保险公司监督管理办法》（金规〔2024〕21 号），构建风险为本、效能优先的监管体系。一是强化职能定位与公司治理。明确中国信保服务对外经济贸易发展、促进贸易强国建设的核心使命，要求董事会定期评估业务合规性，确保政策导向不偏离；推动党建与公司治理深度融合，优化董事会结构（设立战略、审计等专门委员会），强化执行董事与非执行董事的制衡机制。二是加强全流程风险防控。要求设立独立风险管理部门，对分支机构实施条线化管理，覆盖保险风险等七大类风险，做到从产品开发、承保到理赔的全链条风控；强化信息科技治理，建立网络安全与数据安全机制，提升风险预警与处置效率。三是重视内部控制与监督机制。建立集中化内部审计体系，要求每三年实现分支机构审计全覆盖，引入履职回避与内控评价制度，压实管理责任；优化考核指标，将政策性职能履行、风险管理等权重提升至 50%以上，对高管实施薪酬延期支付与追索扣回制度。四是提升服务能力与优化区域布局。支持在未设分支机构地区由总公司或省级分公司开展跨省经营，扩大服务覆盖面；鼓励开发绿色贸易、数字贸易等领域的创新险种，强化"保险+融资"联动，助力企业降本增效。

（四）持续强化保险机构风控合规管理

1.统一规范金融机构合规管理工作

2024 年 12 月，国家金融监管总局印发《金融机构合规管理办法》（国家金融监督管理总局令 2024 年第 7 号），取代 2006 年中国银行业监督管理委员会发布的《商业银行合规风险管理指引》（银监发〔2006〕76 号）和 2016 年中国保险监督管理委员会发布的《保险公司合规管理办法》（保监发〔2016〕116 号），对金融机构合规管理工作作出统一规范，弥补原规则存在的不足之处，强化对金融机构的制度约束。

金融机构合规管理工作长期存在以下矛盾：一是金融机构中相关主体的合规管理职责分散，部分金融机构的合规管理部门独立性不足，与业务部门存在利益冲突，受到业务决策的较大影响。二是部分机构的风险预警滞后，依赖事后处罚，事前防控、事中监督的工作存在不足。三是部分机构合规文化薄弱，存在业务至上的观点，将合规管理工作视为监管负担而非内生需求。

对此，《金融机构合规管理办法》以全流程覆盖、全要素管控、全周期治理的原则明确规定了金融机构合规管理工作原则、合规管理架构和职责、合规管理保障以及监督管理与法律责任。相较之前的合规管理要求，该办法提出：一是建立首席合规官制度，强化合规管理组织机构的独立性和权威性。要求金融机构在总部设立首席合规官，接受机构董事长和行长（总经理）直接领导，向董事会负责；金融机构原则上应当在省级分支机构或者一级分支机构设立合规官，接受本级机构行长（总经理）直接领导；赋予首席合规官和合规官重要会议参与权、"一票否决"权以及合规事项调查权等重要职权；要求合规管理条线人员和合规管理部门应当独立于可能与合规管理存在职责冲突的部门或者岗位，对合规管理条线人员和合规管理部门建立独立于业务指标的考核方式；鼓励金融机构对合规管理部门实行垂直管理。二是明确金融机构董事会、高级管理人员、首席合规官和合规官、合规管理部门以及金融机构各部门和

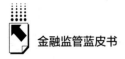

下属各机构的合规管理职责，构建全面覆盖、分级管理、逐级负责的合规管理责任体系。三是强调违法违规机构及责任人员承担的法律责任，同时规定金融机构通过有效合规管理，主动发现违法违规行为或合规风险隐患，并采取有效措施完成整改的，可从轻、减轻处理，对已按本办法规定尽职履责的合规管理条线人员不予追责，鼓励金融机构和合规管理人员主动合规，激发机构内生动力。

《金融机构合规管理办法》的发布实施将"合规创造价值"的理念深刻植入金融机构的经营管理中，促进金融机构合规管理工作从碎片化管理转向体系化治理、从行政驱动转向价值驱动、从本土规则转向国际标准，将合规管理打造成我国金融机构核心竞争力的重要组成部分。

2.统一金融机构涉刑案件管理要求

近年来，金融领域违法犯罪呈现新型化、复杂化趋势，金融从业人员内外勾结、利用职务便利实施诈骗等违法犯罪行为的案件频发，而我国金融强监管、严监管政策要求加大对金融违法犯罪的打击治理力度，因此国家金融监管总局于 2024 年 9 月印发《金融机构涉刑案件管理办法》（金规〔2024〕12 号），统一对银行机构、保险机构等金融机构的涉刑案件管理标准，解决金融业涉刑案件管理中存在的案件定义模糊、报送流程冗长、处置责任分散等问题。

《金融机构涉刑案件管理办法》以防范实质性风险、提升案件处置质效为主线，在以下几个方面有了突破。一是明确"案件"的定义，即"金融机构从业人员在业务经营过程中，利用职务便利实施侵犯所在机构或者客户合法权益的行为，已由公安、司法、监察等机关立案查处的刑事案件"，首次提出"案件风险事件"的概念，将可能演化为案件的苗头性事件纳入监测，要求金融机构在报案后持续跟踪，实现风险早发现、早干预。二是优化案件全流程管理，压缩风险处置周期。建立"5+5"限时报送机制，金融机构必须在知悉或应当知悉案件发生后的 5 个工作日内向属地监管部门和法人总部报告，监管部门应在 5 个工作日内完成案件确认报告；金融机构应在报送案件报告后 1 年内完成调查追责，特殊情况可延期但每次延期不能超过 6

个月，避免久拖不决。三是建立案件分级分类管理机制，提高金融从业人员违法成本。将"涉案业务余额等值人民币一亿元（含）以上的"等四类案件划分为"重大案件"，对重大案件作出更加严格的通报、处置、整改、问责要求；案件追责问责除应追究案发机构案件责任人员的责任，还需对上一级机构相关责任人进行责任认定，对重大案件则要"上追两级"，形成震慑。四是压实机构主体责任，推动合规文化落地。金融机构应建立与业务规模相匹配的案件管理体系，制定覆盖案件管理全流程的制度；金融机构应强化内部整改，在案件发生后应开展全员警示教育、堵塞管理漏洞，并向监管部门提交整改报告。

《金融机构涉刑案件管理办法》对案件报送、处置、调查和问责流程的标准化与时限约束将促使金融机构加强自身案件管理、加快案件处置流程，案件分级分类管理机制将引导管理资源向高风险领域倾斜，警示教育和向上追责的工作机制有助于强化金融机构从业人员的合规文化和责任意识，整体推动金融机构从被动应对转向主动防控。

3. 进一步完善保险资产管理机制

2024年11月，国家金融监督管理总局废止2014年发布的《保险资产风险五级分类指引》（保监发〔2014〕82号），印发《保险资产风险分类暂行办法》（金规〔2024〕19号），以全面覆盖、精准分类、强化治理为核心，系统性优化完善保险资产风险分类管理工作。《保险资产风险分类暂行办法》的出台有其现实需求。一方面，随着保险资金投资范围扩大、投资方式多样化、资产机构复杂化，原有分类标准已滞后。《保险资产风险五级分类指引》仅覆盖以公允价值计量以外的投资资产，且分类标准侧重财务指标，难以适应嵌套式金融产品、跨境投资等新型投资模式的风险特征。另一方面，原分类标准缺乏刚性约束，穿透式监管不足，导致部分机构通过会计处理掩盖资产质量问题，需加强保险资产风险的源头管控。

《保险资产风险分类暂行办法》与《保险资产风险五级分类指引》相比，主要修订内容包括：一是扩大分类覆盖范围，消除监管盲区。将除现金

及流动性管理工具、上市股票（不含长期股权投资）、公募基金等特殊情形以外的所有投资资产纳入分类范围，覆盖固定收益类、权益类、不动产类等全品类资产；明确嵌套式金融产品需穿透至底层资产进行风险评估。二是优化分类标准，强化风险实质识别。将固定收益类资产的次级类、可疑类、损失类资产的归类标准之一——逾期天数分别调整为90天、270天、360天，与商业银行划分标准趋同，增加"资产已发生信用减值"即被归为次级类等定量指标，引入抵押物质量恶化、管理人能力发生显著不利变化等定性指标；对权益类资产，由"正常类、关注类、次级类、可疑类、损失类"的五分类简化为"正常类、次级类、损失类"的三分类，设定预计损失率连续三年大于0或预计损失率在30%以上的不良标准，提升风险容忍度，鼓励长期投资；对不动产类资产，细化项目权属、运营状况等风险指标，如不动产金融产品若连续三年未按约分配收益需归为次级类、资产损失率在80%以上需归为损失类，强化对商业地产、基建项目的穿透式管理。三是完善治理机制，压实主体责任。建立初分、复核、审批三级分类流程，董事会承担最终责任，首席风险官统筹风险分类工作；保险公司至少每半年开展一次风险分类工作，动态监测资产风险变动情况；新增审计条款，对出具不实报告的会计师事务所可采取更换、通报等措施，强化外部监督。四是强化监管协同。将分类管理及结果纳入监管评价体系和偿付能力监管体系，实施差异化监管。

《保险资产风险分类暂行办法》对保险资产的全品类覆盖和穿透式管理有助于促进提升保险资产质量的透明度，对权益类分类标准的放宽和不动产类资产分类的细化，有助于鼓励保险资金加大对科技创新、绿色经济等领域的长期股权投资，引导资金流向优质基建项目，整体提升保险公司的资产风险管理能力。

为进一步规范保险资金运用，国家金融监管总局于2024年12月发布《保险资金运用内部控制应用指引（第4号—第6号）》（金办发〔2024〕122号），对保险公司投资未上市企业股权、不动产及金融产品等非标资产的投前、投中、投后管理流程进行系统性规范。一是规范非标资产投资流程，强化关联交易监管。对保险公司开展未上市企业股权投资，要求建立覆盖底层资产的关联交易控制机制，禁止通过直接或间接股权投资为关联方提供融资通道；对保险公司开展不动产投资，要求细化项目筛选、立项审批、尽职调查等环节，重点关注产权归属、抵押状况及法律纠纷；对保险公司开展金融产品投资，强调穿透至底层资产进行风险评估，要求投资机构确保资金独立，并配合提供募集文件与尽职调查报告。二是优化决策授权体系，压实主体责任。建立投资决策、执行、风控三道防线，要求险企设立独立的投资决策委员会，明确股东会、董事会及管理层的审批权限；强化首席风险官职责，要求法律合规部门全程参与项目评审，对交易结构、合规性等发表独立意见；投资执行中若出现重大变更，需重新提交决策机构审批。三是细化投后管理要求，动态监测风险。要求对未上市企业股权投资实施托管，定期评估被投资企业经营状况，跟踪股权变动、债务重组等重大事项；对不动产项目，需建立动态储备库，实时更新项目信息及风险状态；新增资产风险分类与减值计提要求，明确投后管理部门需依据监管标准揭示资产实际价值，及时足额计提损失准备。

《保险资金运用内部控制应用指引（第4号—第6号）》通过全流程风控、穿透式管理与责任压实减少保险公司通过关联交易、通道业务等进行利益输送的违法违规操作空间，提升投资资产的透明度，同时也更加适应跨市场、跨业态的新投资形势的内控需求。

4.完善银行保险机构数据安全管理规范

随着金融科技快速发展，银行保险机构数字化转型加快，银行保险机构数据处理活动日益复杂，数据泄露、滥用的风险增大，数据共享、跨境流动等场景对数据安全管理也提出了更高的要求。因此，为应对银行保险机构的数据安全管理挑战以及落实《数据安全法》《个人信息保护法》等上位法要求，国家金融监管总局于2024年12月印发《银行保险机构数据安全管理办法》（金规〔2024〕24号），解决原监管规则存在的责任边界模糊、技术标准滞后等问题，完善银行保险机构数据安全管理规范。

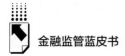

《银行保险机构数据安全管理办法》以数据全生命周期管理为核心，要求银行保险机构构建与业务发展相匹配的数据安全管理体系。一是压实主体责任，构建多层级治理架构。明确党委（党组）、董（理）事会承担主体责任，机构主要负责人为第一责任人，分管领导为直接责任人，形成"一级抓一级"的责任链条；要求设立数据安全归口管理部门，统筹制定数据安全管理制度、建立数据目录、推动数据分类分级管理，并与业务部门协同落实"谁管业务、谁管业务数据、谁管数据安全"原则，避免责任盲区。二是建立数据分类分级管理机制。将数据分为核心、重要、一般三级，其中一般数据进一步细分为敏感数据与其他一般数据，动态调整安全级别；要求建立数据资产地图，覆盖客户数据、业务数据等全类型数据，实现数据来源可追溯、流动可监控，为数据差异化管理提供基础。三是强化数据管理全流程技术防护。要求将数据安全嵌入信息系统开发全周期，对敏感级及以上数据实施加密传输、访问控制审计，建立同步规划、同步建设、同步使用的管理机制；针对人工智能、开放银行等新技术场景，提出模型算法可追溯、结果公平性可验证等要求，防范算法歧视与数据滥用风险。四是严格保护个人信息。确立"最小必要"原则，禁止过度收集个人信息；共享或对外提供信息需履行告知义务并获同意，不得以拒绝授权为由限制服务；新增个人信息保护影响评估机制，对涉及重大权益的数据处理活动实施事前审查，强化消费者权益保障。五是完善风险监测与应急处置机制。将数据安全风险纳入全面风险管理体系，要求每年开展风险评估、每三年进行审计，并建立异常访问预警、数据泄露应急响应等机制；明确重大数据安全事件即时报告制度，监管部门可采取现场检查、责令整改等监管措施。

对于银行保险机构的数据安全管理，在发布《银行保险机构数据安全管理办法》之前，国家金融监管总局在2024年9月先发布了《关于加强银行业保险业移动互联网应用程序管理的通知》（金办发〔2024〕99号），旨在应对银行保险机构移动应用（App、小程序、公众号等）存在的无序扩张、数据安全隐患以及用户体验不足等问题。一是强化机构统筹管理。明确牵头部门责任，建立移动应用台账，实施准入退出机制，清理低效、高风险应用；要求整合同类业务需求，控制移动应用数量，重点发展功能完整、场景清晰的核心应用。二是全生命周期规范移动应用管理。管理要求覆盖需求分析、开发测试、上架发布到运营维护的全链条，强化兼容性适配、安全漏洞排查。三是压实风险管理责任。落实备案制度，严格执行网络安全等级保护，建立数据安全"谁管业务、谁管业务数据、谁管数据安全"原则；对外包服务实施"最小授权"管理，防范数据泄露；要求至少每年一次风险评估，每三年一次审计。四是加强消费者权益保护。按照"合法、正当、必要"原则收集个人信息，明确告知用户数据用途，建立投诉响应机制。该通知的发布将推动银行保险机构清理冗余应用，强化个人信息保护、提升数据安全和对消费者的服务质量，促进银行保险机构从"流量竞争"转向"价值创造"。

5. 加强反保险欺诈工作要求

近年来，保险欺诈呈现团伙化、职业化、跨地区的特征，利用保险合同骗取保费、虚构保险事故等保险欺诈事件频发，而2018年中国保险监督管理委员会发布的《反保险欺诈指引》（保监发〔2018〕24号）因刚性约束和协同机制不足，且时间较长，已难以应对新型保险欺诈风险。因此，国家金融监管总局于2024年7月修订印发《反保险欺诈工作办法》（金规〔2024〕10号），为强化应对保险欺诈风险、保护消费者权益提供制度保障。

《反保险欺诈工作办法》主要在以下方面作出强化：一是压实主体责任，构建全流程风控体系。国家金融监管总局及其派出机构定期评估保险机构风控体系有效性，对重大案件实施联合督办；险企建立覆盖事前预警、事中管控、事后回溯的全流程机制，设立首席风险官或指定高管分管反欺诈工作，并将反欺诈纳入绩效考核；针对农业保险、首台（套）装备保险等政策性险种，新增持续性风险评估与补贴资金监管条款，严禁挪用保险金或财政补贴。二是强化科技赋能，推动利用大数据等技术开展反欺诈工作。中国保险行业协会牵头建立反欺诈联席会议制度，银保信公司等机构负责搭建行业反欺诈信息平台，实现跨机构数据共享与可疑案件筛查；鼓励保险机构运用人工智能、区块链等技术识别欺诈风险，提升风控精准度；明确消费者信息使用边界，要求数据"可用不可见"，调取具体信息需经授权，防范隐私泄露风险。三是深化协同治理，完善行刑衔接机制。建立与公安、司法机关的信息共享通道，对重大案件启动联合打击机制；地方政府职能部门配合提供医疗、交通等领域数据支持，形成区域性反欺诈网络；与境外反欺诈组织建立协作框架，加强跨境保险诈骗案件的调查取证与追赃挽损。

三　2025年保险业监管展望

2025年，中国保险业监管将延续2024年强监管、防风险、促发展的主基调，持续深化改革，推动行业高质量发展迈上新的台阶。

一是将进一步强化保险行业监管，在市场准入、机构日常监管、行业风险防范化解等方面将更加严格，相关监管规则将不断细化完善，并严厉打击机构违法违规行为，尤其是对销售误导、保险欺诈等损害消费者权益或扰乱市场秩序的行为，加大对违法违规机构及相关责任人员的处罚力度，维护公平有序的市场环境。

二是将持续加强风险防控工作，完善风险监测预警体系，强化逆周期管理，提升对市场风险、信用风险、保险风险等各类风险的识别、评估和处置能力，完善偿付能力和保险资金运用监管政策体系，提升保险公司事前、事中、事后的风险防控能力和风险抵御能力，牢牢守住不发生系统性风险的底线。

三是将推动保险行业服务实体经济和民生保障，鼓励保险机构围绕科技创新、绿色发展、乡村振兴等国家重大战略和重点领域开发创新保险产品和服务，加大保险资金支持力度，丰富养老、健康、巨灾等保险产品供给，充分发挥保险经济减震器和社会稳定保障的功能，同时将鼓励保险行业加快数字化转型，利用科技手段提升运营效率和服务质量。

附录：2024 年发布的部分保险业相关规章及规范性文件

发布时间	名称	文号
2024 年 2 月 24 日	关于扩大城乡居民住宅巨灾保险保障范围进一步完善巨灾保险制度的通知	金规〔2024〕2 号
2024 年 3 月 18 日	人身保险公司监管评级办法	金规〔2024〕4 号
2024 年 4 月 20 日	关于推动绿色保险高质量发展的指导意见	金规〔2024〕5 号
2024 年 4 月 28 日	关于商业银行代理保险业务有关事项的通知	金规〔2024〕8 号
2024 年 5 月 9 日	关于银行业保险业做好金融"五篇大文章"的指导意见	金发〔2024〕11 号
2024 年 5 月 24 日	关于进一步完善首台(套)重大技术装备首批次新材料保险补偿政策的意见	工信部联重装〔2024〕89 号
2024 年 5 月 29 日	关于推进普惠保险高质量发展的指导意见	金发〔2024〕13 号
2024 年 7 月 17 日	关于加强和改进互联网财产保险业务监管有关事项的通知	金规〔2024〕9 号
2024 年 7 月 19 日	关于加快上海国际再保险中心建设的实施意见	金发〔2024〕16 号
2024 年 7 月 22 日	反保险欺诈工作办法	金规〔2024〕10 号
2024 年 8 月 2 日	关于健全人身保险产品定价机制的通知	金发〔2024〕18 号
2024 年 9 月 2 日	保险公司县域机构统计制度	金办发〔2024〕94 号
2024 年 9 月 2 日	金融机构涉刑案件管理办法	金规〔2024〕12 号
2024 年 9 月 12 日	关于加强银行业保险业移动互联网应用程序管理的通知	金办发〔2024〕99 号
2024 年 10 月 18 日	关于大力发展商业保险年金有关事项的通知	金办发〔2024〕110 号
2024 年 11 月 14 日	关于推进农业保险精准投保理赔等有关事项的通知	金发〔2024〕35 号
2024 年 11 月 28 日	保险资产风险分类暂行办法	金规〔2024〕19 号
2024 年 12 月 5 日	关于强监管防风险促改革推动财险业高质量发展行动方案	金办发〔2024〕121 号
2024 年 12 月 6 日	保险资金运用内部控制应用指引(第 4 号—第 6 号)	金办发〔2024〕122 号
2024 年 12 月 12 日	中国出口信用保险公司监督管理办法	金规〔2024〕21 号
2024 年 12 月 16 日	关于延长保险公司偿付能力监管规则(Ⅱ)实施过渡期有关事项的通知	金规〔2024〕22 号
2024 年 12 月 17 日	关于公司治理监管规定与公司法衔接有关事项的通知	金规〔2024〕23 号

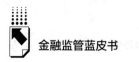
续表

发布时间	名称	文号
2024 年 12 月 25 日	金融机构合规管理办法	国家金融监督管理总局令 2024 年第 7 号
2024 年 12 月 27 日	银行保险机构数据安全管理办法	金规〔2024〕24 号

B.6
2024年信托业监管报告

袁增霆*

摘　要：　2024年是信托业进入"后调整期"的第三年。2024年监管工作的重点是落实上一年出台的新业务分类办法与监管评级办法，聚焦做好"五篇大文章"以及推动信托行业的高质量发展。2024年提出了信托业"1+N"监管制度体系与未来《信托法》的修订问题，也预示着未来将加快相关基础性法规制度建设。2024年信托业行业统计数据再次出现指标缩减和发布时间延迟的问题。根据2024年上半年的统计数据，信托业正处在信托资产规模快速反弹而经营效益仍然大幅下滑的调整状态。把握高质量发展与风险防范化解之间的平衡将是未来一段时间信托业经营与监管工作的重心。

关键词：　信托业监管　转型新规　风险处置

一　信托业的"转型新规"与高质量发展

在前面两个年度的信托业监管报告①中，我们将自2022年以来的时期定义为信托业的"后调整期"，将新出台的信托业务分类与监管评级办法称为"转型新规"，并将"后调整期"的监管基调变化描述为相对于过去严监

---

*　袁增霆，经济学博士，中国社会科学院金融研究所金融风险与金融监管研究室副研究员，主要研究方向为信托、金融风险与资产市场。

①　袁增霆：《2022年信托业监管报告》，载于胡滨主编《中国金融监管报告（2023）》，社会科学文献出版社，2023；袁增霆：《2023年信托业监管报告》，载于胡滨主编《中国金融监管报告（2024）》，社会科学文献出版社，2024。

管的"温和转向"。这些概念的提出参照了 2018 年资管新规以及根据其整改期限而定义的转型调整期。2022~2024 年，尽管仅就风险监管而言相关部门仍然不改严厉风格，但也推动了在更大范围内呵护行业转型和促进行业高质量发展的积极政策和制度建设。与行业经营发展相匹配的监管周期及政策基调的温和转向已成必然。这三年间信托业年会的主题始终紧扣高质量发展，谋发展的具体图景也逐渐变得更加清晰。[①] 同时，与新发展理念相匹配的制度基础设施建设也基于"转型新规"的新风格不断扩容，越来越向"一法两规"监管制度支柱框架抵近。[②] 2024 年 9 月中央金融办与证监会联合发布的《关于推动中长期资金入市的指导意见》更直接地释放了积极的政策信号，明确表示鼓励信托资金积极参与资本市场。

2024 年是信托业转型新规扩容的一个关键节点。相比较而言，2018 年资管新规对信托业的影响体现在对历史问题的治理方面，而本行业的转型新规所带来的影响主要是对行业未来发展导向的影响。信托业监管制度的三大支柱"一法两规"的形成，是具有里程碑意义的制度变革。在 2001 年实施《信托法》和 2007 年实施"两规"之后，2020 年 5 月发布的《信托公司资金信托管理暂行办法（征求意见稿）》称得上是修订"一法两规"的最早行动。但它最终未能落地，而且当时资金信托业务分类仅仅对标了资管新规的标准，后来被 2023 年的信托业务新分类重置。当前阶段的转型新规以 2023 年印发的《中国银保监会关于规范信托公司信托业务分类的通知》（下文简称"信托分类通知"）和《信托公司监管评级与分级分类监管暂行办法》（下文简称"监管评级办法"）为起点，并加速向行业监管框架体系的

---

① 这三次信托业年会分别在 2022 年 5 月、2023 年 6 月和 2024 年 11 月举行，主题依次是"践行新发展理念，推动行业转型与健康发展"、"信托业高质量发展""聚焦五篇大文章，推动信托业高质量发展"。

② 信托业也经常将这种支柱体系定义为"一法三规"，即在《信托法》、《信托公司集合资金信托计划管理办法》与《信托公司管理办法》组成的"一法两规"之外，再加上《信托公司净资本管理办法》。从信托业务本源定位与长远发展的角度看，类似于一般金融机构监管的《信托公司净资本管理办法》与"一法两规"不具有同等地位。关于这方面的分析，可参见袁增霆《2023 年信托业监管报告》，载于胡滨主编《中国金融监管报告（2024）》，社会科学文献出版社，2024。

主要支柱靠拢。在这方面2024年最重要的两个新动向是2月国家金融监管总局向业内机构下发《信托公司管理办法（修订征求意见稿）》① 以及11月信托业年会提及加快推进《信托法》修订。《信托法》的调整范围不限于信托业，但对信托业的影响最为突出。此前《信托法》修订最受关注的一次是2021年《信托法》颁布实施二十周年时，相关部门成立了《信托法》立法后评估小组并就相关问题及对策发布了一份调查研究报告，② 与此相关的提案也出现在当年的两会上。

受信托业务新分类办法实施以及行业清理整顿的影响，中国信托业协会官方网站上例行发布的行业统计数据发生了两个重大变化。一是从2023年第四季度起大幅缩减了"固有资产、权益与利润"一栏中行业统计指标的数据发布（略去了底层指标及人均利润指标数据）。二是在2024年仅发布半年度行业统计数据，发布日期与上年同期相比滞后2个多月。而且，原来按照来源和功能划分的信托资产规模数据以及证券投资信托中的私募基金合作和银信合作业务方面的统计数据都不再发布。与此同时，新的分类指标统计数据还没有发布出来。考虑到当年金融业和金融市场的状况，信托业面临经营压力与业务统计归口转换困难可能是导致出现这种状况的主要原因。

2024年信托业年会的主题聚焦"五篇大文章"和信托行业的高质量发展。这是对上一年度中央金融工作会议精神的吸纳与对上一年度行业年会主题的继承。相比较而言，更新更完整的监管政策精神和原则指引集中体现在2025年1月发布的《关于加强监管防范风险推动信托业高质量发展的若干意见》（下文简称《信托业若干意见》）中。该文件提出到2029年信托业风险得到有效管控和2035年形成信托业新格局的远景目标，从而为未来若干年行业经营和监管提供精神与行动框架方面的指引。2024年11月底举行的信托业年会提到，正在酝酿的"1+N"制度体系就是以该文件为"1"和

---

① 2025年4月国家金融监管总局正式公开发布《信托公司管理办法（修订征求意见稿）》。
② 详见袁增霆《2022年信托业监管报告》，载于胡滨主编《中国金融监管报告（2023）》，社会科学文献出版社，2023。

以各大类信托业务细则为"N"的制度规则组合。① 显然，这里的"1+N"制度体系与本报告所述的"转型新规"高度相关。

2024 年在信托公司层面上的风险处置工作仍然任重而道远，但相关部门监管态度较为严格。2024 年 4 月，四川信托被宣告破产，成为继新华信托之后第二家采用破产处置方式的信托公司。这也让信托牌照的数量进一步缩减。同月民生信托步中融信托的后尘，与中信信托和华融信托（2024 年 9 月更名为"兴宝信托"）签署服务协议，实质上接近于被接管状态。然而，果决的风险处置行动似乎已经初见成效。过去的安信信托在 2023 年被重组并更名为建元信托，其发布的 2024 年财报显示净利润实现了约 25% 的增幅。

二　信托业经营状况

（一）行业经营绩效与压力

从 2024 年上半年的行业统计数据来看，信托资产规模持续回升而效益指标持续下降。这种状况既反映了信托业经营中面临的机会和挑战，也体现出转型发展历程中经营模式转变所造成的绩效影响。截至 2024 年第二季度末，信托资产规模总计 27 万亿元，经过两年的持续反弹已经超越在 2017 年底形成的历史高点（见图 1）。

2024 年上半年信托业务规模的主要增长点来自资金类信托业务，尤其是其中的证券类业务。由于当前的行业统计口径尚未实现向新业务分类标准的过渡，仅仅削减了传统统计指标的数据发布，我们还很难从信托行业统计数据中看到完整的行业增长动力来源。在保留下来的传统统计指标中，资金类信托业务规模呈现加速增长势头。该项指标在 2024 年上半年净增 2.6 万亿元，约占信托资产合计增量的 84%。更具体地看，投向证券市场的资金类信托业务同期增加 1.7 万亿元，约占资金类信托

---

① 杨卓卿：《信托业酝酿 1+N 制度体系　加快〈信托法〉修订》，中证网，https：//www.cs.com.cn/xwzx/hg/202412/t20241205_ 6458698. html。

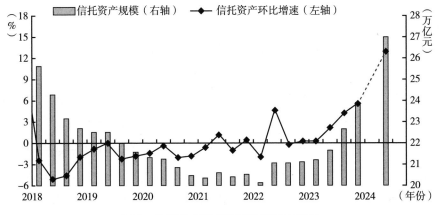

图1 信托资产管理规模及其环比增速

注：统计日期截至2024年第二季度（当年第一季度数据缺失），最后一个环比增速数据间隔为两个季度。

资料来源：中国信托业协会。

业务规模增量的67%。

基于上述统计数据，新分类下其他类型业务的增长贡献度就变得不甚突出。根据媒体报道的2024年信托业年会披露的最新数据，[①]资产服务信托业务规模接近11万亿元，约占信托资产总规模的40%。但媒体报道的资产服务信托业务的"成立笔数和新增规模均已超过"资产管理信托，还无法在现有的行业统计数据中得到验证。然而，根据中国信托业协会发布的《2023-2024中国信托业社会责任报告》，2023年底资产服务信托业务规模就已经达到12万亿元，占信托资产总规模的51%。这是一对矛盾的结果。当然，评价信托业转型发展的绩效，并不能仅看规模指标。

关键性的信托行业财务绩效指标仍然面临较大且持续性的下行压力。根据行业统计数据，2024年上半年信托业的营业收入、利润总额同比分别下降40.6%、32.7%，降幅超过了2022年各季度下跌的幅度。这两个指标在2023年的多数季度里维持同比正增长（只有利润总额指标在当年第三季度

---

① 刘冉：《信托业务转型"成绩单"：资产服务信托规模近11万亿元、占比40%》，财新网，https://finance.caixin.com/2024-11-29/102262927.html。

出现小幅负增长）。另外，根据云南国际信托有限公司关于信托公司财务指标的分析报告[1]，2024 年根据 51 家信托公司未经审计财务报告汇总的行业营业收入、信托业务收入和利润总额同比分别下降 11.1%、6.9% 和 20.4%，而 2023 年根据 52 家信托公司未经审计财务报告汇总的相同指标的数据同比分别下降 11.3%、19.8% 和 14.6%。考虑到 2023 年大额股权出售对利润的影响，[2] 可以大致认为，这些关键性的行业财务绩效指标虽然略有好转，但不改大幅下行趋势。值得注意的是，2023 年基于信托公司年报数据计算的行业指标同比变化率与基于中国信托业协会发布的行业统计数据计算的结果并不一致。而且，严重且持续的行业内部分化也显示出信托业经营中面临的风险和不稳定性问题仍然非常突出。

总体来看，2024 年上半年信托资产规模的快速增长与行业经营效益的大幅下降形成鲜明对比。这既可能反映了信托业经营结构调整过程中低效益业务占比的上升，也可能受到整体业务风险因素的拖累。在信托公司的层面上，过去在中长期内大规模介入传统非标融资领域而转型迟滞的信托公司更容易在当前阶段表现出脆弱的经营绩效。本质上这也是一种行业风险的具体表现。

（二）信托产品发行动态与市场景气度

由于缺乏完整且可靠的可得数据，我们重新采用 Wind 资讯终端提供的信托产品发行统计数据来观察信托业务的市场前沿动态及景气度（见图 2）。这种公开搜集的信息是不完全的，数据质量需要通过历史数据比对来判断，只能说当前这些数据可以相对较好地反映出市场动向。总体来看，自 2023年下半年以来信托产品发行总规模呈现企稳并回升的势头，其中的证券类产品发行状况波动较大。2023~2024 年与近乎横向波动的信托产品发行数量相

---

① 《云南信托研报：2024 年信托行业财务指标排名》，云南国际信托有限公司，https：//www.yntrust.com/school/show/1944；《云南信托研报：2023 年信托行业盈利指标排名》，云南国际信托有限公司，https：//www.yntrust.com/school/show/1926。

② 参见袁增霆《2023 年信托业监管报告》，载于胡滨主编《中国金融监管报告（2024）》，社会科学文献出版社，2024。

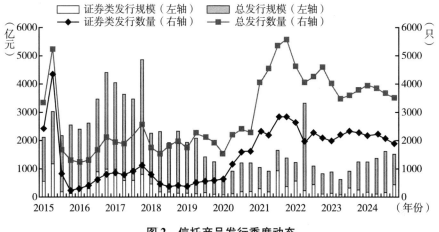

图 2　信托产品发行季度动态

注：数据按产品成立日期统计。

资料来源：Wind。

比，信托产品总体及其中的非证券类的平均单笔发行规模都呈现明显的上升趋势。这方面的变化特征反映出募集资金门槛以及相应的客户群体集中度的上升。2024 年相对于作为参照基准的 2 年期国债收益率的大幅下降（见图 3），非证券类信托产品预期年化收益率（1～2 年）开始表现出更明显的吸引力。尤其从第四季度开始，两者之间的息差开始拉大。当然，公开搜集到的信托产品发行数据并不能完全解释 2024 年第二季度末信托资产规模再创新高的增长势头。

基于 Wind 资讯终端提供的人工智能对话（AI Chat），可以更进一步获得一些产品的发行特征。针对 2024 年信托产品发行的变化特征，AI 给出的结果可以概括如下。

（1）全年新成立信托产品数量约为 1.47 万只，发行规模约为 5529 亿元。

（2）信托产品发行以证券类为主，贷款类和债权投资类产品发行数量少但规模大；投向基础产业类产品的资金规模增长 72%，可能与第四季度推出的大规模化债方案有关。

（3）少数公司（如外贸信托、华鑫信托和中粮信托）产品发行数量相对较多。

图3 非证券类信托产品预期年化收益率（1~2 年）与 2 年期国债收益率对比

注：月度数据（2018 年 1 月至 2025 年 1 月），2 年期国债到期收益率采用平均方法将日度数据变频为月度数据。

资料来源：Wind。

（4）信托产品发行收益率整体呈现下降趋势，其中基础产业类产品下降较为明显（2023 年约为 6.55%~6.75%，2024 年降至 5.74%）。

三　信托业务结构调整与行业风险评估

本年度我们将继续进行信托业风险评估分析。根据《信托业若干意见》，加强行业风险防范化解仍将是未来中期范围内的一项重点任务。为了避免赘述，关于行业风险资产方面的数据缺失情况与我们的推断方法及相关解释可以参见近几年的信托业监管报告。估算信托行业风险情况的核心指标是已经缺少多年数据的行业风险资产规模。当前我们在推断中遇到的困难不仅包括间接推断方法的可靠性将随着时间推移而下降，也包括过去引作辅助参照的指标——信托赔偿准备和计算信托报酬率所需的"信托业务收入"从 2023 年第四季度起出现了数据缺失。

（一）关键缺失数据的推断

2024 年行业营业利润率和信托报酬率可能仍处于下降态势（见图 4）。这里首先涉及对信托业务收入在 2023 年第四季度的缺失值推断，具体方法可以参照同期营业收入的同比变化并采用前文提及的 2023 年 52 家信托公司披露的信托业务收入汇总数据的同比变化进行调整。据此得到的估算值为同比下降 6.9%，恰与 2024 年基于信托公司年报披露数据计算的同比变化率相同。在 2024 年第二季度信托行业统计口径下的利润总额、营业收入同比分别下降 40.6%、32.7%，可能在某种程度上反映出 2023 年上半年基数偏高的异常问题。基于同样方法估算的信托业务收入同比下降 29.6%，相应的当期规模为 176 亿元，可能存在低估的问题。这里倾向于采用 2024 年云南国际信托有限公司计算的同比增速-6.9% 作为替代，估算当年第二季度信托业务收入约为 233 亿元，更加稳健的推断值可能处于 176 亿~232 亿元的区间之内。当年第四季度的缺失值按照同比下降 6.9% 估计为 634 亿元。最后，对于同期尚未公布数据的信托资产规模、利润总额和营业收入指标，均按照中期不变的同比增速进行估算。

（二）结构性调整参数与风险资产评估

接下来推断风险资产规模占比的缺失数据，按照前几年信托业监管报告的方法需要借助 2019 年之后风险资产规模占比与信托业营业利润率指标之间的回归关系以及后者的数据表现。考虑过去近五年信托业务结构的重大变化以及风险资产仅与以非标债务融资为主的资金信托业务密切相关，这里引入代表信托业务转型调整的结构性参数。首先，选择 2019 年底为基期，风险资产规模占比指标的分母项为基期不变的资金信托业务规模与下述结构性参数之积。接下来将结构性参数定义为"非证券类信托相对值"：相对于基期而言投向基础产业、房地产与工商企业的资金信托业务规模的累计比值。截至 2024 年底，非证券类信托相对值降至 58.3%（缺失值采用当年中期数据替代）。与这种变化相对应的事实是，过去五年间上述三类非证券类资金

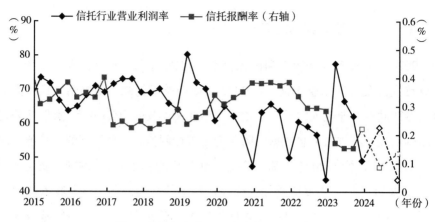

图4 信托行业营业利润率与信托报酬率

注：信托行业营业利润率与信托报酬率均采用行业统计口径估算。其中，信托行业营业利润率和信托报酬率的计算公式分别为"利润总额/营业收入"和"信托业务收入/信托资产规模"；分子项的季度数据按年化调整；这两个指标数据分别从2024年和2023年第四季度起为估算值。

资料来源：中国信托业协会，笔者计算。

信托业务规模从11万亿元降至6.4万亿元，降幅约为42%。同时，将信托报酬率指标按照相同的基期进行归一化处理而得到的"调整信托报酬率"也呈现类似的下降趋势（见图5）。以上两个指标的相关系数高达0.7。

本年度估算的风险资产规模与上一年度估算结果相比有较大不同。本年度估算结果呈现自2021年以来的下降趋势与间隔一年略有回调的短期波动特征；上一年度估算结果的长期趋势与短期回调方向皆与之相反。显然，考虑信托业务结构的转型调整是非常必要的，而且它的确对行业风险评估具有重大影响。两个不同的结果反映了复杂现实的不同侧面。尤其考虑到在2024年之前的3~4年间每年不低于3000亿元规模的风险资产处置的监管要求，二者都不存在高估的问题。正是持续多年的风险资产处置与业务结构转型调整，才切实推动了行业风险水平的下降。但是，这种下降并非几近出清，或像一些观点认为的"存量风险资产已基本暴露"①。

---

① 《金融·看法｜破局攻坚，蓄势待发——信托行业2024年度观察》，兰台律师事务所，https：//www. lantai. cn/news_ view. aspx？ nid＝2&typeid＝5&id＝1358。

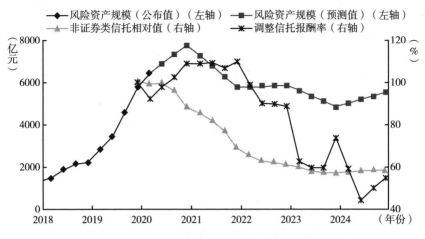

图5　信托业务结构调整与行业风险资产规模估算

注：非证券类信托相对值和调整信托报酬率都是以2019年底为基期的相对比值；非证券类信托只衡量投向基础产业、房地产与工商企业的资金信托。

资料来源：中国信托业协会，笔者计算。

四　监管主题："转型新规"扩容

转型新规的扩容是2024年信托业监管制度与政策领域最重要的变化。我们在上一年度报告中将信托分类通知和监管评级办法称为转型新规，并注意到这些规定对于资管新规实施之后行业转型发展的规范性意义。当2024年2月国家金融监管总局开始就《信托公司管理办法》的修订征询行业内部意见以及当年11月信托业年会讨论《信托法》修订问题时，转型新规向信托业监管制度支柱"一法两规"或"一法三规"体系靠拢的扩容意义就凸显了出来。同时，我们将信托业年会提出的"1+N"制度体系也放在这个框架内进行探讨。

（一）《信托公司管理办法（修订征求意见稿）》的内容

2025年4月国家金融监管总局正式发布《信托公司管理办法（修订征

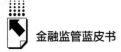
求意见稿）》，并公开征求意见。该文件内容与2024年主流媒体报道的向业内机构发布的版本略有不同。① 整体而言，该文件的推出是一系列重大制度变革的自然结果，也反映了当前阶段的监管精神。② 换言之，从当前阶段行业经营与监管制度的变化看，2007年制定实施的《信托公司管理办法》已经变得不合时宜。自资管新规实施以来，针对诸多风险与监管问题的治理经验日益积累，这些经验需要落实在信托公司的管理行为中并压实责任。当2023年信托分类通知出台之后，重新表述信托公司的经营范围也变得格外迫切。

该文件包括八章，总计77条内容。这八章的标题分别为总则、机构设立与变更、公司治理、内部控制和风险管理、业务范围和经营规则、监督管理、风险处置与市场退出、附则。与现行《信托公司管理办法》相比，该文件主要的变化是增加了"第三章公司治理"，并将原来的"第六章罚则"改为"风险处置与市场退出"。总体而言，这些内容凝结了长期以来信托业经营和监管方面积累的大量经验，特别突出地反映在加强信托公司治理、压实各级管理责任、明确业务禁止事项、高筑风险防线以及健全风险处置机制等方面。其中，颇受关注的是对于信托公司的经营范围开始采用新业务分类来表述，而且每年从信托公司税后利润中计提的信托赔偿准备金累计总额比例限制被取消。最后值得关注的是，该文件再提信托公司的"生前遗

---

① 《独家 | 推动行业加速转型〈信托公司管理办法（修订征求意见稿）〉下发推动行业加速转型》，中国证券网，2024年1月18日，https://news.cnstock.com/news，bwkx-202401-5178609.htm；《〈信托公司管理办法〉修订征求意见 严格股东管理 注重风险防控与化解》，21世纪网，2024年1月20日，https://www.21jingji.com/article/20240120/herald/54fafcc0d3bcf76118141e5e73eab874.html。

② 国家金融监管总局有关部门负责人指出，现行《信托公司管理办法》"已实施18年，部分条款难以满足信托公司风险防范、转型发展和有效监管的需要，与资管新规、信托业务三分类通知等近年新出台制度的衔接也有待加强"。详见《国家金融监督管理总局有关部门负责人就〈信托公司管理办法（修订征求意见稿）〉答记者问》，国家金融监管总局网站，2025年4月11日，https://www.nfra.gov.cn/cn/view/pages/ItemDetail.html? docId=1204462&itemId=915。

嘱"——恢复与处置计划。我们在《2022年信托业监管报告》①中讨论信托公司风险处置问题时曾对此予以特别关注，后续可以进一步观察这方面更加翔实的文本表述。

（二）《信托业若干意见》解读

2024年信托业年会透露的"1+N"制度体系中，代表核心的"1"指向了一份即将发布且名为"关于信托业进一步高质量发展的指导意见"的文件。随后正式发布的《信托业若干意见》的完整标题还包括"加强监管"和"防范风险"两个并行目标。这两个并行目标容易被解读为推动行业高质量发展的辅助手段。这种理解在逻辑上没有明显的冲突。而且，该文件是在从实体经济到整个金融业都处于追求高质量发展的主旋律背景之下发布的，关于信托业的远景目标和行动纲领也备受期待。但是，就原文七个部分的主要内容和精神而言，本文倾向于按照多目标并行的风格予以解读。

1. 远景目标和高质量发展的内涵

该文件在第一部分"总体要求"中描述了信托业监管、风险防范与高质量发展的中期和长期远景目标。中期目标的重点是到2029年行业风险得到有效管控，业务转型有序推进，高质量发展的基础得到夯实。长期目标的重点是到2035年形成信托业高质量发展、监管有效的新格局。这里提到的信托业高质量发展的内涵主要是指信托公司立足受托人定位，善用信托机制功能作用，能够服务国家战略和经济社会高质量发展的大局。

2. 政策导向和行动纲领

该文件在第二部分"推动信托业回归本源"中表述了未来信托业高质量发展的政策导向和重要服务领域。这里特别强调信托机制中财产独立和风险隔离的功能优势，为第七部分"协同推动信托业规范发展"中阐述信托制度建设需求做了铺垫。因此，修订《信托法》、推动非资金信托财产登记

---

① 袁增霆：《2022年信托业监管报告》，载于胡滨主编《中国金融监管报告（2023）》，社会科学文献出版社，2023。

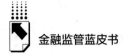

落地以及完善信托相关案件审理自然就成为未来制度建构的工作重点。第二部分还描绘了更清晰的信托业发展图景与经营方面的行动纲领。这里突出了信托公司服务实体经济的能力评价和本土信托文化建设，倡导新分类下的信托业务聚焦服务"五篇大文章"。

第三至第六部分阐述了信托公司监管与信托业务监管方面的行动纲领及主要措施。这些内容体现出对历史教训与治理经验的总结以及防患于未然的精神。前三章的内容集中阐述严格信托公司的市场准入与强化持续性、全过程的监管。第六部分聚焦"加强风险防范化解"方面的行动方案和具体措施。这里提出的"做实信托公司恢复与处置机制"可能就是前文提及的"生前遗嘱"，不久之后可能会成为信托业的一个重要研究课题。

最后一部分在某种意义上相当于阐述健全信托业监管体制的行动纲领。除了前文所述的制度建构，该部分还提出了对慈善信托提供税收优惠、提升监管能力和强化多方协调联动等方面的具体措施。

五　总结与展望

"转型新规"的扩容是信托业监管制度变迁的重要事件。2025年1月在国务院层面上发布的《信托业若干意见》不仅确立了正在构建中的"1+N"制度体系的核心，也大幅拓展了转型新规的扩容范围及意义。它将加快新修订的《信托公司管理办法》落地，也将进一步推动《信托法》修订议程。基于这种展望的视角，最终定型的转型新规很有可能会演化成为新一轮修订的"一法两规"或"一法三规"体系。

当前搭建的制度框架重新诠释了未来中长期内信托业监管工作中"促发展"与"防风险"之间的平衡关系。一方面，促进信托业的高质量发展更加明确地聚焦"五篇大文章"、服务于国家战略与经济社会的高质量发展需要。当以推动非资金信托财产登记落地以及完善信托税收制度为代表的制度规划得以明确之后，新业务分类下资产服务信托和公益慈善信托的市场空间有望进一步打开。当然，关于《信托法》的修订议程以及在一些重要事项上的抉择及其对信托业的影响都具有一定的不确定性。目前这方面的主流预期有利于巩固信托业的专营地位。对于资金信托业务而言，它们已经处于推动中长期资金入市的有利政策环境下。另一方面，强化信托业的风险防范化解是针对历史教训的制度修补需要以及风险问题治理长期化的客观要求。因此，当下信托业的防风险或强监管并不是对高质量发展业务的抑制或行业经营周期意义上的严监管，促发展与防风险各自侧重点不同。

展望2025年信托业监管工作，我们仍在很大程度上沿袭2024年的观点，即继续以转型新规、信托业聚焦"五篇大文章"以及行业风险处置为重点。但是，对于信托业在法规制度方面的进展开始转向乐观。这里包括《信托法》新一轮修订工作或研讨议程有可能加快推进，《信托公司管理办法》的修订稿也有望很快落地。但是，何时按照新业务分类正常发布行业统计数据似乎仍然充满悬念。

B.7
2024年外汇管理报告

林楠*

摘　要： 百年变局下，稳外贸、稳外资，统筹金融开放和安全至关重要。伴随跨境贸易便利化水平持续提升，政策红利不断释放，经常项目外汇管理惠企利民、赋能实体经济，便利化政策支持实体经济质效不断提升。资本项目外汇管理聚焦境内外市场互联互通，资本市场制度型开放引领制度创新，高水平对外开放进一步释放市场活力。以高水平安全为基石强化风控能力，牢牢守住不发生系统性风险底线，外汇管理体制机制更加开放、更加安全。外汇市场"韧性增强"，人民币汇率动态趋稳、国际收支基础平衡，人民币国际化稳慎扎实推进。值得注意的是，新形势下"稳外贸"和"稳外资"任重而道远，统筹发展与安全下维护国际收支安全、优化跨境短期资本流动管理、防范外部冲击日益紧迫。

关键词： 外汇管理　国际收支平衡　稳外贸　稳外资　人民币国际化

2024年7月，党的二十届三中全会指出"完善准入前国民待遇加负面清单管理模式""强化开放条件下金融安全机制""建立统一的全口径外债监管体系""推进通关、税务、外汇等监管创新""建立健全跨境金融服务体系，丰富金融产品和服务供给"[①]。2024年12月，中央经济工作会议进一

---

* 林楠，经济学博士，金融学博士后，副研究员，中国社会科学院金融研究所国际金融与国际经济研究室副主任，主要研究方向为国际金融与全球货币体系、人民币汇率与国际化战略、国际收支安全与风险管理。

① 《中国共产党第二十届中央委员会第三次全体会议文件汇编》，人民出版社，2024，第40、46、47页。

步指出"防范化解重点领域风险和外部冲击""保持国际收支基本平衡""保持人民币汇率在合理均衡水平上基本稳定"①。这是百年变局下，稳外贸、稳外资，统筹金融开放和安全的现实需要，也是防范化解外部冲击重大任务的重要举措，具有重要现实意义。

一 2024年外汇管理概览

2024 年 10 月发布的《国家外汇管理局年报（2023）》指出②，2024 年经常项目外汇管理的主要思路是，服务实体、便利民生，进一步加大经常项目便利化政策供给，降低跨境贸易资金结算成本，推进跨境贸易便利化，助力对外贸易高质量发展；资本项目外汇管理的主要思路是，以资本项目高质量开放为主题，以更好统筹金融开放和安全为重点，在全面加强监管、防范化解风险的基础上，有序推进跨境直接投资、证券投资、外债领域的外汇管理改革，稳步扩大资本项目高水平制度型开放，一体推进跨境投融资便利化与风险防控能力建设。要统筹发展和安全，持续强化事中事后监管，牢牢守住不发生系统性金融风险的底线，以高水平开放助力高质量发展。2025 年 1 月召开的 2025 年全国外汇管理工作会议对 2024 年外汇管理工作进行总结：一是以政治建设为统领全面加强党的建设，二是外汇支持实体经济质效不断提升，三是外汇领域高水平开放稳步推进，四是开放条件下的监管能力和水平进一步提升，五是外汇储备经营管理不断完善。③

（一）2024年经常项目管理概况

经常项目外汇管理，作为外汇管理的基石，涵盖了便利化措施、真实性

---

① 《中央经济工作会议在北京举行》，《人民日报》2024 年 12 月 13 日，第 1 版。
② 《国家外汇管理局年报（2023）》，国家外汇管理局网站，http：//www. safe. gov. cn/safe/2024/1012/25172. html。
③ 《2025 年全国外汇管理工作会议在京召开》，国家外汇管理局网站，http：//www. safe. gov. cn/safe/2025/0104/25618. html。

审核、银行结汇制、外汇收支管理、外汇账户管理、风险管理和监测及政策调整优化等。

1.惠企利民：持续提升跨境贸易便利化水平

2024年经常项目便利化改革进一步激活中小微企业和优质外贸主体发展动能。[①] 第一，营造"越诚信越便利"的外汇政策环境。以科创企业为重点做好金融"五篇大文章"，进一步通过推进优质企业贸易外汇收支便利化政策，使2.4万家优质企业享受到政策便利（其中，中小企业占比58.3%）。更多优质中小企业享受到流程简化、单证减少的便利，单笔业务办理时效显著提升。第二，普惠中小微外贸主体。全国市场采购贸易线上自助收结汇率超80%，约20万家小微商户受益。支持跨境电商等贸易新业态新模式规范创新发展，办理跨境电商外汇支付业务约260亿美元，服务小微商户超130万家。第三，优化服务贸易付汇税务备案。实施"一次备案、多次付汇"创新机制，依托全流程无纸化处理技术，显著提升付汇效率，有效降低企业时间与人力成本。第四，个人外汇业务便利化改革从"便利化"向"智慧化"发展。深入推进个人外汇业务线上审单制度落地，支持不占用年度便利化额度结售汇业务电子化办理，开展外币现钞携带证电子化试点，进一步实现许可证电子化开立和便捷使用。

2.赋能实体经济：不断释放跨境贸易投融资政策红利

2024年优质企业贸易外汇收支便利化政策与扩大跨境贸易投资高水平开放试点深度整合。第一，释放进一步便利经常项目外汇资金收付等政策红利，推动政策在激发经营主体活力和外贸竞争力等方面发挥重要积极作用。通过优质企业贸易外汇收支便利化政策与跨境贸易投资高水平开放试点深度耦合，"主体信用评级+跨境场景适配"的穿透式管理机制逐步形成。第二，政策红利释放叠加乘数效应，使得跨境资金流动从"管得住"向"流得畅"升级，进一步服务全国统一大市场建设与高水平对外开放。第三，政策融合

---

① 《加力！外汇领域持续释放改革红利》，中国政府网，https：//www.gov.cn/zhengce/202501/content_ 6996587. htm。

创新。一是信用联动。允许试点地区内优质企业自动享受跨境投融资额度提升等政策。二是场景贯通。在货物贸易、服务贸易、跨境电商等场景实施跨境资金闭环管理，实现"一个主体、全链便利"，逐步形成"主体信用+跨境场景"双维赋能机制。

3. 坚持稳中求进：服务共建"一带一路"高质量发展

党的二十届三中全会指出"完善推进高质量共建'一带一路'机制""加强绿色发展、数字经济、人工智能、能源、税收、金融、减灾等领域的多边合作平台建设"[①]。2024年跨境金融服务平台建设不断深化，平台功能从"单向服务"到"生态赋能"不断升级，"场景驱动-数据赋能-生态共建"三位一体建设路径不断优化。第一，目前该平台已帮助10万多家企业获得融资超过3800亿美元，便利企业付汇近2万亿美元。第二，落实"完善金融支持'一带一路'政策体系"要求，进一步推动安全、高效、低成本的跨境资金结算和贸易高质量发展。通过支持承包工程企业将境外不同项目资金进行集中管理，降低地缘政治风险，解决工程所在地区外汇管制、汇路不畅等给企业资金管理带来的不便。第三，在降低账户管理成本和资金汇兑成本、提高资金使用效率的同时，进一步推动中国跨境金融标准在共建国家的应用，稳步推进人民币国际化进程。

4. 优化风险管理：构建"便利+安全"双支柱治理体系

贯彻落实《国家外汇管理局关于进一步深化改革　促进跨境贸易投资便利化的通知》要求，坚持以"服务实体、便利开放、交易留痕、风险可控"为核心原则，建立与贸易新业态适配的弹性监管框架。第一，按跨境电商、市场采购、离岸转手买卖等不同贸易模式制定风险管理方案，实现"一类一策"穿透式差异化监管。第二，坚持"实质重于形式"的政策导向，构建更加精准科学的风险分类管理制度，进一步推动银行建立以客户尽调画像与业务逻辑合理性评估双核驱动的审核机制，从而将真实性审核嵌入贸易背景审查、资金流向追踪等关键节点。第三，2024年12月发布的《银

[①] 《中国共产党第二十届中央委员会第三次全体会议文件汇编》，人民出版社，2024，第48页。

行外汇业务尽职免责规定（试行）》和《银行外汇风险交易报告管理办法（试行）》，细化了银行外汇展业事后监测报告操作要求，进一步明确了银行外汇业务审查责任边界，通过优化外汇服务供给为实体经济降本增效，预计每年可为涉外企业节约汇兑成本超百亿元，为构建新发展格局提供有力的金融支撑。

（二）2024年资本项目管理概况

资本项目外汇管理，致力于统筹高水平开放与金融安全，实现资本项目开放质量提升，形成"制度型开放创新引领、市场活力有序释放、风险防范能力加强"三位一体。

1.资本市场制度型开放引领制度创新：境内外市场互联互通

党的二十届三中全会指出"稳步扩大制度型开放""有序扩大我国商品市场、服务市场、资本市场、劳务市场等对外开放"[①]。第一，主动对接国际高标准规则，积极打造透明稳定可预期的制度环境，成为我国外汇管理改革的重要方向。优化境外上市备案制度，完善境内外上市联动机制，资本市场跨境互联互通有序拓展。第二，随着我国资本市场对外开放制度框架持续优化，市场、产品、机构双向开放呈现纵深推进态势。2024年2月"跨境理财通" 2.0 正式实施，为进一步满足投资者的资金配置需求，将个人投资额度从 100 万元提升至 300 万元。投资额度的提升，使得投资者能够更灵活地配置资产，实现多元化的理财。第三，从跨境证券投资配置规模看，截至2024 年末合格境外机构投资者（QFII）准入资质主体已扩容至 866 家[②]，通过 QFII/RQFII 机制与沪深股通双通道架构，国际投资者对 A 股市场的合计持仓规模大约为 3 万亿元人民币，凸显了中国权益资产在全球资产配置中的战略地位。

---

① 《中国共产党第二十届中央委员会第三次全体会议文件汇编》，人民出版社，2024，第 45 页。

② 《国新办举行新闻发布会：介绍大力推动中长期资金入市，促进资本市场高质量发展有关情况》，证监会网站，http://www.csrc.gov.cn/csrc/c106311/c7535350/content.shtml。

2. 高水平对外开放释放市场活力：资本项目开放质量稳步提升

2024 年有序支持境内机构开展跨境证券投资。第一，合格境外机构投资者投资境内证券期货的资金管理规定进一步优化，支持更多外资金融机构在中国开展业务，已经有 26 家外资控股或者外商独资的证券公司、基金公司、期货公司等机构相继获批成立，继续吸引更多外资金融机构和长期资本来华展业兴业。第二，跨国公司本外币一体化资金池业务试点进一步优化扩围，以便利跨国公司资金归集使用，从资金池政策中受益的跨国公司成员企业截至 2024 年末已超过 1.8 万家。第三，伴随外商直接投资外汇管理改革不断推进，目前我国跨境直接投资已实现基本可兑换。

3. 以高水平安全为基石强化风控能力：牢牢守住不发生系统性风险底线

加强外汇市场"宏观审慎+微观监管"两位一体管理。第一，在宏观层面，进一步强化跨境资金流动监测预警和响应机制，增强宏观审慎管理和预期引导。建成跨境资金流动监测预警系统，动态调整全口径外债宏观审慎参数，将短期外债占比控制在安全阈值内。第二，在微观层面，加强和完善外汇监管，强化非现场监管能力建设，进一步严厉打击外汇违法违规活动，维护外汇市场健康秩序。第三，建立"监管沙盒"机制，对重点机构实施穿透式监测。建立主要货币对人民币汇率"压力测试-预案储备-政策对冲"响应机制，全年即期汇率波动率控制在合理区间内。基于"开放维度做乘法、安全维度做除法"改革逻辑，既实现资本项目可兑换程度达到 IMF 评估的高分位，又使跨境资金异常流动预警响应速度大幅提升，在制度型开放进程中走出"中国式风控"新路径。

（三）2024年人民币汇率与国际收支概览

"面对外部压力加大、内部困难增多的复杂严峻形势"[1]，我国跨境贸易投资尽管面临压力但仍然较为活跃。根据国家外汇管理局数据，2024 年前三季度我国国际收支经常账户顺差为 2413.2 亿美元，与我国 GDP 之比为

---

[1] 《中央经济工作会议在北京举行》，《人民日报》2024 年 12 月 13 日，第 1 版。

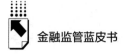

1.76%，处于合理均衡区间。此外，2024 年中国外汇市场累计成交量超过41 万亿美元，同比增长 14.8%，外汇市场韧性也在不断增强。

1. 人民币对美元汇率动态与国际收支基础账户情况

2024 年 12 月中央经济工作会议指出，保持人民币汇率在合理均衡水平上的基本稳定，保持国际收支平衡。第一，伴随我国国际收支接近基础平衡并保持在合理均衡区间之内，人民币对美元汇率中间价也相应在合理均衡水平上基本稳定。第二，自特朗普在其第一个总统任期内开启中美贸易摩擦后，中国国际收支基础账户差额（经常账户差额与直接投资差额之和）与GDP 之比同人民币对美元汇率中间价（逆序）走势呈现较为明显的相关关系。第三，2024 年人民币对美元汇率中间价（逆序）动态除了 2024 年 8～11 月呈现倒"V"形趋势（见图 1），总体上基本稳定。

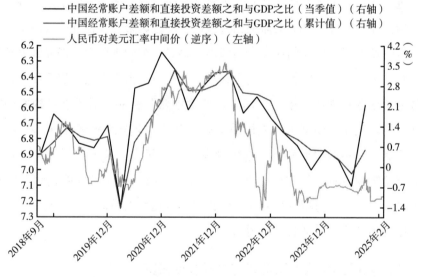

图 1　中国国际收支基础账户差额与人民币对美元汇率（逆序）动态

资料来源：Wind，笔者整理绘制。

2. 国际收支、国际投资头寸、外汇储备概览

2024 年，我国国际收支继续呈现经常账户顺差与资本和金融账户（不含净误差与遗漏）逆差"一顺一逆"基础平衡特征，呈现"韧性增强"态势。第一，从流量维度看，经常账户顺差持续扩大。其中，货物贸易顺差同比增幅达 12%。资本和金融账户中，非储备性质金融账户（不含净误差与遗漏）逆差呈现持续扩大态势，直接投资逆差在上半年冲高后，下半年回落，显示政策调节与市场自平衡机制协同发力（见表1）。第二，从存量维度看，截至 2024 年 9 月，中国对外金融净资产（中国国际投资净头寸）突破 3.18 万亿美元，较上年增长 6.7%，跨境资产配置能力与债权国地位同步强化。第三，外汇储备规模全年呈现"先扬后抑"倒"V"形走势（见图2），2024 年 12 月末稳定在 3.2023 万亿美元，黄金储备占比提升至 4.8%，资产结构优化对冲估值效应影响，风险缓冲能力提升。在"流量对冲平衡+存量安全垫增厚"复合型平衡格局下我国国际收支自主平衡，凸显我国涉外经济金融在复杂外部环境中的结构优化与抗风险韧性。

表1 中国国际收支状况（BPM6 季度表，当季值）

单位：亿美元

国际收支差额 项目	2023年第二季度	2023年第三季度	2023年第四季度	2024年第一季度	2024年第二季度	2024年第三季度	2024年第四季度
1. 经常账户	593	608	562	392	545	1476	1807
1.A 货物和服务	1110	952	944	601	1054	1713	2023
1.A.a 货物	1603	1561	1511	1213	1671	2299	2496
1.A.b 服务	−492	−609	−567	−612	−617	−586	−473
1.B 初次收入	−549	−367	−426	−243	−535	−278	−263
1.C 二次收入	31	23	44	34	27	41	46
2. 资本和金融账户	−420	−568	−466	−744	−484	−1381	−1807
2.1 资本账户	−1	−1	−1	0	−1	0	0
2.2 金融账户	−419	−566	−466	−744	−483	−1381	−1807
2.2.1 非储备性质金融账户	−285	−997	−340	−310	−962	−1656	−2111
2.2.1.1 直接投资	−253	−652	−259	−277	−858	−428	304
2.2.1.2 证券投资	−59	−356	348	−216	−62	−119	
2.2.1.3 金融衍生工具	−44	−44	−5	12	−63	17	
2.2.1.4 其他投资	71	56	−424	171	21	−1126	

续表

国际收支差额 项　目	2023年第二季度	2023年第三季度	2023年第四季度	2024年第一季度	2024年第二季度	2024年第三季度	2024年第四季度
2.2.2 储备资产	-134	431	-125	-434	479	274	304
2.2.2.4 外汇储备	-150	432	-111	-437	478	295	278
3. 净误差与遗漏	-173	-40	-96	352	-62	-95	

注：①本表计数采用四舍五入原则。②根据《国际收支和国际投资头寸手册》（第六版）编制。③金融账户下，对外金融资产的净增加用负值列示，净减少用正值列示。对外负债的净增加用正值列示，净减少用负值列示。④2024年第四季度数据为初步数。

资料来源：国家外汇管理局。

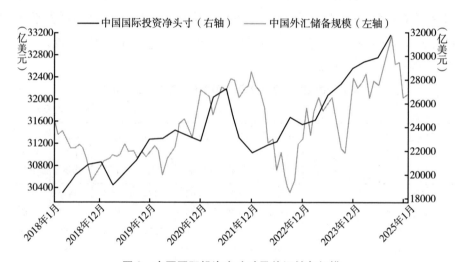

图2　中国国际投资净头寸及外汇储备规模

资料来源：Wind。

3. 从外汇储备币种构成看人民币国际化

稳步提升人民币在国际货币体系中的地位仍然任重而道远。第一，从IMF官方外汇储备货币构成（COFER）季度数据看：截至2024年9月，币种标明已分配外汇储备资产人民币占比为2.17%，相对2023年9月人民币占比2.37%，同比下降8.44%。第二，美元占比57.39%，同比下降3.03%；欧元占比20.02%，同比增长2.35%；日元占比5.82%，同比增长

6.24%；英镑占比 4.97%，同比增长 3.33%；加元占比 2.74%，同比增长
9.20%；澳元占比 2.27%，同比增长 1.19%。第三，在已分配外汇储备币种
份额上，人民币（2%）仅与加元、澳元相当，与美元份额（57.4%）和欧
元份额（20%）相差较大，与日元份额（5.8%）和英镑份额（5%）相比
仍有待进一步提升（见图3）。

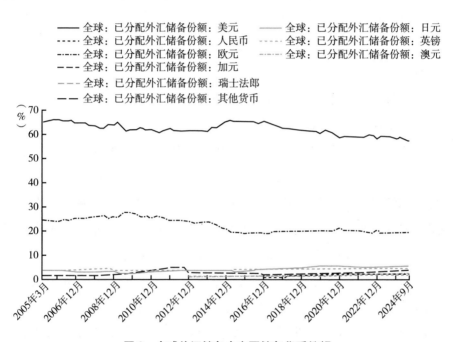

图3　全球外汇储备中主要储备货币份额

资料来源：Wind、IMF。

二　2024年外汇管理重要举措评述

2024 年，我国外汇管理改革支持实体经济质效不断提升。进一步推
动外债登记由银行直接办理等 3 项跨境投融资便利化试点扩围，跨境投融
资便利化水平持续提升，取消外贸企业名录登记行政许可，推动优质企业
贸易外汇收支便利化政策扩面提质，支持贸易新业态发展，优化外籍来华

人员外汇服务。① 与此同时，支持重点区域开放发展，伴随外汇领域高水平开放稳步推进，跨境贸易投资高水平开放政策试点进一步扩大。

（一）跨境贸易投融资便利化支持实体经济质效不断提升

综合来看主要体现在以下几个方面：①便利化升级。构建全流程电子化外汇服务体系，简化审批环节。②开放度扩容。扩大资本项目高水平开放试点，创新跨境投融资产品服务。③安全网加固。建立跨境资金流动动态监测预警体系。

1.跨境贸易便利化新规持续发布，便利化水平不断提升

从政策递进看，2022年6月，发布《中国人民银行关于支持外贸新业态跨境人民币结算的通知》（银发〔2022〕139号）②；2023年12月，发布《国家外汇管理局关于进一步深化改革　促进跨境贸易投资便利化的通知》（汇发〔2023〕28号）③；2024年4月，发布《国家外汇管理局关于进一步优化贸易外汇业务管理的通知》（汇发〔2024〕11号）④，取消了国家外汇管理局各分局核准办理名录登记的要求，改由境内银行直接办理名录登记；2024年12月，发布《银行外汇业务尽职免责规定（试行）》。跨境贸易便利化实现从"试点突破"到"系统集成"的不断提升。综合来看：第一，取消名录登记行政许可。明确银行通过"数字外管"平台自动核验企业信用信息，即时完成备案（原有政策终结，全面转为常态化管理）。第二，便利化额度提升。单笔免审单证额度从300万美元提高至500万美元，覆盖跨境电商、市场采购等新业态（适用企业需近三年无违规记录）。第三，对使

---

① 《2025年全国外汇管理工作会议在京召开》，国家外汇管理局网站，http：//www.safe.gov.cn/safe/2025/0104/25618.html。

② 《中国人民银行关于支持外贸新业态跨境人民币结算的通知》（银发〔2022〕139号），中国人民银行网站，http：//www.pbc.gov.cn/tiaofasi/144941/3581332/4581686/index.html。

③ 《国家外汇管理局关于进一步深化改革　促进跨境贸易投资便利化的通知》，国家外汇管理局网站，http：//m.safe.gov.cn/safe/2023/1208/23593.html。

④ 《国家外汇管理局关于进一步优化贸易外汇业务管理的通知》，国家外汇管理局网站，http：//www.safe.gov.cn/safe/2024/0407/24204.html。

用人民币结算的跨境电商企业，给予结汇汇率优惠及优先审单支持。第四，对优质企业"免审单"。对纳入跨境贸易优质企业名单的企业（需满足近3年无违规记录要求），允许银行凭企业提交的电子化交易承诺函直接办理收付汇，不需要逐笔审核合同、发票等纸质单证。第五，小额业务快速通道。对单笔50万美元以下的跨境贸易收付汇，银行可通过"一键备案"模式处理，系统自动完成风险筛查，压缩办理时间。

2.跨境投融资便利化水平不断提升，便利化试点范围进一步扩大

2024年4月，《资本项目外汇业务指引（2024年版）》发布[①]，为国际收支资本项目外汇业务办理提供参考和指导，既涵盖直接投资、跨境融资、证券投资等领域交叉业务，也包含新业务，有助于提升跨境投融资便利化水平。此外，深化跨境投融资便利化改革，扩大了3项跨境投融资便利化试点[②]。在跨境直接投资方面，2024年11月《外国投资者对上市公司战略投资管理办法》发布[③]，与《外商投资准入特别管理措施（负面清单）（2024年版）》形成开放组合拳，有助于提升资本市场国际化水平。有序推动区域金融改革开放，在部分区域开展合格境外有限合伙人（QFLP）和合格境内有限合伙人（QDLP）外汇管理试点[④]，支持股权投资基金开展跨境产业、实业投资。此外，在前期基础试点（2022年在12个省市地区实施银行直接办理外债登记及外商投资企业境内再投资免登记政策）及近期创新试点（2023年在深圳河套地区首创"科汇通"机制，允许境外科研资金直接汇入非企业科研机构，打通科创要素跨境流动通道）的基础上，进一步扩容升级。2024年将前两项试点扩展至天津、安徽等5省市，并将"科汇通"试

---

① 《国家外汇管理局关于印发〈资本项目外汇业务指引（2024年版）〉的通知》，国家外汇管理局网站，http：//www.safe.gov.cn/safe/2024/0412/24226.html。

② 《国家外汇管理局扩大3项跨境投融资便利化试点》，国家外汇管理局网站，http://www.safe.gov.cn/safe/2024/1031/25284.html。

③ 《商务部、中国证监会、国务院国资委、税务总局、市场监管总局、国家外汇局令2024年第3号 外国投资者对上市公司战略投资管理办法》，国家外汇管理局网站，http：//www.safe.gov.cn/safe/2024/1104/25300.html。

④ 《稳步推进外汇领域高水平开放 不断提升跨境投融资便利化水平》，国家外汇管理局网站，https：//www.safe.gov.cn/dalian/2023/1207/2017.html。

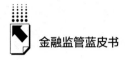

点覆盖范围扩大至 16 个科技创新核心地区，助力科创企业创新发展，进一步将科创企业跨境融资便利化政策从 17 个省市推广至全国。

3.跨境资本流动便利化改革稳步推进

2024 年 7 月，中国人民银行、国家外汇管理局发布的修订后的《境外机构投资者境内证券期货投资资金管理规定》①，重点推进 QFII/RQFII 机制优化升级：①业务流程优化。明确 QFII/RQFII 业务登记通过主报告人（托管人）在国家外汇管理局数字外管平台办理业务登记，并同步规范变更和注销流程，合并证券交易或衍生品交易的人民币专用存款账户。②汇兑流程便利化。优化本外币汇出入机制，提升资产配置效率，统一 QFII/RQFII 与银行间债券市场直接入市（CIBM）外汇风险管理模式，允许通过多元渠道开展即期结售汇和外汇衍生品交易。③交易渠道扩展。除托管行外，明确 QFII/RQFII 可同其他具有结售汇业务资格的境内金融机构等开展业务，构建多层次外汇对冲体系。此外，在跨国公司资金池改革方面，根据《国家外汇管理局关于优化跨国公司本外币一体化资金池业务试点的通知》（汇发〔2024〕31 号），2024 年 12 月相关政策调整主要体现在以下三方面：①建立跨币种头寸调剂机制；②构建宏观审慎自律管理框架；③升级集中收付功能。

（二）更加开放、更加安全的外汇管理体制机制

习近平总书记指出，"金融市场随着经济周期起伏波动是正常的，但要防止市场大起大落""要规范金融市场发行和交易行为""合理引导预期，防范风险跨区域、跨市场、跨境传递共振。要加强外汇市场宏观审慎和微观监管两位一体管理，保持人民币汇率在合理均衡水平上的基本稳定"。② 2025 年全国外汇管理工作会议强调，要锚定建立健全"更加便利、更加开放、更加

---

① 《中国人民银行 国家外汇管理局公告〔2024〕第 7 号》，中国政府网，https：//www.gov.cn/zhengce/zhengceku/202407/content_ 6964832. htm。

② 中共中央党史和文献研究院编《习近平关于金融工作论述摘编》，中央文献出版社，2024，第 96 页。

安全"的外汇管理体制机制，实施更加积极有为的外汇管理政策，推动外汇领域深层次改革和高水平开放，防范化解外部冲击风险。

1. 稳步扩大制度型开放

2024 年 9 月，《外商投资准入特别管理措施（负面清单）（2024 年版）》正式发布①，负面清单条目由 31 条压减至 29 条，制造业全面开放（取消了最后 2 条限制措施），有助于构建外资服务系统化体系，打造"市场化、法治化、国际化"公平和可预期的营商环境，强化外资在华发展信心，塑造互利共赢的开放合作格局。落实国务院印发的《关于在有条件的自由贸易试验区和自由贸易港试点对接国际高标准推进制度型开放的若干措施》② 以及《全面对接国际高标准经贸规则推进中国（上海）自由贸易试验区高水平制度型开放总体方案》③。综合来看：第一，推进服务贸易自由便利，允许在试点地区注册的企业、在试点地区工作或生活的个人依法跨境购买境外金融服务，鼓励境外专业人员依法为试点地区内的企业和居民提供专业服务。第二，加快服务贸易扩大开放，鼓励金融机构和支付服务提供者率先推出电子支付系统国际先进标准，开展数字身份跨境认证与电子识别。在国家数据跨境传输安全管理制度框架下，允许金融机构向境外传输日常经营所需的数据。涉及金融数据出境的，监管部门可基于国家安全和审慎原则采取监管措施，同时保证重要数据和个人信息安全。第三，优化跨国公司跨境资金集中运营管理政策，支持跨国公司设立资金管理中心，完善资金池安排。提升自由贸易账户系统功能，优化账户规则，实现资金在自贸试验区与境外的依法有序自由流动。

2. 进一步强化外汇风险交易风险防控

围绕"防风险"与"提效率"双重目标，2024 年 12 月《银行外汇风

---

① 《〈外商投资准入特别管理措施（负面清单）（2024 年版）〉2024 年第 23 号令》，国家发展改革委网站，https://www.ndrc.gov.cn/xxgk/zcfb/fzggwl/202409/t20240907_1392875.html。

② 《国务院印发关于在有条件的自由贸易试验区和自由贸易港试点对接国际高标准推进制度型开放若干措施的通知》，中国政府网，https://www.gov.cn/zhengce/zhengceku/202306/content_6889027.htm。

③ 《国务院关于印发〈全面对接国际高标准经贸规则推进中国（上海）自由贸易试验区高水平制度型开放总体方案〉的通知》，中国政府网，https://www.gov.cn/zhengce/zhengceku/202312/content_6918914.htm。

险交易报告管理办法（试行）》① 发布。第一，明确银行外汇风险交易报告责任，要求银行制定并完善外汇风险交易信息监测标准，建立健全监测系统，持续开展交易数据分析与风险评估。第二，规范外汇风险交易报告的要素构成，外汇风险交易报告必须完整包含外汇风险交易行为的基本事实、分析研判过程、风险定性结论，以及银行拟采取的风险处置措施等核心内容。为进一步简化流程与强化免责保障，2024 年 12 月《银行外汇业务尽职免责规定（试行）》② 发布。第一，对优质企业"免审单"。对纳入跨境贸易优质企业名单的企业（需满足近 3 年无违规记录要求），允许银行凭企业提交的电子化交易承诺函直接办理收付汇，不需要逐笔审核合同、发票等纸质单证。第二，小额业务快速通道。对单笔 50 万美元以下的跨境贸易收付汇，银行可通过"一键备案"模式处理，系统自动完成风险筛查，压缩办理时间。

3. 中美汇率相互联动下人民币汇率动态趋稳

2024 年，从日度数据来看（见图 4），中美汇率的联动性自 2024 年 10 月以来再次加强，人民币对美元汇率中间价除了 2024 年 6～11 月呈现"V"形走势之外总体上基本稳定，人民币对美元汇率中间价（直接标价法）以及美元指数（间接标价法）在走势上基本呈正相关关系（同一标价法下二者基本呈负相关关系）。CFETS 人民币汇率指数与美元指数呈较为明显的正相关关系（同一标价法下，见图 5）。

2024 年我国外汇市场尽管面临阶段性逆差压力，市场自我调节机制仍发挥了一定的作用，主要体现在两大核心监测指标与汇率的动态关联关系上，即反映外汇市场流动性的我国银行代客结售汇顺差及我国境内银行代客涉外收付款差额与人民币对美元汇率中间价具有联动效应但效应有所减弱（见图 6）。外汇市场韧性背后是监管工具箱的持续完善。随着《银行外汇风险交易报告管理办法（试行）》等新型监测制度的实施，"宏观审慎＋微观监管"双层管理框架不

---

① 《国家外汇管理局关于印发〈银行外汇风险交易报告管理办法（试行）〉的通知》，国家外汇管理局网站，http：//www.safe.gov.cn/safe/2024/1227/25585.html。
② 《国家外汇管理局关于印发〈银行外汇业务尽职免责规定（试行）〉的通知》，国家外汇管理局网站，http：//www.safe.gov.cn/safe/2024/1227/25581.html。

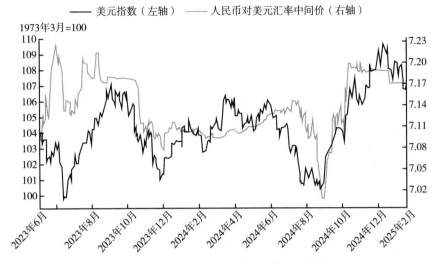

图4 人民币对美元汇率中间价与美元指数

资料来源：Wind。

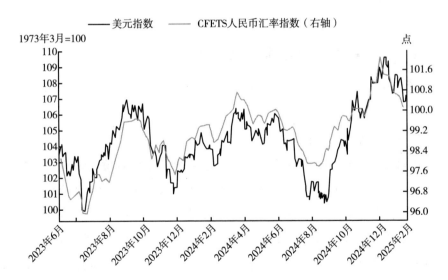

图5 美元指数与 CFETS 人民币汇率指数

资料来源：Wind。

断完善，伴随汇率弹性增强，企业外汇套保比率提升，市场主体适应双向波动的能力显著增强，为抵御外部冲击提供了坚实缓冲。

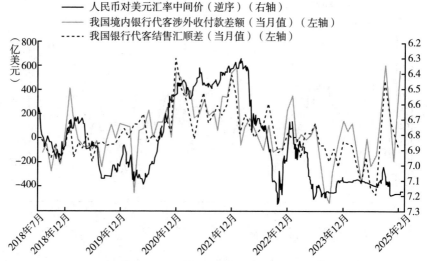

图6　人民币对美元汇率中间价（逆序）与外汇市场流动性相关指标

资料来源：Wind。

（三）人民币国际化与国际收支安全

2024 年，人民币国际化稳步推进，跨境贸易人民币业务结算额当月值稳中有升，与之相比，人民币直接投资结算业务金额有待进一步提升（见图7）。

1. 人民币国际化稳慎扎实推进

在制度型开放方面，2024 年 7 月《境外机构投资者境内证券期货投资资金管理规定》发布，进一步提升 QFII/RQFII 投资中国资本市场便利化水平。此外，在金融基础设施和高水平对外开放方面，截至 2024 年 8 月末，共开立多功能自由贸易主账户 232 个，账户收支折合人民币 330.5 亿元。2024 年 5 月内地与香港利率互换市场互联互通合作（"互换通"）机制安排优化。2024 年 9 月中国人民银行与毛里求斯银行签署规模为 20 亿元人民币/130 亿毛里求斯卢比的双边本币互换协议。截至 2024 年 8 月末，境外货币当局实际动用人民币余额 916 亿元，中国人民银行实际动用外币互换资金余额折合人民币 6.8 亿元。从人民币跨境收付金额看，2024 年 1~8 月经常项目人民币跨境收付金额合计为 10.4 万亿元，同比增长 17.3%，占同期本

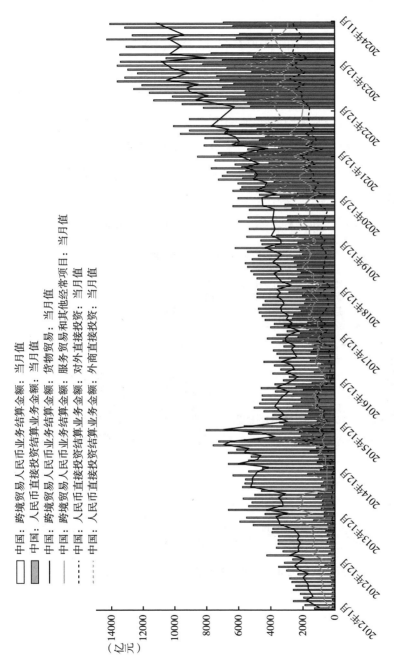

图7 跨境人民币贸易投资结算额

资料来源：Wind。

外币跨境收付金额的比例为 29.3%；资本项目人民币跨境收付金额合计为 31.2 万亿元，同比增长 22.4%。①

2. 统筹发展与安全下国际收支安全与跨境短期资本流动管理

2024 年面对外部压力加大、内部困难增多的复杂严峻形势，我国国际收支基础平衡也面临新挑战。从国际收支基础账户差额与 GDP 之比（当季值）看，其主要由经常账户差额与 GDP 之比（当季值）所决定（见图 8）。伴随货物贸易差额与 GDP 之比（当季值）在 2024 年第三季度大幅提升，经常账户差额与 GDP 之比（当季值）也有所回升并且保持在合理区间之内。从资本和金融账户差额与 GDP 之比（当季值）看，逆差持续扩大。综合来看，我国"稳外贸"和"稳外资"仍任重而道远（见图 8 和图 9）。2024 年

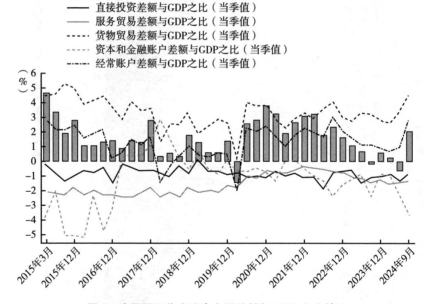

图 8 我国国际收支账户主要差额与 GDP 之比情况

资料来源：Wind。

---

① 《2024 年人民币国际化报告》，中国人民银行网站，http：//www. pbc. gov. cn/huobizhengceersi/214481/3871621/5472873/index. html.

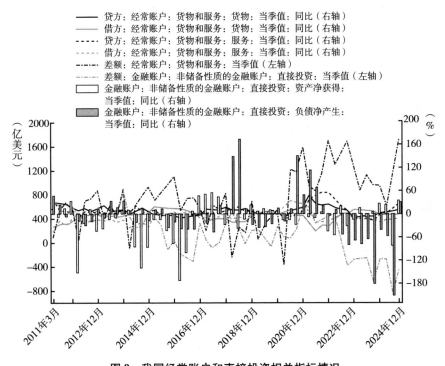

图9　我国经常账户和直接投资相关指标情况

资料来源：Wind。

我国跨境短期资本流动（基于国际收支衡量的含证券投资、衍生品交易等）基本上表现为阶段性净流出。从实际规模看，国际收支净误差与遗漏与跨境短期资本流动（当季值）方向基本上一致（见图10）。从人民币汇率波动与跨境短期资本流动的相关性看，2024年人民币对美元汇率中间价同比增长率与中国跨境短期资本流动之间的联动关系较2023年已有所变化（见图11）。为此，需要综合运用宏观审慎政策和逆周期调节工具，合理引导市场预期，避免超调，防范化解外部冲击风险。正如中央金融工作会议所强调的，维护金融市场稳健运行，规范金融市场发行和交易行为，防范风险跨区域、跨市场、跨境传递共振。

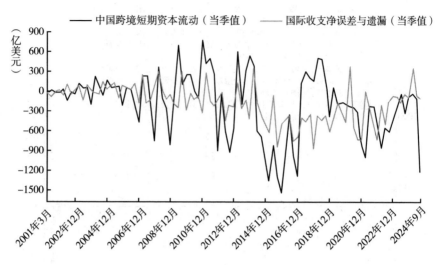

图 10　中国跨境短期资本流动与国际收支净误差与遗漏

资料来源：Wind。

图 11　人民币对美元汇率中间价同比增长率与中国跨境短期资本流动

资料来源：Wind。

三 2025年外汇管理改革展望

（一）系统施策"稳外贸""稳外资"重塑竞争新优势

基于国际收支运行新特征与压力传导新变化，坚持"稳外贸""稳外资"，积极应对全球产业链重构冲击、货币政策周期错配以及资产负债表再平衡压力。实施外汇管理支持"新三样+"升级工程，重塑产业竞争力，在电动车、锂电池、光伏基础上，培育生物制造、商业航天等新增长点。构建数字贸易新基建，建设国际数据专用通道，大幅提升跨境电商海外仓覆盖率。推行"重点商品价格保险机制"，有效对冲大宗商品价格波动风险。适时稳慎推出"QFLP2.0"扩大投资范围至私募信贷、REITs等领域。深化债券市场改革，实施做市商激励计划，拓展离岸人民币债券市场深度，有序开展资本项目高水平开放2.0工程。

（二）制度型开放突破与预期管理优化稳慎扎实推进

对标国际高标准规则，实施跨境服务贸易负面清单管理模式优化。建立优化"外资企业全生命周期服务平台"，为企业提供从设立到退出一站式数字化服务，并进一步完善外商投资安全审查"白名单"机制，切实提升政策透明度。完善逆周期调节因子，实现外汇风险准备金率与跨境资本流动压力指数动态挂钩，并进一步优化向商业银行提供临时性外汇流动性支持的政策工具储备。关注全球技术革命引发的贸易结构突变及地缘政治风险外溢对资本定价的重构效应，动态优化政策组合拳时度效，稳慎扎实推进预期管理机制创新。进一步通过强化数据治理、丰富政策工具、深化制度改革，在维护金融安全前提下推动更高水平开放。

（三）持续升级宏观审慎管理，统筹金融开放与金融安全

持续升级宏观审慎管理，建立跨境资金流动智能监测系统，实现全口径

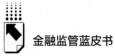

外债动态调节。引入宏观审慎参数动态调整机制，严控短期外债占比，使之保持在国际公认安全线以内。强化微观监管效能，构建"非现场监管+穿透式监测"双机制，开发 AI 监管平台提升违规交易识别精度，对重点机构实施资产负债表穿透式分析。进一步开展年度外汇市场专项整治，提升重大案件查处效率。创新风险应对机制，试点完善"监管沙盒"，允许持牌机构在可控环境下测试新型外汇产品，建立主要货币汇率压力测试体系，完善"监测-预警-干预"响应链条，进一步大幅提升异常资金流动处置时效。逐步形成制度型开放与高水平开放背景下的"中国式风控"范式，为新兴市场国家提供监管转型样板。

附录：2024 年发布的部分外汇管理相关政策

发布时间	相关政策法规名称	制定部门
2024 年 4 月	《国家外汇管理局关于进一步优化贸易外汇业务管理的通知》	国家外汇管理局
2024 年 4 月	《国家外汇管理局关于印发〈资本项目外汇业务指引（2024 年版）〉的通知》	国家外汇管理局
2024 年 7 月	《境外机构投资者境内证券期货投资资金管理规定》（2024 年修订）	中国人民银行、国家外汇管理局
2024 年 9 月	《外商投资准入特别管理措施（负面清单）（2024 年版）》	国家发展改革委、商务部
2024 年 11 月	《外国投资者对上市公司战略投资管理办法》	商务部、中国证监会、国务院国资委、国家税务总局、国家市场监管总局、国家外汇管理局
2024 年 12 月	《中国人民银行、国家外汇管理局持续优化跨国公司本外币一体化资金池业务试点政策》	中国人民银行、国家外汇管理局
2024 年 12 月	《国家外汇管理局关于印发〈银行外汇风险交易报告管理办法（试行）〉的通知》	国家外汇管理局
2024 年 12 月	《国家外汇管理局关于印发〈银行外汇业务尽职免责规定（试行）〉的通知》	国家外汇管理局

专题研究

B.8

加强金融法治建设，推进制定金融法[*]

王 刚 黄 玉[**]

摘 要： 2024 年 7 月，《中共中央关于进一步全面深化改革、推进中国式现代化的决定》明确提出"制定金融法"。作为金融领域综合性、统领性法律，金融法的制定将进一步健全完善金融法律体系，提升金融监管质效。本文以习近平法治思想为指导，梳理习近平总书记有关金融法治建设重要论述，分析我国金融法治建设取得的成效，厘清制定金融法工作的思想渊源和现实基础。在此基础上，本文提出金融法应确立提升监管质效、服务实体经济的核心目标，在坚持党的领导等一系列原则的指导下，对金融市场准入运行、宏微观审慎监管框架、金融风险处置、金融消费者保护等关键环节作出制度性安排。建议将金融法立法进程与现行立法机制有序衔接，加强跨部门沟通协调，把握关键时间节点，加快推进立法进程。

---

[*] 感谢罗鼎原、王瀚婷在资料收集等方面所做的工作。

[**] 王刚，上海金融与发展实验室特约研究员，主要研究方向为金融监管、金融法；黄玉，中央财经大学研究实习员，主要研究方向为金融监管、金融法。

关键词： 金融法　金融监管　金融法体系

一　习近平法治思想为制定金融法提供了根本遵循

（一）理论逻辑：金融法是习近平法治思想的重要组成部分

法治兴则国兴，法治强则国强。改革开放以来，依法治国逐渐成为党和国家治国理政的基本方略和重要战略布局。进入新发展阶段，改革发展稳定任务之重前所未有，矛盾风险挑战之多前所未有，人民群众对法治的期待和要求之高前所未有，如何在法治轨道上推进国家治理体系和治理能力现代化成为我国必须直面的重大课题。习近平法治思想在新时代波澜壮阔的治国理政实践中应运而生，并在坚持和完善中国特色社会主义制度、推进国家治理体系和治理能力现代化进程中创新发展，日益成熟完备。

2014年10月，党的十八届四中全会首次提出全面依法治国总目标并明确全面依法治国的基本框架和总体布局，首次阐明中国特色社会主义法治体系的科学内涵，深刻回答了社会主义法治的一系列重大理论和实践问题，展示了习近平法治思想的基本要义。2020年11月，首次中央全面依法治国工作会议明确提出习近平法治思想，并将其确立为全面依法治国的指导思想，在深刻总结社会主义法治建设规律的基础上，将习近平法治思想的内涵概括为"十一个坚持"，进一步深化了习近平法治思想的全面性、系统性。

习近平法治思想的根本立足点是坚持以人民为中心，坚持法治为人民服务。随着我国社会主要矛盾发生转变，满足人民日益增长的美好生活需要有赖于国民经济持续健康发展，金融业作为国民经济的血脉，迫切需要在健全的法律体系规制下，依托高质效监管保障行业稳健运行，提升服务实体经济质效，有效保障金融消费者和投资者合法权益。立足推进全面依法治国、加快建设中国特色社会主义法治体系和社会主义法治国家，习近平总书记在多个重要场合就金融治理的相关问题进行了深刻阐述，为运用法治思维和法治方式深化金融体制改革、推动金融业发展、防范化解金融风险、服务保障国家金融战略的实施，提供了根本遵循，形成具有恢宏中国气派、鲜明时代精神、显著实践特色的金融法治观。

（二）现实逻辑：中国共产党对金融事业的坚强领导

金融事关国计民生大局，在长期革命、建设进程中，中国共产党始终高度重视金融工作，早在苏维埃临时政府时期就设立中央银行，发行"工字银元"，首次实现党对金融工作的领导，堪称党管金融的开篇。[①] 新中国成立后，在中国共产党的领导下，人民政府没收官僚资本，迅速统一币制、维护币值稳定、抑制通货膨胀，在成功收拾金融业"烂摊子"的同时，为经济复苏打下良好基础。"三大改造"完成后，服务计划经济的金融体制得以确立，金融体系有效聚集社会资金，为"一五计划"和国民经济发展创造良好的金融环境。改革开放以来，社会主义市场金融体制逐步建立，金融宏观调控与监管体系建设不断加强，开放吸引外资为金融市场注入新活力。党的十八大以来，在以习近平同志为核心的党中央坚强领导下，金融领域改革不断深化，为经济社会高质量发展提供了有力支撑。

实践证明，党管金融既能管得住又能管得好。一是党管金融确保了金融事业发展的正确方向。中国特色金融发展之路必须站稳人民立场，坚持以人民为中心的价值取向，更好满足人民群众和实体经济多样化的金融需求，不断增强人民群众的获得感、幸福感、安全感。党的十八大以来，我国持续推进金融体制改革，加大对脱贫攻坚的金融支持力度，确保金融成果惠及每个群体。二是党管金融是党中央集中统一领导的内在要求。金融主要是中央事权，大量金融领域制度、文件体现了党对金融工作的坚强领导。金融监管机

---

① 陈建新：《中国特色金融文化培育的早期探索——基于中央苏区金融文化实践的考察》，《中国金融家》2024 年第 4 期。

构"三定"方案也充分体现了党的领导,通过机构改革进一步完善金融监管体制。① 党的在场强化了政府出台的政策、制度、文件的权威性,而政府命令使得党的意志得到充分贯彻执行。② 三是党管金融及时有效管控金融风险,维护金融系统稳定。当前,我国发展进入战略机遇和风险挑战并存、不确定难预料因素增多的时期,小概率负外部性事件增多,金融风险呈现点多面广、复杂关联的特点。习近平总书记曾在多个场合明确指出我国金融领域风险点及其表现。③ 相关部门针对风险暴露机构"定点拆弹",近年来先后依法依规接管包商银行,稳妥处置锦州银行、恒丰银行相关风险,推动其他中小银行合并重组,有效遏制了风险的传染与扩散,守住了不发生系统性风险的底线。

(三)实践依据:习近平总书记关于金融法治的重要论述

2024年3月,由中央党史和文献研究院编的《习近平关于金融工作论述摘编》(以下简称《摘编》)正式出版。《摘编》摘自习近平总书记2012年11月至2024年2月期间的120多篇重要文献,分为10个专题,共324段论述。《摘编》所呈现的习近平总书记对金融工作重大理论和实践问题的系列论述与时俱进、博大精深,形成了完整科学的理论体系,是马克思主义政治经济学关于金融问题的重要创新成果。

具体来看,《摘编》专门提及金融法治和金融法制有关论述45次,全面呈现了习近平总书记关于金融法治建设目标、原则、进路、底线等维度的深邃论断。一是金融法治目标论。专题一题为"推进金融高质量发展,加快建设金融强国",金融强国建设是当前和今后一个时期金融工作的目标,强大的金融法治应为以中国式现代化全面推进强国建设、民族复兴伟业提供有力支撑。专题四题为"坚持把金融服务实体经济作为

---

① 参见《国家金融监督管理总局职能配置、内设机构和人员编制规定》,北大法宝,https://www.pkulaw.com/chl/7054e91479a8f13abdfb.html,最后访问时间:2025年1月24日。

② 黄韬:《"党管金融"的法治内涵》,《交大法学》2024年第4期。

③ 中共中央党史和文献研究院编《习近平关于金融工作论述摘编》,中央文献出版社,2024。

根本宗旨"，指明了金融与实体经济的关系，金融法治建设应落实好金融服务实体经济的天职和宗旨，正确处理好金融功能性和营利性的关系，坚持功能性是第一位的。专题八题为"坚持统筹金融开放和安全"。金融法治应巩固开放与安全动态平衡成果，在守住安全底线前提下，继续稳步扩大金融领域制度型开放，加大对共建"一带一路"的金融支持。二是金融法治原则论。专题二题为"坚持党中央对金融工作的集中统一领导"，这是中国特色金融发展之路的最本质特征和最根本要求，深刻体现了金融工作的政治性，金融法治是确保党的领导在金融领域得到全方位、全链条、全领域贯彻的制度基础。专题三题为"坚持以人民为中心的价值取向"，深刻反映了金融工作的人民性。与西方以资本为中心、追求资本利益最大化的金融发展模式不同，中国特色金融发展之路注重金融发展的普惠性，强调金融法治应为广大人民共享金融发展成果、推进共同富裕作出系统的制度性安排。专题九题为"坚持稳中求进工作总基调"，这是党治国理政的重要原则，是习近平经济思想的方法论。金融法治建设应稳妥处理好稳与进、破与立的关系，坚持稳字当头、稳中求进、以进固稳，坚持先立后破。三是金融法治实践进路论。专题六题为"坚持在市场化法治化轨道上推进金融创新发展"。在解决好金融为谁服务、如何创新问题的基础上，金融法治建设要坚持守正创新，避免脱实向虚，围绕服务好实体经济、便利人民群众，以风险可控为前提，持续推动创新。专题七题为"坚持深化金融供给侧结构性改革"。近年来，我国金融发展取得显著成就，金融法治建设应持续巩固已有成果，为不断深化金融供给侧结构性改革提供制度支持。专题十题为"积极培育中国特色金融文化"。通过弘扬中华优秀传统文化，坚持法治和德治相结合，切实做到诚实守信而不逾越底线、以义取利而不唯利是图、稳健审慎而不急功近利、守正创新而不脱实向虚、依法合规而不胡作非为，以此守好中国特色现代金融体系的根和魂。四是金融法治底线论。专题五题为"坚持把防控风险作为金融工作的永恒主题"。防范化解金融风险，事关国家安全、发展全局，金融法治建设必须牢牢守住不发生系统性金融风险的底

线，继续全面加强金融监管，有效防范化解金融风险，保障中国特色金融发展之路行稳致远。①

（四）关键环节：厘清金融法治与金融法制关系

习近平总书记在 2023 年召开的中央金融工作会议上指出，"加强金融法治建设。这是加强党对金融工作领导的题中应有之义，根本目的是为金融业发展保驾护航。要及时推进金融重点领域和新兴领域立法，建立定期修法制度，不断适应金融发展实践需要。法制的生命力在于执行，要加大金融法制执行力度，对各类违法违规行为零容忍。"② 基于此，金融法治与金融法制联系紧密、相辅相成。一方面，金融法制是金融法治的前提基础和实现路径。加快金融立法进度、建立定期修法制度是适应金融业发展现实、推动金融业稳健发展的有力举措，是进一步完善金融法制的关键一环。没有完善的金融法律体系和畅通的"立改废释"机制，就会出现无法可依、法律僵化局面，金融法治建设也就无从谈起。另一方面，金融法治是金融法制的预期目标和建设成果。完善的金融法制让每一部金融法律法规立得住、行得通、管得好，归根到底是为了提升监管质效，为金融业发展保驾护航，促进金融领域的良法善治。

2023 年召开的中央金融工作会议对我国下一阶段金融法治建设明确了发展方向，要求打造规则统一、监管协同的金融市场，全面加强金融监管，有效防范化解金融风险，及时推进金融重点领域和新兴领域立法。党的二十届三中全会审议通过的《中共中央关于进一步全面深化改革、推进中国式现代化的决定》在深化金融体制改革部分明确提出"制定金融法"，并将其作为重要改革举措之一。王江同志在《〈中共中央关于进一步全面深化改革、推进中国式现代化的决定〉辅导读本》"深化金融体制改革"一文中指

---

① 关于各专题具体内容，参见中共中央党史和文献研究院编《习近平关于金融工作论述摘编》，中央文献出版社，2024。
② 中共中央党史和文献研究院编《习近平关于金融工作论述摘编》，中央文献出版社，2024。

出，作为金融领域的基本法，金融法将与其他金融法律法规共同构成比较完备的金融法律体系。①

二 我国金融法治建设进展与面临的挑战

（一）总体进展

改革开放以来，我国金融法律体系不断健全完善。自 1995 年起，我国银行、保险、证券、信托等领域监管法律陆续出台，有关细化配套制度落地见效，已形成以 10 部金融法律为主，100 余部行政法规、4000 余部部门规章、上万部规范性文件以及 3000 余部行业自律准则为辅的全方面、多层次制度架构。② 近年来，金融法治建设持续深入。一是立法进程明显加快。2022 年 4 月，《期货和衍生品法》经十三届全国人大常委会第三十四次会议审议通过，填补立法空白，资本市场法治体系"四梁八柱"基本形成；2024 年 6 月，金融稳定法草案提请二次审议，金融稳定法颁布实施后金融风险防范、化解和处置机制将进一步健全。二是金融法律不断修订完善。5 部金融法律被纳入十四届全国人大常委会立法规划第一类项目，其中《反洗钱法》在 7 个月内完成三读并顺利修订通过，《中国人民银行法》《商业银行法》等长期未更新的行业监管主要立法正加快修订进程。三是创新金融立法体制机制。2021 年中央经济工作会议上，习近平总书记提出"探索建立定期修法制度"；2023 年召开的中央金融工作会议上，总书记再次要求"建立定期修法制度，不断适应金融发展实践需要"。③ 定期修法制度可有效弥补金融立法空白，不断提升金融法律与我国快速发展的金融实践间的适应性、匹配度。

---

① 关于金融领域法律文件具体数量，系作者通过北大法宝网站以"金融"为标题关键词进行模糊检索所得。

② 本书编写组编著《〈中共中央关于进一步全面深化改革、推进中国式现代化的决定〉辅导读本》，人民出版社，2024。

③ 中共中央党史和文献研究院编《习近平关于金融工作论述摘编》，中央文献出版社，2024。

（二）面临的挑战

1. 金融法律体系短板亟待补齐

一是法律体系不够完备，"横向到底、纵向到边"的监管体制尚未完全建立。"横向"来看，一系列关键领域缺少专门立法，包括存款保险法、金融机构破产法、期货交易法、政策性银行法、金融控股公司法以及统一的金融消费者保护法等，造成金融法律体系基础不够坚实；"纵向"来看，金融法律条文仍存在口径宽泛、内容简单情况，其中原则性规定多、具体性规定少，且对新兴领域监管的回应仍不够及时有效。二是授权性立法多，监管部门自由裁量空间大。金融具体业务领域复杂交叉，对立法工作力量和专业性有较高要求，因此授权监管部门起草具体条文或另行制定法规规章，难以从根本上遏制监管竞争，导致监管部门具有较大的自由裁量权。三是金融法律"立改废释"机制运行不畅，与快速发展的金融实践间的适应性、匹配度不断下降。一方面，无法及时有效调整制约金融高质量发展的体制机制问题，私募基金、家族信托、金融数据等热点领域立法位阶较低，行业瓶颈性问题难以及时解决；另一方面，有关配套制度或法律解释未及时落地落细，可操作性不强，"监管套利"问题仍然存在。四是全链条全环节的金融监管协调机制尚未完全建立。在坚持金融主要是中央事权的前提下，央地风险处置机制和沟通协调机制运行仍有"堵点"，明确的区域间议事协调机制尚未完全建立，相关机构对民间金融、地方金融的关注和调节不足，制约监管质效。

2. 制定金融法任务艰巨

一是经济社会转型期金融法治建设难度大。经济体制变革导致我国社会由血亲同质性结构向多元异质性结构转变，传统道德"义利观"受到较大冲击，金融作为逐利性强的业务经营领域更是首当其冲，急需金融法制度伦理建设重构金融领域"以义取利""义在利先"的道德文明，建立行业良序。[①] 二是需要较强抽象能力和高超立法技巧。金融法的定位是"金融领域

---

① 李思然：《社会转型时期制度伦理的建设》，《行政论坛》2020年第6期。

综合性、统领性法律制度"，在金融混业经营趋势下，具体业务条文的梳理修订往往"牵一发而动全身"。有学者统计，仅处置非法集资的流程问题，就涉及《刑法》《立法法》《商业银行法》《银行业监督管理法》《防范和处置非法集资条例》等不同领域、不同层级的法律法规。[①] 作为统领性法律，金融法需统筹好原则纲领与具体指导间的关系，这高度考验立法能力和水平。三是法治建设在稳定性和时效性之间较难权衡，在金融领域表现得更为突出。"作为使松散的社会结构紧紧凝聚在一起的黏合剂，法律必须巧妙地将过去与现在勾连起来，同时又不忽视未来的迫切要求。"[②] 稳定性和确定性不能使法律充分发挥效能，法律必须紧跟时代的创新与要求。金融市场瞬息万变，衍生产品不断推陈出新，金融法应当既保持相对稳定，维护法律的严肃性和权威性，又兼具前瞻性和灵活性，通过制度或机制性安排及时回应金融领域的最新变化和实践成果。

（三）中央金融工作会议明确下一步推进金融法治建设的总体要求

2023 年 10 月，中央金融工作会议召开，为金融法治建设提出了纲领性、方向性意见指导，要结合我国金融业实践将这些意见创造性地落实落细。一是"要及时推进金融重点领域和新兴领域立法，建立定期修法制度，不断适应金融发展实践需要"，提供了金融法治建设的总体思路。二是"要坚持底线思维、极限思维，健全维护国家金融安全的法律工具箱"，提供了金融法治建设的具体路径和原则遵循。三是"不能形成支持拖欠的地方保护主义"，为央地协同做好金融法治工作指明具体要求。四是"法制的生命力在于执行，要加大金融法制执行力度，对各类违法违规行为零容忍"，明确了金融法制畅通运行的具体路径。五是"金融系统各级领导干部和从业人员都要树立法治意识，自觉尊法、学法、懂法、守法、用法"，为从法制维度推进金融人才队伍建设提供了前进方向。下一步，要紧密围绕习近平总

---

① 许多奇、应岳：《论金融法制定的法理逻辑及其实现路径》，《法治社会》2024 年第 6 期。
② 〔美〕埃德加·博登海默：《法理学：法律哲学与法律方法》，邓正来译，中国政法大学出版社，2004。

书记重要论述，落实党的二十届三中全会《中共中央关于进一步全面深化改革、推进中国式现代化的决定》"制定金融法"的要求，按照 2024 年底召开的全国金融系统工作会议提出的"加快补齐金融法治短板，持续提升监管效能"要求，统筹协调、有序推进金融法制定工作，完善我国金融法律体系建设，推动金融法制进一步向上向好发展。

三 我国金融法的定位与目标、原则与框架

（一）金融法的定位与目标

作为金融法律体系中的基础性和统摄性法律，金融法应在坚持党对金融工作的全面领导下，为具体金融活动提供规范，涵盖宏观金融治理、金融市场监管、金融机构管理及金融消费者保护等全方位、多层次视角。具体而言，金融法作为金融领域的"基本法"或"总则"，应全面覆盖银行、证券、保险、基金、信托、期货及互联网金融、数字货币等多类型金融业态的基本规则，并对跨行业金融活动、风险管理、法律责任等进行系统性规定。在此基础上，金融法需为未来其他单行法的制定与完善提供框架性支持，同时在立法上协调不同金融业态的监管要求，以进一步完善金融法律体系，弥补监管空白。

金融法的核心目标是维护国家金融安全和社会公共利益，防范和化解系统性金融风险，完善金融监管体系，引导金融资源配置，服务实体经济发展。[①] 为此，金融法必须构建宏观审慎管理框架，统筹金融稳定、风险监测与应急处置机制，有效应对国内外金融市场的波动与危机风险。金融法亦需落实金融服务实体经济的根本要求，优化金融资源配置，做好金融"五篇大文章"，避免金融资源过度脱离实体经济的虚拟化倾向。金融法应进一步强化适当性管理和信息披露要求，为金融消费者提供更加完备的保护

---

① 郭雳：《国家金融安全的法治保障及其动态协同进路》，《中国法律评论》2024 年第 4 期。

机制，并确保中小投资者的知情权和公平交易权。[①] 与此同时，金融法应对跨境金融活动、外资机构的准入与监管、反洗钱及数据跨境流动等问题作出有效规定，推动金融高水平开放，推进人民币国际化进程，确保金融开放过程中风险的可控与安全。最终，金融法应通过一系列系统性、前瞻性的立法措施，平衡金融创新与金融安全的关系，促进金融行业的稳健发展，推动金融资源更好地服务国家经济和社会发展，确保金融市场秩序的长期稳定与高效运行。

（二）制定金融法应遵循的原则

我国金融法的制定原则上不仅应体现中国特色社会主义法治理论的核心要求，也必须考虑当代金融市场的复杂性、动态性及国际化进程。[②]

第一，坚持党管金融原则。党的领导不仅是中国特色社会主义制度的本质特征，也是金融法治体系建设的根本保障。金融法作为国家治理体系的一部分，必须始终与党的经济政策和战略方针保持高度一致，确保党对金融工作的全面领导。通过发挥党对金融工作的统领作用，金融法能够在宏观层面统筹金融资源、调整金融关系、平衡金融风险，从而推动实现国家经济安全、金融安全和社会稳定的目标。

第二，确保金融服务实体经济。金融的本质功能是通过优化资源配置、分散风险、降低交易成本，促进实体经济的持续健康发展。在马克思的货币资本理论中，金融被视为产业资本的附属部分，其主要功能在于为生产资本提供货币资本支持，进而推动商品生产与流通的顺利进行。[③] 而现代金融理论进一步深化了这一观点，强调金融市场通过定价机制合理配置资源，促使资金流向最优生产项目。[④] 可见，无论是传统经济学还是现代金融理论，均

---

① 陈昭旭：《以高水平消费者权益保护助力金融强国建设——以中国工商银行为例》，《银行家》2024 年第 11 期。

② 李曙光：《对金融法制定的目标、原则与主要框架的探讨》，《中国银行业》2024 年第 9 期。

③ 徐小芳：《马克思与凯恩斯关于货币资本理论的对比研究》，《财经问题研究》2018 年第 8 期。

④ 张成思：《现代金融学的历史演进逻辑》，《金融评论》2020 年第 3 期。

认为金融的核心功能在于为实体经济服务，通过支持关键领域的发展来促进经济社会的长期繁荣。金融法必须确保金融资源的有效配置，避免金融市场"脱实向虚"，促进金融资本服务实体经济。

第三，坚持稳中求进工作总基调。在全球化、数字化背景下，金融体系日益复杂且充满变数，金融法必须具备足够的灵活性，以适应经济与金融环境的快速变化。在推动金融创新和改革的过程中，金融法应保持政策的稳定性与前瞻性，既要确保金融市场稳定运行，防范金融风险带来的市场震荡和风险外溢，又要鼓励金融技术创新、金融工具的多元化和市场结构的优化。

第四，确保金融风险可控。金融市场的高复杂性和不确定性要求金融法必须建立有效的宏观审慎监管框架，通过跨部门、跨市场的系统性风险监测机制，及时识别和应对潜在风险。此外，金融法应规定完善的应急管理措施，如流动性支持、资本注入和逆周期资本缓冲等，确保在出现金融危机或市场波动时能够使金融体系迅速恢复稳定。①

第五，坚持底线思维。无论是传统金融工具还是新兴金融科技产品，都涉及复杂的市场运作机制和多层次的风险传导路径。金融法在设计和制定过程中，面对金融市场的专业性和复杂性，更需要明确划定风险底线，以确保法律规制的有效性和前瞻性。坚持底线思维，可以在复杂多变的金融环境中，为金融法的制定提供稳固的安全阀门，进而在高专业性要求下，保障金融市场的稳定与透明，防范系统性风险的发生。

（三）金融法的重点内容

1. 金融稳定与风险防范机制

为确保我国金融体系的稳定性与可持续性，金融法应构建一个更加精细、全面的金融稳定与风险防范机制，特别是在宏观审慎管理领域。金融法需要在统一的法律框架下，综合考虑系统重要性金融机构（SIFI）、跨行业金融风险及新兴金融业务带来的潜在风险，通过多层次、多维度的监管体系

---

① 李曙光：《论金融风险处置的司法机制》，《法律适用》2024 年第 12 期。

实施高效的监测和预警。

一是明确系统重要性金融机构定义，并规定专门的审慎监管要求。不仅要确保系统重要性金融机构资本充足、流动性管理合规，还需通过严格的压力测试、资本缓冲以及流动性储备要求，确保系统重要性金融机构能够有效应对金融危机或市场波动，避免引发系统性风险。[①] 二是突破传统的行业界限，制定更加统一协调的监管规则。金融法应通过跨行业的监管协调机制，实现信息共享和风险联动，及时识别并有效管控跨行业风险。例如，金融监管部门应当加强与财政、税务等相关部门的合作，制定应对金融产品创新、金融衍生品等方面的潜在风险的预案，并根据市场动态调整监管策略。三是保持新兴金融业务监管的灵活性与适应性。金融科技的创新可能带来新的风险隐患，金融法不仅需要确保这些新兴金融产品的合规性，还需设计创新的监管机制，如"沙盒监管"机制，允许新型金融创新在受控环境中进行试验，既保障市场安全，又为金融创新提供发展空间。四是细化审慎监管指标，并规定风险预防机制。具体来说，金融法应根据不同类型的金融风险的早期表现，设立清晰的风险预防机制，包括预警系统、流动性支持、资金注入以及必要情况下的金融机构接管、重组程序等，避免苗头性倾向性问题"野蛮生长"，形成跨区域跨行业震荡或演变为系统性金融风险。同时，各部门法则在本框架下进一步细化自身的审慎性监管指标和应急处置程序，形成上下联动的风险管理网络。

2. 金融市场准入与运营规则

随着金融市场日益多元化和全球化，为落实"依法将所有金融活动全部纳入监管"目标，金融法需要为各种类型的金融活动提供清晰的准入标准和监管框架。在这一过程中，金融法将不仅覆盖银行、证券、保险、信托、期货等传统行业，还将包括金融科技、互联网金融、数字资产等新兴业态。为了确保金融市场的平稳运行，金融法应为所有金融活动，无论是持牌

---

① 王燕等：《资本新规对银行经营管理的挑战及建议——基于资本监管视角》，《财会月刊》2024年第18期。

金融机构还是非持牌金融活动，设立清晰明确的法律约束，确保市场公平性和透明度。[①]

一是明确规定金融市场参与者的准入标准，涵盖设立审批、资本要求、合规管理等各个方面。二是设定清晰、明确的高管任职资格和公司治理要求，确保金融机构的领导层具备足够的专业能力和风险管理意识。三是提供适应性的规则和标准，确保新兴金融业务在合规框架内进行，同时有效控制潜在风险。例如，针对去中心化金融（DeFi）和区块链技术等新兴领域，金融法可以设立或授权设立独立的准入要求，确保技术创新与监管要求相匹配。四是通过差异化管理措施，确保监管的灵活性与针对性。如小额贷款公司业务模式与传统银行有所不同，且在技术、资本等方面相对薄弱，为了促进小额贷款行业的健康发展，可在初期阶段设定较低的监管门槛，尤其是在资本要求、贷款额度和合规成本等方面，随着行业内公司规模的扩大和市场风险的积累，再逐步提高监管要求。[②]

3. 金融消费者保护与市场行为监管

随着金融产品和服务的多样化，金融消费者保护成为金融法的一项重要任务。当前，虽然我国在金融消费者保护方面已有一定的法律基础，但仍存在许多监管盲点和法律空白。为了填补这一空白，金融法可专门设立金融消费者保护章节，明确消费者的权益保护机制，特别是中小投资者的权益保障机制。应规定金融机构必须实施适当性管理，对产品销售与投资顾问行为进行严格监管，确保投资者在完全了解风险的情况下作出决策。此外，金融法应加强对信息披露的规定，确保投资者能够获取充分、透明的信息，避免因信息不对称而遭受损失。在市场行为监管方面，可对内幕交易、市场操纵、虚假陈述等行为进行严格的法律追责，并通过多部门联动的跨市场执法机制，确保对违法行为的有效打击。例如，金融监管机构、证券交易所和消费者保护机构之间需要建立高效的信息共享与协同机制，以实现对不当市场行

---

① 陆岷峰、李蔚：《关于金融准入及金融牌照审批体制改革研究》，《西南金融》2018 年第 6 期。
② 贾瑛瑛：《促进小额贷款公司规范健康发展》，《中国金融》2024 年第 18 期。

为的实时监控与干预。

4. 金融风险处置与法律责任

目前，金融风险的隐蔽性、突发性、传染性等特点因为金融科技的应用而被放大，应统筹未雨绸缪的"先手棋"和见招拆招的"对攻术"，密切关注传统领域尚未得到妥善化解的隐患，精准拆弹，管好风险"存量"，也要紧跟金融领域的最新变化，管好风险"增量"。金融法应进一步强化对问题金融机构的应急处置机制。明确金融机构的接管、重组、破产清算及存款保险等关键制度，与即将出台的金融稳定法紧密衔接，构建完善的金融风险处置体系。一是对于金融机构的破产清算，金融法需规定清晰的法定程序，以保障债权人和消费者的利益，减少社会成本。二是金融法应明确政府或中央银行在金融危机中的支持边界，清晰界定公共资金的含义与构成，避免过度干预和对金融机构的不当救助，确保市场纪律与政府支持之间的良性互动，有效抑制道德风险。三是在责任追究方面，金融法应设立行政、民事、刑事三重责任机制，确保金融机构、监管者和市场参与者在违法违规行为发生时都能够承担相应的法律责任。① 特别是在金融产品的设计、销售以及风险管理等方面，金融法应设定明确的责任界限，为监管机构和金融市场参与者提供清晰的法律依据和执行标准。

（四）制定金融法应统筹把握好的关键关系

1. 宏观金融治理层面

金融法的制定需精准把握中央金融监管部门之间的关系，并合理划分中央与地方之间的职能，以确保金融政策的统一性和高效执行。一是把握好中央金融监管部门之间的关系。金融调控和金融监管具有不同的功能定位，金融调控主要通过货币政策、财政政策等宏观政策工具，调节经济活动和金融市场的总体走势；而金融监管则更侧重于对金融机构、金融市场及其产品的

---

① 陈俊达：《论〈金融稳定法（草案）〉中金融风险处置的司法衔接规则——基于行政权与司法权协同的视角》，《上海金融》2023 年第 10 期。

日常监督与管理，确保其遵循合规性和风险控制要求。[①] 金融法应当明确金融机构与金融市场的职能界限，并在实际操作中保证它们的协调性与互补性。二是把握好中央与地方的关系。随着地方经济发展模式的多样化，地方政府在金融监管和调控中的作用日益凸显，尤其是在地方金融市场发展方面。金融法的设计应当合理划分中央和地方政府的职责，确保金融政策在地方层面的有效实施。

2. 微观金融运行层面

在混业经营背景下，金融法需提供合理的制度性安排，确保金融机构在多元化经营的同时，能够遵守清晰的监管标准和风险控制要求。一是把握好跨界经营与风险防范的关系。金融法应当促进不同金融子行业之间的合作，鼓励创新和资源共享，同时又要对金融机构保持适当的审慎监管，防止金融机构过度扩张导致系统性风险。金融法可以推动金融资源的有效配置，鼓励银行、证券公司、保险公司等之间的协同合作，从而提高整体业务竞争力。然而，这种跨行业合作必须遵循反垄断和公平竞争原则，避免市场的过度集中或不正当竞争。二是把握好金融服务提供者与消费者之间的关系。在现代金融市场中，金融服务提供者与消费者之间存在信息不对称问题，中小投资者和普通消费者常面临更加复杂的挑战，特别是在算法鸿沟和平台与机构结成一致行动人等现象的影响下。[②] 此外，平台与金融机构的合作关系可能导致市场信息的不完全披露，平台与机构可能通过联合构成利益共同体推销金融产品，误导消费者作出决策。因此，金融法应当规定平台与金融机构合作时必须披露其利益关系，防止利益驱动的推荐行为损害消费者的选择权。

3. 法律体系层面

一是需要准确把握金融法统合性立法与法典、单行法之间的关系。面对技术驱动的创新，单纯依赖单行法难以适应新兴业务的快速变化。金融法应

---

① 刘志云、卢炯星：《金融调控法与金融监管法关系论》，《西南政法大学学报》2005 年第 4 期。
② 何振、苏静：《数字金融与银行机构体系：现状、冲击与重塑》，《西南金融》2025 年第 1 期。

该类似于《金融稳定法》，兼具相对于民商事基本法律而言的特别法和相对于金融单行法律而言的上位法特性，确保能够在不同行业和新兴金融市场中发挥指导作用，为其他细化的金融法律提供支撑。这种法律框架能够保证金融体系的稳定性与灵活性，同时避免金融市场中出现监管盲点。二是条文安排需要妥善把握"治已病"和"治未病"之间的关系。具体而言，"治已病"强调对现有问题的治理，确保监管范围的全面覆盖，以应对当前金融市场中存在的风险与漏洞。而"治未病"则要求通过前瞻性立法，构建灵活应变的监管框架，为未来金融科技创新和新兴金融市场的发展提供法律保障。[①] 三是应当把握好监管调控与市场引导之间的关系，特别是要避免陷入"一管就死、一死就松、一松就活、一活就乱"的低效监管循环。习近平总书记指出，金融是最需要监管的领域。[②] 但监管不是为了把金融管成"一潭死水"，要不断提升金融监管质效，提升金融活力，更好发挥国民经济血脉作用。

（五）金融法应把握的原则

1. 明确金融法在金融法律体系中的定位

金融法作为金融行业的基础性法律，应当明确其在整体金融法律体系中的核心地位和作用，明确金融法律关系、金融机构、金融业务活动、金融消费者、投资者、金融基础设施、金融科技等金融法律体系中常用概念的含义。应通过对共性问题的规定，构建不同金融子领域中普遍适用的法律框架，解决分业法律中的遗漏问题，确保金融体系法律的系统性与完整性。

2. 明确金融法的立法原则

前文述及的原则应明确写入金融法文本中，以制度形式确立下来，同时体认金融"五大监管"原则。金融法的制定需要在高度专业化和复杂化的

---

① 李莉莎、梁馨睿：《金融安全视角下金融科技的监管机制研究》，《金融理论与教学》2024年第6期。

② 中共中央党史和文献研究院编《习近平关于金融工作论述摘编》，中央文献出版社，2024。

金融环境中坚持风险为本的原则，切实增强监管针对性和有效性。一方面，金融法应根据不同机构的业务特性明确监管权责，落实做细机构监管，确保金融消费者的权益得到保护，同时推动市场参与者公平交易；另一方面，法律还需注重功能监管和穿透式监管，加强对业务模式和风险源的识别，确保在技术驱动下的创新金融工具不会引发系统性风险。此外，金融法应围绕金融机构的全生命周期、金融风险的全过程以及金融业务的全链条实施持续监管，通过科学合理的制度设计维护市场稳定，从而为建设金融强国奠定坚实的法律基础。

3. 构建统一、全面、协同的金融监管体系

建设一个统一、全面、协同的金融监管框架至关重要。应综合运用"五大监管"，实现全面监管的目标。金融监管不仅要强化对传统金融机构和市场的监管，还应涵盖金融科技、数字货币等新兴领域。进一步强化金融行业协会和自律组织的职能，提升自律机制在规范行业行为、增强透明度及保护市场公平中的作用。

4. 明确金融基础设施并明晰分类监管权责

构建自主可控、安全高效的金融基础设施体系是保障金融市场稳定和提升整体运行效率的关键举措，尤其是支付结算系统、征信体系等关键领域，其安全性与高效性直接影响金融市场的流动性和系统性稳定。为了确保金融基础设施的有效性，首先必须加强统筹规划，明确市场准入标准、监管要求及运营规范。① 此外，强化金融基础设施在规则、技术、网络、品牌和功能等方面的自主性，减少外部依赖，既能增强国内金融体系的独立性，也有助于提升我国在国际金融规则制定中的话语权。与此同时，金融基础设施的法律框架与治理结构应确保在法律可控、治理可控和行为可控的范围内运行，建立健全的风险防控机制，以防止系统性风险的扩散。最终，应通过统一建设标准与管理体制，解决金融基础设施分散建设、标准差异和管理体制不统一的问题，确保基础设施的高效稳定运行，为金融高质量发展奠定坚实基础。

---

① 蔺捷：《金融市场基础设施规制改革探索》，《暨南学报》2024 年第 5 期。

5. 完善金融消费者和投资者保护机制

加强对金融消费者和投资者的保护，建立更加科学的消费者识别和风险偏好匹配制度，要求金融机构在产品销售过程中实施适当性管理，杜绝过度包装或隐瞒风险的行为。欧盟 MiFID Ⅱ 对投资者保护提出严格要求，其中一项关键措施是适当性测试，该测试要求金融机构在向消费者推荐投资产品时，必须确保所推荐的产品与消费者的风险承受能力、投资经验和财务状况相匹配。这一做法旨在避免金融机构为了自身利益推销不适合消费者的高风险产品。美国《多德-弗兰克法案》设立消费者金融保护局（CFPB），对美国金融消费者保护制度进行了根本性改革，CFPB 的核心任务是监督金融市场中的金融产品，确保金融机构遵守消费者保护法规，防止欺诈、不公平和滥用行为。[①] 可借鉴国际上的成熟经验，推动在中央层面统一强化针对金融消费者与中小投资者的保护与执法能力，特别关注投诉、调解与救济渠道的统一性。市场行为监管方面，可以考虑引入英国金融行为监管局（FCA）的行为监管模式，突出"公平对待客户"原则，加强对内幕交易、市场操纵和非法资金流动等违法行为的惩戒力度，通过跨部门的联合监管和处罚，提升威慑力，保护投资者和消费者的利益。[②]

6. 加强金融高水平开放与安全立法保障

为推动金融行业高水平开放与稳定发展，立法应当作出相应的制度性安排，确保金融安全与稳定。特别是在全球经济一体化的大背景下，可以借鉴高水平经贸规则，如《全面与进步跨太平洋伙伴关系协定》（CPTPP）规定，成员国应建立明确的法律框架和监管制度，确保跨境资本流动的透明度，以便各方能够清晰了解资本流动的具体规则和程序。具体而言，CPTPP要求成员国加强对跨境资本流动的监管协调，确保在资本流入和流出的过程中，能够准确及时地掌握资金流动的规模、方向和风险特征，并提供必要的透明度，避免资本市场出现不透明或操控行为。同时，CPTPP 还鼓励成员

---

① 石培培：《美国消费者金融保护局的成立、职能及运行》，《美国研究》2024 年第 6 期。

② 叶青等：《英国金融行为监管局的监管执法特色》，《银行家》2024 年第 9 期。

国采取适当的反洗钱（AML）和反恐融资（CFT）措施，确保资本流动不被滥用，保护金融市场的完整性和透明性。通过这样的规定，CPTPP旨在确保跨境资本流动在促进经济全球化的同时，能够平衡金融开放与风险控制，为金融市场的稳定和可持续发展提供保障。[①] 总之，金融法应当推动金融服务领域的开放，并确保在开放过程中金融安全、稳定和可控。具体包括优化外资金融机构在华运营的法律环境，增大对跨境资本流动的监管力度，确保在金融高水平开放的背景下不发生系统性金融风险。

四 推进金融法制定过程中应关注的关键问题

（一）确保金融法与其他金融法律协同发力

1. 金融法与金融稳定法的配合

在推进金融法的制定过程中，必须充分考虑金融法与现有金融法律体系及其他部门法的关系，确保金融法与相关法律之间的协调与衔接，避免出现重复、冲突或法律适用上的空白。金融法与金融稳定法之间的关系尤为重要。金融稳定法作为针对金融风险防范与化解的特别法律，同《商业银行法》《保险法》等同样规定接管等风险处置措施的法律相比，具备上位法特性，其目标是防范、化解和处置重大金融风险与系统性风险，重点在于相关的措施和司法程序的衔接，其规定较为具体且可操作性强。而金融法则应着眼于宏观金融监管框架、金融市场秩序的建立及基本金融活动的规范。

2. 金融法与其他金融单行法的衔接

就金融法与其他金融单行法之间的关系而言，金融法作为一部框架性法律，主要规定金融行业的总体原则和监管方向，不宜涉及具体的金融业务和操作规范。具体的金融业务和操作规范应由具体的金融单行法，如《银行法》《证券法》《保险法》等进行详细规定。金融法出台后，这些单

---

① 韩龙、刘媛：《我国对接CPTPP金融服务规则面临的挑战及应对建议》，《上海金融》2023年第10期。

行法必然需要进行相应的修订，以确保其内容不与金融法发生冲突，同时能在其规定范围内详细落实金融法的框架性规定。因此，金融法与金融单行法的关系，主要体现为金融法为单行法的修改提供总体方向和原则，而单行法则在此基础上进行细节性的补充与实施。

3.金融法与其他部门法的协调

除了金融法与金融领域其他法律的协调，金融法还需与其他部门法，如《民法典》《公司法》《破产法》等进行有效衔接。《民法典》中的合同编等条款直接影响金融交易的法律框架①，而《公司法》与金融市场的融资、治理等方面紧密相关，金融法的规定应与这些部门法相统一，避免在金融活动中产生法律适用的混乱或冲突。例如，金融法需要考虑如何与《民法典》中债权债务、合同的成立及生效的相关条款相协调，明确金融契约的效力判定原则；同时，金融法在处理金融机构破产、企业重组等问题时，应与《破产法》的相关规定相衔接，以便在机构破产等过程中，保持法律的统一适用。

（二）金融法立法进程应与现行立法机制有序衔接

在金融法的立法过程中，立法部门与牵头部门的协作、协调至关重要，关系到立法工作的顺利推进。立法机关层面，全国人大常委会法工委应会同全国人大财经委，尽快明确金融法的立法进程，及时将其纳入五年立法规划及年度立法计划中，待意见成熟后及时提交法律草案。中央金融办作为推进金融法立法具体工作的牵头部门，承担着重要的统筹与协调职能，负责确定立法工作方向与重点，应会同立法部门及时组织各方专家进行广泛的学术研讨与政策论证，形成立法草案的框架，并推动各部门间的意见征集与协调。中央金融办应立足习近平总书记提出的"统筹协调把关"定位，做好金融法制定工作的顶层设计、整体推进和督促落实，确保金融法的内容符合国家发展战略与金融体系的现实需求，

---

① 竺常贇：《民法典施行背景下的〈金融法〉裁判方法》，载《法律方法》2020年第3期。

并与现有金融政策框架相契合。

各金融主管部门在立法过程中，要提供专业的政策建议和行业视角，保证金融法的具体规定能够精准反映金融市场的多样化需求及金融行业的监管实务。中国人民银行主要负责货币政策、金融市场基础设施及支付结算系统等领域，保证金融法在促进金融稳定与市场效率方面的有效性。证监会则侧重资本市场，特别是在证券、期货等金融业务的监管框架和投资者保护方面提供法律意见。国家金融监督管理总局作为非证券市场的监管机构，参与银行业和保险业的监管体系建设。国家外汇管理局则聚焦跨境金融交易、外汇管理及国际金融监管，确保金融法在全球化背景下的适应性与竞争力。各监管机构的协同合作，有助于形成一个全面、协调的金融法律框架。

司法部在金融法立法中的作用亦不可忽视。作为国家最高法律行政部门，司法部的职责是确保金融法草案的合法性以及其与现有法律体系的统一性。① 具体而言，司法部负责审查金融法草案是否符合宪法及其他基础性法律的原则与规定，尤其是在金融法的实施细则和法律适用性方面提供法律支持。此外，司法部还应积极参与协调金融法与其他部门法的关系，确保金融法在涉及合同、债权债务、破产等领域时，能够与《民法典》《公司法》《破产法》等法律有效衔接，避免法律冲突。

有效推进金融法的立法工作，要求各部门之间加强协调与沟通，确保各方意见的充分表达。除中央金融办的总体统筹外，金融监管部门与司法部等法律主管部门应定期召开协调会议，及时处理在立法过程中出现的技术性、政策性问题，并就草案内容达成共识。各部门应建立起信息共享、意见征集与协调沟通的机制，确保法律条文的科学性和可操作性，并为金融法草案的完善提供坚实的政策依据与法律保障。

（三）把握制定金融法的关键时间节点

根据《立法法》第十条规定，作为金融领域的基本法，金融法应由全

---

① 曲广娣：《德国司法行政制度的构造和职能探析——兼谈对我国司法行政制度的改革》，《天津法学》2015 年第 1 期。

国人民代表大会审议并通过。按党的二十届三中全会《中共中央关于进一步全面深化改革、推进中国式现代化的决定》要求，应在五年内完成金融法的制定工作，即2029年底前。这一时间安排既为各方提供了较充分的研究起草时间，确保金融法能够应对金融行业未来发展中面临的潜在挑战，也明确了通过立法的时间节点。在立法进程中，应分阶段推进工作，确保法案的逐步完善。立法机关应保持与各相关部门的密切沟通与合作，尤其是与中央金融办、金融监管机构和司法部等法律机构的协作。相关部门的持续参与和反馈将为法律条文的专业性、可操作性及合规性提供强有力的保障。同时，应加强与地方政府和行业协会的联系，确保立法过程中充分考虑地方差异和行业实际需求。此外，金融法的审议和通过，不仅依赖于法律草案的充分完善，更需要全国人大代表的充分讨论，要确保金融法能够符合国家金融改革的需要，适应未来经济发展的需求，并为金融市场提供清晰而有力的法律保障。

参考《民法典》等基本法律的编纂经验，应统筹工作力量，明确各时间节点，稳步推进立法工作。① 首先，基于全国人民代表大会会期安排，为完成"五年"时限要求，至迟应于2029年3月两会召开期间将修订好的金融法草案提请审议。其次，提请全国人民代表大会审议的正式法律案一般应先经全国人大常委会1~3轮审议、修订，参考《民法典》制定经验，《民法总则》起草至三读通过历时2年，各分则起草至整个《民法典》通过历时3年，因此，应为金融法草案预留2~3年的审议时间，即应于2026~2027年将草案提交全国人大常委会一次审议。以此倒推，金融法应在2025~2026年形成初稿，并尽快公开征求意见，并视各界反馈情况统筹考虑随后环节的时间进程，最终确保如期完成金融法制定工作。

---

① 石宏：《建立系统完备、体例科学的民事法律规则体系——民法典编纂历程回顾和重大发展》，《法律适用》2024年第10期。

B.9
系统性金融风险整体收敛可控

摘　要： 2024 年，中国金融风险演进主要包含以下几方面：一是宏观杠杆率保持稳健上升；二是金融市场流动性保持合理充裕，为经济高质量发展提供有力的支持；三是债市信用风险得以收敛；四是国内金融市场风险较为平缓；五是在国际金融市场，美国债市、股市与汇率市场均呈现复杂多变的态势。此外，地缘政治局势紧张、外部经济环境恶化、全球安全挑战加剧等因素的存在，会导致国际金融市场的不确定性增加，进而影响国内金融市场。在全球宏观风险加剧的背景下，2024 年的中央经济工作会议明确将"有效防范化解重点领域风险，牢牢守住不发生系统性风险底线"列为 2025 年重大任务之一，并特别强调要"稳妥处置地方中小金融机构风险"，推动中国经济持续健康发展。

关键词： 系统性风险　房地产风险　地方债务风险　中小金融机构风险

一　2024年中国金融风险整体收敛可控

2024 年是实现"十四五"规划目标任务的关键一年，也是国家金融监督管理总局（下文简称"金融监管总局"）全面履职的第一个完整年度。金融监管总局在总结 2023 年工作的同时，部署 2024 年的重点工作任务，将全力推进中小金融机构改革化险置于"八个工作目标"的首位，同时提及

---

* 郭晓婧，中国社会科学院金融研究所博士后，主要研究方向为金融风险、数字金融；郑联盛，中国社会科学院大学教授，主要研究方向为金融监管、金融风险、宏观经济。

的还有积极稳妥防控重点领域风险、全面强化"五大监管"、统筹做好金融"五篇大文章"等。

2024年，中国经济发展情况总体良好，呈现稳中有进、高质量发展的态势。中国经济在复杂多变的国际环境中依然保持增长态势，国内生产总值实现5.0%的同比增长，总量达到134.91亿元，这一成绩不仅彰显了中国经济的韧性，也体现出政策调控的有效性和市场机制的灵活性。但与此同时，地缘政治冲突、美联储降息、全球债务规模扩大等多重外部因素也会对国内经济造成不利影响。

经过多年金融风险攻坚战，我国在防范化解金融风险方面取得了显著成果，成功避免了系统性区域性金融风险集中爆发，金融业总体保持平稳健康发展。2024年，我国出台多项针对房地产、中小金融机构、地方债的政策措施，积极稳妥防控重点领域风险。值得注意的是，中国仍需加强风险监测和预警机制建设，提高风险防范和应对能力，为中国经济的持续健康发展提供有力保障。

2024年，中国金融风险演进主要包含以下几方面：一是宏观杠杆率保持稳健上升。2024年的宏观杠杆率第一季度、第二季度分别为294.8%、295.6%，第三季度有明显的上升，达到298.1%。二是金融市场流动性保持合理充裕，为经济高质量发展提供有力的支持。三是债券市场信用风险得以收敛。2024年，我国债券市场信用债违约数及违约主体出现同比显著下降，债券市场信用风险得以收敛，违约率也处于近5年低水平。四是国内金融市场风险较为平缓。2024年，国债收益率整体呈现震荡下行的趋势。中国股票市场波动率呈现较为复杂的特征，整体波动较为频繁，但市场活跃度较高。人民币汇率总体上呈现双向波动态势，在复杂形势下保持基本稳定，期货市场波动率呈现较为复杂的特征，整体波动较为频繁，但市场活跃度较高。五是在国际金融市场，美国债券市场、股票市场与汇率市场均呈现复杂多变的态势。2024年美国国债市场以小幅上涨收官，整体呈现温和增长。美国股市在经济基本面、政策支持和科技进步等多重因素推动下，涨势强劲。美元指数整体呈现上涨的趋势，但过程中存在显著的波动。此外，受外

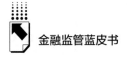

部冲击的影响，国际金融市场的不确定性增加，进而影响国内金融市场。在全球宏观风险加剧的背景下，2024年的中央经济工作会议明确将"有效防范化解重点领域风险，牢牢守住不发生系统性风险底线"列为2025年重大任务之一，并特别强调要"稳妥处置地方中小金融机构风险"，推动中国经济持续健康发展。

二 2024年中国金融风险演进：系统性风险视角

2024年在中国金融风险演进中系统性风险不容忽视。本文从宏观杠杆率、流动性、脆弱性、国内金融市场风险、国际金融市场外溢性风险等方面构建框架，并选取多个指标研究系统性金融风险。

（一）宏观杠杆率

2024年，中国宏观杠杆率呈现一定的上升态势，第三季度末中国宏观杠杆率达到298.1%。具体来看，由于全球经济形势的复杂性和不确定性，中国经济面临着一定的下行压力。居民部门的杠杆率呈现一定的波动，但总体趋势是稳中有降，且随着居民储蓄率的提高和存款的持续增加，居民部门的债务风险相对可控。非金融企业部门杠杆率持续上升，主要是受经济增速下滑导致企业债务增速高于经济增速、货币政策相对宽松、银行部门鼓励企业贷款等因素的影响。政府部门杠杆率也有所上升，这主要是积极财政政策在起作用，政府部门加大了财政赤字率和政府债务新增规模。

1. 宏观杠杆率：保持稳健上升

宏观杠杆率是衡量一个经济体金融稳定性的关键指标。在适当范围内，宏观杠杆率上升可以发挥杠杆的撬动作用，推动经济增长。同时，温和的宏观杠杆率增幅有助于实现经济增长与物价稳定的优化组合。根据国家金融与发展实验室（NIFD）发布的数据（见图1），2024年中国的宏观杠杆率第一季度、第二季度分别为294.8%、295.6%，第三季度有明显的上升，达到298.1%。2024年在经济增速回落、政策加码、财政政策的逆周期调节、货币政策的宽松与支持等综合因素的作用下，宏观杠杆率呈现上升趋势。

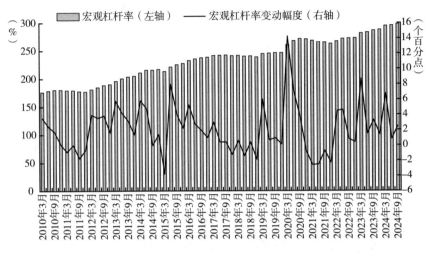

图1 中国宏观杠杆率及其变动幅度

资料来源：国家金融与发展实验室。

2. 非金融企业部门杠杆率：呈现一定的波动，但总体趋势是上升的

2024年，非金融企业部门杠杆率呈现稳步上升的态势（见图2）。其中，第一季度上升幅度最大，为5.7个百分点，第二、第三季度分别上升0.2个、0.3个百分点，9月底非金融企业部门的杠杆率上升至174.6%。这主要是由于企业在经济发展中需要更多的资金支持，以满足其生产和经营的需要。同时，政府为促进经济增长，也采取一系列政策来鼓励企业增加融资，从而推高了非金融企业部门的杠杆率。从企业融资结构来看，2024年以间接融资为主、直接融资为辅。与2023年相比，信托贷款、委托贷款、未贴现银行承兑汇票趋于平稳。其中，信托贷款增加0.40万亿元，委托贷款缩减0.06万亿元，未贴现银行承兑汇票缩减0.34万亿元，非金融企业境内股票融资缩减0.50万亿元（见图3）。

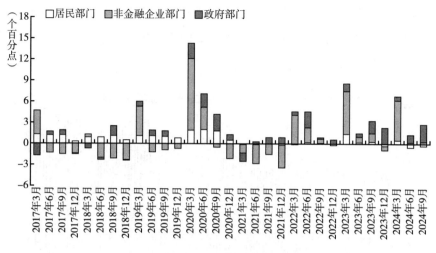

图 2　各部门杠杆率变动幅度

资料来源：国家金融与发展实验室。

3.政府部门杠杆率：财政收支呈现总体平稳态势

2024 年，政府部门杠杆率呈现上升趋势。这主要反映出政府在应对经济下行压力、推动基础设施建设、保障民生福祉等方面所采取的积极财政政策。根据国家金融与发展实验室发布的数据（见图4），2024 年前三季度政府部门杠杆率相比 2024 年初上升了 4.2 个百分点。从具体数值来看，政府部门杠杆率从年初的 56.1% 上升至第三季度末的 60.3%。中央政府部门在 2024 年通过增加赤字、发行国债等方式筹集资金，用于支持基础设施建设、社会保障等领域，使中央政府部门杠杆率上升了 2 个百分点。地方政府在化解债务风险的同时，也通过发行专项债券等方式筹集资金用于地方基础设施建设，地方政府部门杠杆率总体也呈现上升趋势，前三季度上升 2.2 个百分点。

2024 年的财政收支呈现总体平稳的态势。2024 年 9 月以来，随着一揽子增量政策落地见效和宏观经济的回稳，财政收入增速当月实现转正，9月、10 月、11 月逐月向好。特别是 9 月后，中央本级一般公共预算收入单月增幅连续为正，且增速逐步回升（见图 5）。2024 年第一季度，中央本级一般公共预算收入比支出高 1928 亿元，10 月正缺口最大，为 7016 亿元。

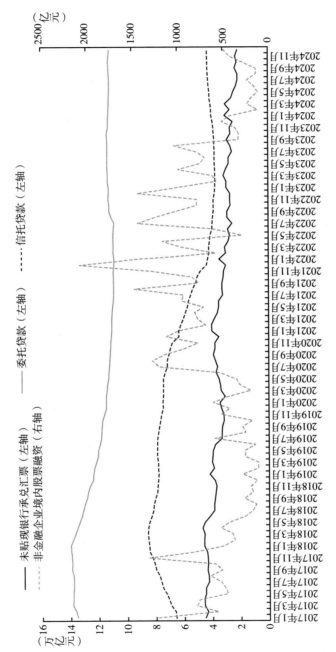

图3 我国非金融企业部门融资贷款结构

资料来源：中经网、中国人民银行。

207

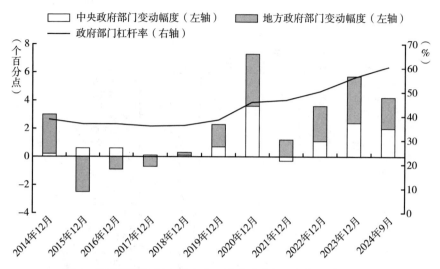

图4 政府部门杠杆率及中央、地方政府部门杠杆率变动幅度

资料来源：国家金融与发展实验室。

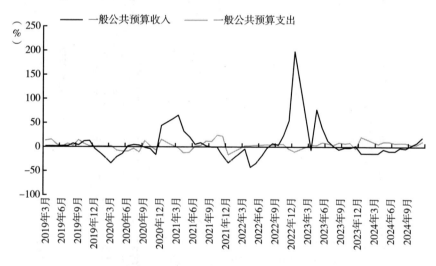

图5 中央本级一般公共预算收入与支出同比增速

资料来源：CEIC数据库。

4. 居民部门杠杆率：总体保持稳定

根据国家金融与发展实验室发布的报告，2024年居民部门杠杆率呈现一定的波动，但总体趋势是稳中有降。2024 年第一季度，居民部门杠杆率为 64%，第二、第三季度分别下降 0.5 个、0.3 个百分点。与 2023 年相比，2024 年第三季度的居民部门杠杆率降低 0.3 个百分点（见图 6）。

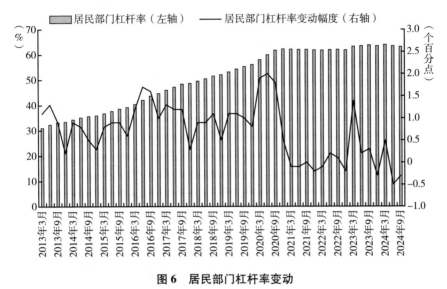

图 6　居民部门杠杆率变动

资料来源：国家金融与发展实验室。

2024 年，在经济回升势头向好、政策调整、房地产市场调整、居民储蓄行为变化以及宏观杠杆率结构变化等多重因素相互交织、相互影响的情况下，居民部门杠杆率呈现稳中有降的趋势。其中，住户消费性贷款与住户经营性贷款同比增速仍保持放缓态势，而个人购房贷款同比增速仍处于负区间（见图 7）。

（二）流动性

1. 社会融资规模保持合理增长并有力支持实体经济恢复向好

2024 年，M0、M1 和 M2 的规模及增长趋势呈现不同的特点，但总体上能够反映经济活动的增加、企业信心的回暖以及政策调整的影响。2024 年 12 月末，M0 余额为 12.82 万亿元，同比增长 13%，表明流通中货币快速增长。这可能是经济活动的增加、消费需求的提升以及节假日等因素导致的现

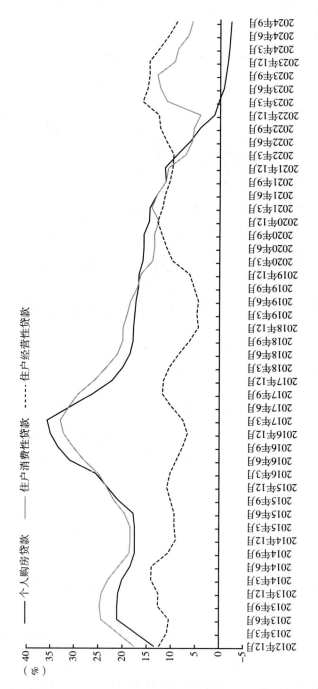

图 7　各类居民贷款同比增速

资料来源：Wind 数据库。

金需求增加。M1（狭义货币）余额为 67.1 万亿元，同比下降 1.4%，但降幅较 11 月收窄 2.3 个百分点。这表明 M1 余额正在边际回升，反映了经营主体预期有所改善以及金融市场上投资者风险偏好开始提升。M2（广义货币）余额为 313.53 万亿元，同比增长 7.3%，增速较 11 月回升 0.2 个百分点。这一增长趋势表明金融稳增长力度明显加大，以及财政支出加快推动财政存款更多转化为企业存款等（见图 8）。

2024 年，央行实施一系列货币政策调整，包括降低法定存款准备金率、下调央行政策利率等，以支持实体经济发展，这些政策调整对社会融资规模的扩大产生一定的影响。从社会融资规模总量来看，2024 年全年社会融资规模增量累计为 32.26 万亿元，比上年减少 3.32 万亿元。第一季度社会融资规模增量为 12.34 万亿元，第二季度社会融资规模增量为 4.95 万亿元，为全年最低。从社会融资规模结构来看，2024 年对实体经济发放的人民币贷款增加 17.05 万亿元，同比少增 5.17 万亿元，是社会融资规模增量中的主要部分，体现金融机构对实体经济的直接支持。委托贷款减少 577 亿元，同比多减 776 亿元，反映委托贷款市场呈收缩趋势。未贴现银行承兑汇票减少 3295 亿元，同比多减 1513 亿元，这可能与银行的票据管理和风险控制策略有关。非金融企业境内股票融资增量为 2900 亿元，同比少增 5031 亿元，这可能与股票市场的波动和投资者的风险偏好有关。对实体经济发放的外币贷款减少 3916 亿元，同比多减 1710 亿元，这可能与汇率波动和国际金融市场环境有关。信托贷款增加 3976 亿元，同比多增 2400 亿元。信托贷款在社会融资规模中的占比有所上升，可能与金融市场的创新和调整有关。企业债券净融资增量为 1.91 万亿元，同比增加 2839 亿元，在社会融资规模中的占比保持稳定，并有所上升，反映了债券市场对实体经济的支持作用。政府债券净融资增量为 11.3 万亿元，同比增加 1.69 万亿元，可能与国家的财政政策和基础设施建设需求有关（见图 9、图 10）。

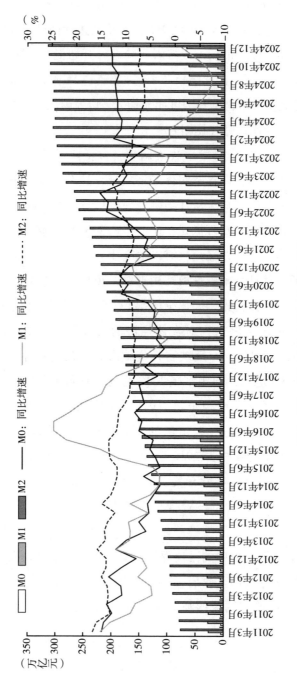

图 8 M0、M1、M2 余额及其同比增速

资料来源：中经网。

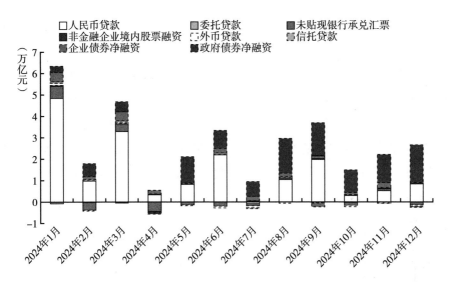

图9　2024年1~12月社会融资规模增量

资料来源：Wind数据库。

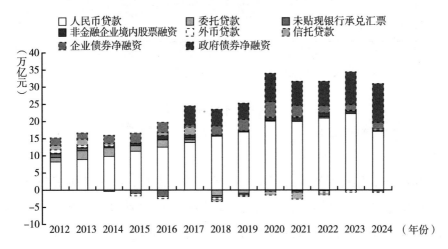

图10　2012~2024年社会融资规模增量

资料来源：Wind数据库。

2.银行体系流动性整体保持合理充裕

2024年，央行多次强化7天逆回购利率的政策利率作用，并优化利率传导机制，这对 7 天银行间质押式回购加权利率（DR007）的走势产生重要影响，DR007 呈现一定的波动性，但整体而言，相较于上年同期，该利率有所下降。2024 年，DR007 的运行范围为 1.52% 至 2.81%。其中，2024 年 3 月 29 日达到最高点 2.81%，10 月 12 日达到最低点 1.52%。2024 年，受货币政策调整、市场流动性状况、宏观经济形势等多重因素的影响，7 天银行间同业拆借加权利率呈现一定的波动。2024 年，7 天银行间同业拆借加权利率的运行范围为 1.48% 至 2.66%（见图 11）。其中，2024 年 12 月 25 日达到最低点 1.48%，4 月 7 日达到最高点 2.66%。

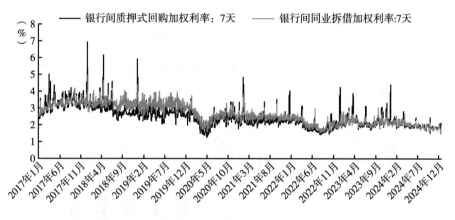

图 11　货币市场利率走势

资料来源：Wind 数据库。

2024 年，银行间质押式回购规模呈现增长态势，同比增加 3.75 万亿元。受宏观经济政策环境、金融去杠杆持续、信贷需求疲软等因素的影响，银行间同业拆借规模为 102.91 万亿元，同比缩减 40.01 万亿元（见图 12）。

2024 年前三季度，金融机构超额存款准备金率变动整体趋于平稳，维持在 1.5%~1.8% 的区间内，这与 2024 年货币政策强调稳健、灵活适度和精准有效有关。其中，2024 年第一季度末的超额存款准备金率为 1.5%，第三季度末上升至 1.8%（见图 13）。

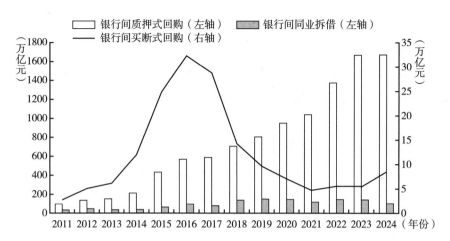

图 12　银行间回购和拆借交易规模

资料来源：Wind 数据库。

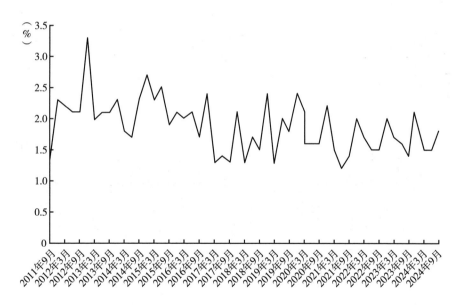

图 13　超额存款准备金率走势

资料来源：Wind 数据库。

3.货币政策工具为流动性合理充裕提供保障

常备借贷便利（SLF）是中央银行为满足金融机构期限较长的大额流动性需求而设立的货币政策工具，其操作规模的大小取决于金融机构的流动性需求、货币政策的调控目标以及市场利率水平等多种因素。2024年SLF操作规模在不同月份间存在差异。2024年10月，中国人民银行对金融机构开展的常备借贷便利操作规模较小，仅为4.22亿元，且全部为隔夜期操作。2024年11月，操作规模有所增加，达到7.64亿元，其中隔夜期规模为7.54亿元，7天期规模为0.1亿元。2024年12月，常备借贷便利操作规模大幅增加至117.55亿元，其中隔夜期规模为16.05亿元，7天期规模为101.5亿元（见图14）。2024年12月底，常备借贷便利余额也相应增加至117亿元。

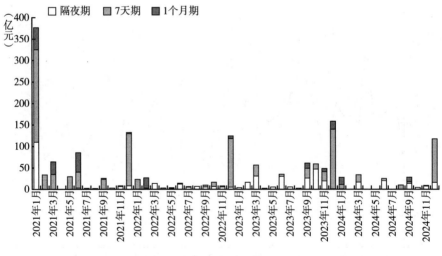

图14 常备借贷便利操作规模

资料来源：中国人民银行。

4.实体经济融资成本呈现下降趋势

2024年前三季度我国金融机构人民币贷款加权平均利率整体呈现下降趋势，且处于历史低位。这一趋势有助于优化金融资源配置，支持实体经济发展。具体来看，2024 年 3 月，我国金融机构人民币贷款加权平均利率为 3.99%，同比下降 1.11 个百分点。2024 年 9 月，金融机构人民币贷款加权平均利率中的一般贷款利率与个人住房贷款利率分别同比下降 0.36 个、0.71 个百分点（见图 15）。与此同时，民间借贷利率也呈现下降态势。温州民间综合利率是衡量温州地区民间融资利率水平的重要指标，受市场供求关系、经济环境等多种因素的影响。2024 年，温州民间综合利率的平均值为 14.67%，与 2023 年相比降低 0.5 个百分点（见图 16）。

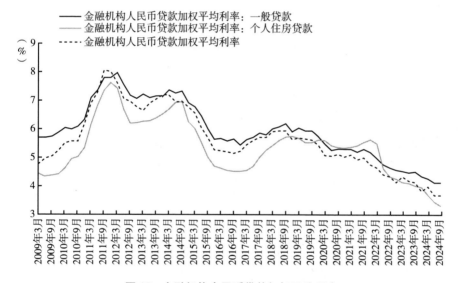

图 15　金融机构人民币贷款加权平均利率

资料来源：Wind 数据库。

2024 年，城投债收益率受到多方面因素的影响，但总体呈现下行的趋势。2024 年受"134 号文""150 号文"等政策发布，以及权益市场情绪高涨、债券市场大幅回调等因素的影响，主要评级、期限的城投债收益率出现上行态势，但随后又因化债政策的推进而转为下行。12 月中旬，2 万亿元用于置换隐债的再融资专项债发行完毕，城投债稀缺性和安全性边际进一步抬升，高资质城投债更趋利率化，各期限 AAA 级城投债收益率降至较低水平，

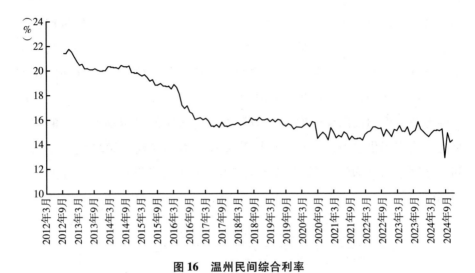

图16　温州民间综合利率

资料来源：Wind 数据库。

1 年期、5 年期、10 年期的收益率分别为 1.71%、1.91%、2.20%（见图 17）。

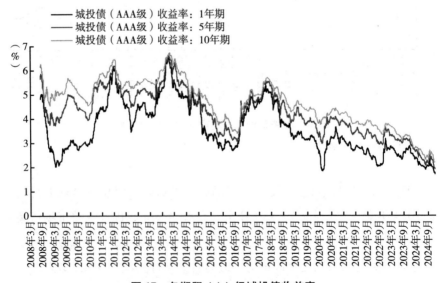

图17　各期限 AAA 级城投债收益率

资料来源：Wind 数据库。

（三）脆弱性

2024年，我国债券市场违约债券数及债券违约规模出现同比下降，债券市场信用风险得以收敛，违约率也处于近5年低水平。从违约行业来看，仍以房地产行业为主，但随着房地产行业风险陆续出清，房地产行业风险规模占比有所下降，出现违约风险的行业呈现一定的多样化特征。

1. 债券市场信用风险呈现降低态势

2024年国内债券市场呈现整体违约风险继续收敛的态势。2024年国内债券市场实质违约债券96只，同比减少11只，债券违约规模（违约日债券余额）为831.27亿元，同比下降约1.77%，债券市场信用风险呈现降低态势。从违约口径来看，2024年违约主体有31家，其中新增首次违约主体18家，占比58.06%（见图18）。从历年债券实质性违约情况来看，实质性违约债券数、违约日债券余额均呈现下降趋势。未来，随着政策的进一步落地和市场的逐步回升，债券市场信用风险有望继续保持低位。

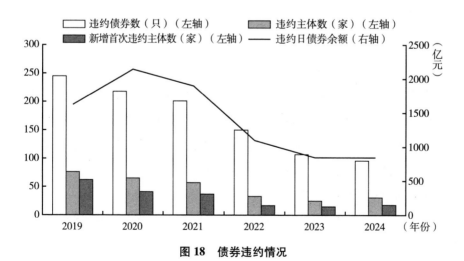

图18 债券违约情况

资料来源：Wind 数据库。

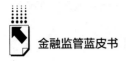

2. 国有企业债券与民营企业债券的违约情况呈现不同的特点

2024 年，国有企业债券违约情况相对较少，整体保持基本稳定，国有企业债券违约主要发生在一些传统行业或特定领域，如建筑与工程、房地产开发行业。2024 年，地方及中央国有企业债券违约总数为 3 只，新增首次违约主体 2 个，违约日债券余额为 37.05 亿元（见图 19），其中中央国有企业违约日债券余额为 30 亿元。

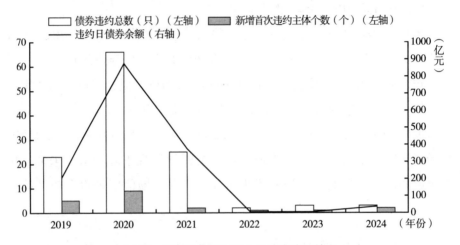

图19 地方及中央国有企业债券违约情况

资料来源：Wind 数据库。

2024 年，民营企业违约债券总数为 53 只，同比减少 12 只。违约日债券余额为 442.58 亿元，同比降低 25.68%（见图 20）。因此，民营企业债务状况虽面临一定压力，但通过政府政策的支持、融资渠道的拓展以及企业自身管理的加强，民营企业债务负担逐步缓解。

3. 房地产企业债券展期情况突出

2024 年房地产行业仍面临多重压力与挑战，但总体来看违约情况得以缓释。从房地产行业实质性违约债券占比情况来看，2024 年，房地产行业实质性违约债券 56 只，同比减少 11 只，占全部实质性违约债券数量的比重为 58.33%，同比降低 4.28 个百分点；从房地产行业债券违约与展期情况来

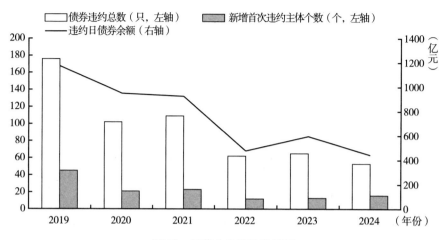

图 20　民营企业债违约情况

资料来源：Wind 数据库。

看，2024 年，房地产实质性违约与展期债券数量为 111 只，同比减少 55 只。房地产行业实质性违约与展期债券数量占比为 60%，同比降低 12 个百分点（见图 21、图 22）。

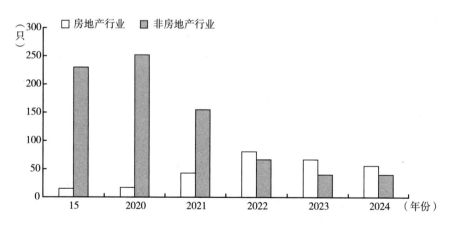

图 21　房地产行业与非房地产行业实质性违约债券数量

资料来源：Wind 数据库。

2024 年债券违约余额呈现整体风险收敛但部分领域存在隐忧的特点。2024 年，债券非展期余额为 835.45 亿元，同比减少 85.66 亿元；展期余额

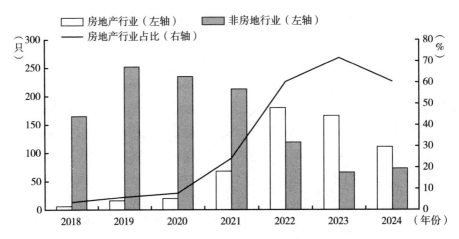

图 22　房地产、非房地产行业实质性违约与展期债券数量及房地产行业占比

资料来源：Wind 数据库。

为 812.17 亿元，同比减少 1435.05 亿元。其中，房地产行业债券展期余额
同比缩减 1246.55 亿元，房地产行业债券展期余额占比降低至 83.01%。但
房地产行业债券实质性违约余额为 652.32 亿元，同比增加 261.47 亿元（见
图 23、图 24）。

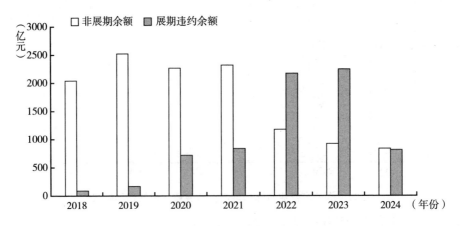

图 23　债券展期与非展期处置方式余额

资料来源：Wind 数据库。

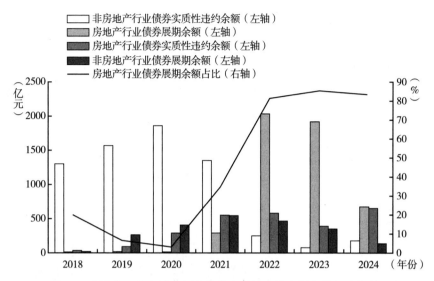

图 24　房地产、非房地产行业债券实质性违约余额与展期余额情况

资料来源：Wind 数据库。

2024 年房地产行业中，不同类型的企业债券违约情况呈现一定的差异。中央国有企业在房地产行业中通常具有较强的实力和稳健的经营策略，因此债券违约情况相对较少。2024 年，尽管房地产行业整体面临压力，但行业中中央国有企业的违约债券仅 1 只；外商独资企业和外资企业的债券违约情况也相对较少，违约债券数分别为 12 只、15 只，外商独资企业的逾期本金相对较高，为 147.34 亿元；民营企业的债券违约情况较为突出，违约债券数为 25 只，逾期本金占比为 51.31%，逾期利息占比为 66.01%（见表 1）。

表 1　2024 年房地产行业不同类型企业违约情况

单位：只，亿元

企业类型	违约债券数	逾期本金	逾期利息
中央国有企业	1	30	1.38
外商独资企业	12	147.34	4.67
外资企业	15	96.9	3.51
民营企业	25	289.01	18.57

资料来源：Wind 数据库。

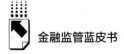
4. 商业银行业不良贷款率相对稳定，拨备覆盖率保持上升趋势

2024 年前三季度商业银行不良贷款余额与不良贷款率相对稳定，但仍呈现一定的波动趋势。2024 年第一季度不良贷款率为 1.59%、不良贷款余额为 3.37 万亿元，第二季度末不良贷款余额缩减至 3.34 万亿元、不良贷款率较上季度末下降 0.03 个百分点，第三季度末不良贷款余额上升至 3.38 万亿元，不良贷款率为 1.56%，与第二季度末持平（见图 25）。

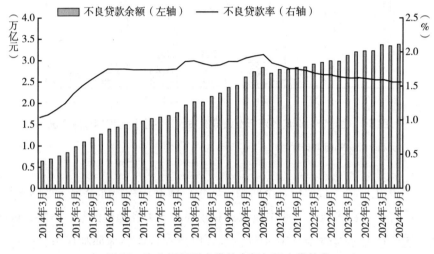

图 25　商业银行不良贷款余额与不良贷款率

资料来源：Wind 数据库。

从不同类型不良贷款情况看，截至 2024 年第三季度末，商业银行次级类不良贷款占比为 0.59%，与 2023 年相比降低 0.09 个百分点；商业银行可疑类不良贷款占比为 0.54%，与 2023 年相比降低 0.06 个百分点；商业银行损失类不良贷款占比为 0.43%，与 2023 年相比增加 0.10 个百分点（见图 26）。

拨备覆盖率是衡量商业银行贷款损失准备金计提是否充足的一个重要指标。贷款拨备率是反映商业银行拨备计提水平的重要监管指标之一，该指标有利于观察银行财务是否稳健，风险是否可控。2024 年第一季度末，商业银行的拨备覆盖率、贷款拨备率分别为 204.54%、3.26%；第二季度末商业银行的拨备覆盖率与第一季度相比增长 4.78 个百分点，贷款拨备率则与第

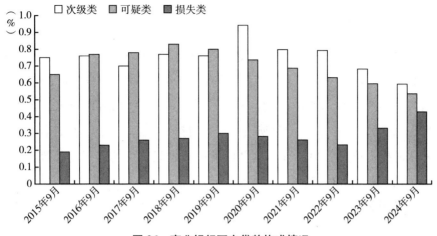

图 26　商业银行不良贷款构成情况

资料来源：Wind 数据库。

一季度持平；第三季度末商业银行的拨备覆盖率同比增长 1.59 个百分点，
贷款拨备率则同比降低 0.08 个百分点（见图 27）。整体来看，2024 年前三
季度商业银行拨备覆盖率和贷款拨备率均表现出稳健的态势，这反映了商业
银行在风险管理方面日益成熟和稳健。

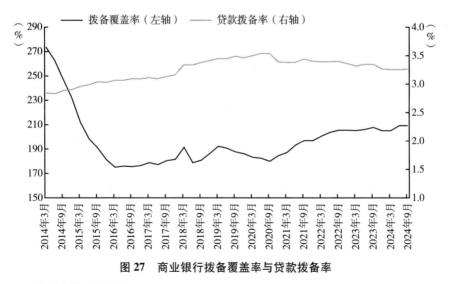

图 27　商业银行拨备覆盖率与贷款拨备率

资料来源：同花顺 iFinD。

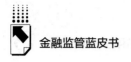
（四）国内金融市场风险

2024 年，中国债券市场共发行各类债券 79.3 万亿元，同比增长 11.7%。这一数据表明，中国债券市场在 2024 年保持了良好的发展势头，发行规模持续扩大。其中，银行间债券市场发行债券 70.4 万亿元，占据债券发行总量的绝大部分。交易所市场发行债券 8.9 万亿元，为投资者提供了多样化的投资选择。2024 年，国债收益率整体呈现震荡下行的趋势。这一趋势是在宏观经济环境、货币政策以及市场预期等多种因素的综合影响下形成的（见图 28）。

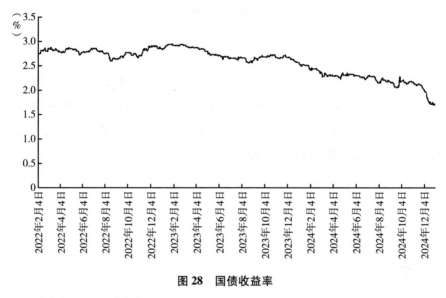

图 28　国债收益率

资料来源：CEIC 数据库。

2024 年 A 股市场交易规模呈现显著增长的态势。截至 2024 年 12 月 31 日，A 股全年合计成交额 257.33 万亿元，超过 2021 年。2024 年 A 股日均成交额达到 1.06 万亿元，创历史新高；与 2023 年相比，日均成交额增幅达到 21.22%。值得一提的是，在 A 股历史上，仅有 3 个年份日均成交额破万亿元，分别是 2015 年、2021 年、2024 年。从不同板块指数来看，上证综合指数年初受经济复苏预期和政策利好影响，指数震荡上行。年中因海外市场波动和国内经济数据不及预期，出现阶段性调整。年末在政策持续发力和企业盈利改善预期下，12月末再度上扬至3351.76点；深证综合指数走势与上证综合指数相似，但波动幅度相对较小，12月末为1957.42点；创业板指数在年初同样受到经济复苏和政策利好的影响，12月末达到2141.60点；科创50指数在2024年不仅吸引众多投资者的关注，也推动了科创板市场的整体发展。科创50指数的涨幅在2024年所有主要股指中位居前列，12月末为988.93点（见图29）。

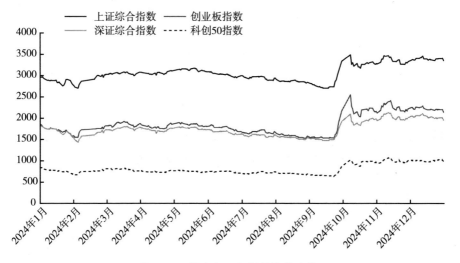

图29　A股市场不同板块指数变化

资料来源：Wind数据库。

人民币汇率总体上呈现双向波动态势，在复杂形势下保持基本稳定。2024年，CFETS人民币汇率指数震荡走升，全年人民币汇率保持在合理均衡水平上的基本稳定，人民币外汇市场波动率相比2023年有明显放缓节奏（见图30）。

2024年中国股票市场波动率呈现较为复杂的特征，整体波动较为频繁，但市场活跃度较高。2024年上半年，股票市场的波动率在2月出现阶段性高峰，此后在低位徘徊，这可能与当时的经济形势、政策环境以及市场情绪等

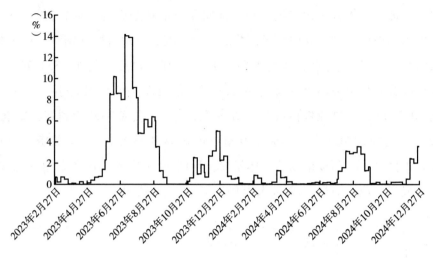

图30 人民币外汇市场波动率

注：单个金融市场自身风险变量用波动率来刻画，由笔者采用单变量 GARCH（1，1）模型测算得到。

多种因素有关；从 9 月底至 11 月初，波动率再次达到高峰，此后逐步回落，这可能与当时的市场热点、资金流向以及投资者情绪的变化有关（见图31）。

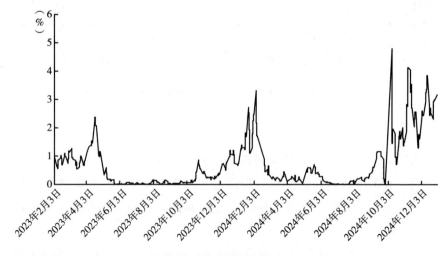

图31 股票市场波动率

注：单个金融市场自身风险变量用波动率来刻画，由笔者采用单变量 GARCH（1，1）模型测算得到。

2024年，全国期货市场累计成交量为7729.14百万手，同比下降9.08%；累计成交额为619.26万亿元，同比增长8.93%。2024年受政策、市场情绪等多重因素的影响，期货市场波动率呈现较为复杂的特征，整体波动较为频繁，但市场活跃度较高（见图32）。

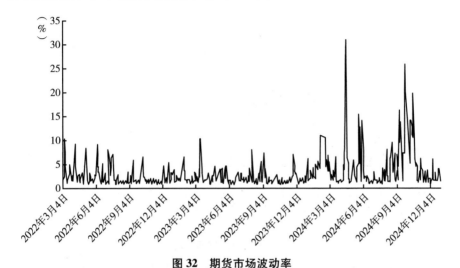

图32　期货市场波动率

注：单个金融市场自身风险变量用波动率来刻画，由笔者采用单变量GARCH（1，1）模型测算得到。

（五）国际金融市场外溢性风险

2024年美国债券市场、股票市场与外汇市场均呈现复杂多变的态势。在美国债券市场方面，2024年美国国债市场以小幅上涨收官，整体呈现温和增长态势。这一表现主要受益于通胀的小幅下降和美联储的三次降息。以美国10年期国债收益率为例，其在年内有所波动，但整体呈现先降后升的趋势。2024年末，收益率较年初有所上涨，但仍处于相对较低的水平。美国债券市场波动率如图33所示。2024年美国股票市场在经济基本面、政策支持和科技进步等多重因素的推动下，涨势强劲。由于降息预期、经济刺激政策等因素的影响，美国主要股市整体涨势强劲。美国纽约股票交易所综合指数如图34所示。2024年，美元指数整体呈现上涨的趋势，但过程中伴随着显著的波动（见图35）。这主要受美国经济数据、货币政策、地缘政治风险以及全球经济增长预期等多重因素的影响，美元指数的上涨对人民币汇率构成了一定的压力。

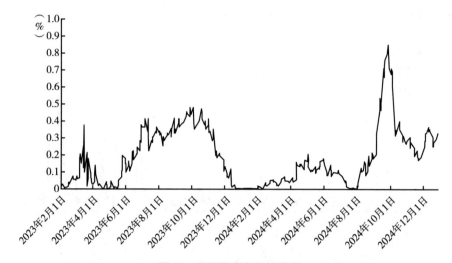

图 33　美国债券市场波动率

注：单个金融市场自身风险变量用波动率来刻画，由笔者采用单变量 GARCH（1，1）模型测算得到。

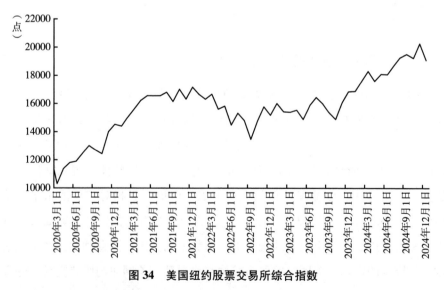

图 34　美国纽约股票交易所综合指数

资料来源：CEIC 数据库。

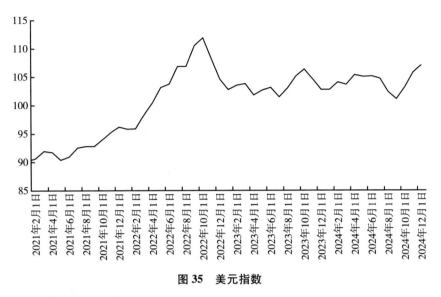

图 35　美元指数

资料来源：CEIC 数据库。

三　2024年中国重点风险领域分析

2024 年中国面临的重点风险涉及多个领域。在外部冲击方面，地缘政治局势紧张、外部经济环境恶化、全球安全挑战加剧等因素的存在，威胁全球产业链供应链的稳定，也影响正常的国际经贸合作。在房地产领域，国内房地产市场仍处于调整期，投资持续下降，高风险债务化解成为关键问题。房地产市场面临需求增长减缓、供给总体过剩、区域市场发展不平衡等问题。在地方债风险方面，2024 年中国地方政府债务风险总体可控，但部分区域风险有所上升。在中小金融机构风险方面，金融监管总局公布 2024 年重点工作任务，全力推进中小金融机构改革化险，积极稳妥防控重点领域风险。从处置成效来看，中小金融机构风险明显收敛。

（一）全球经济形势复杂多变增加国内风险

2024 年的外部形势复杂多变，主要体现在地缘政治局势紧张、外部经济

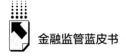

环境恶化以及全球安全挑战加剧等。全球经济延续"三高一低"态势，美欧等国家大幅加息后处于高利率水平，全球经济增速放缓，这导致我国外部环境复杂严峻，重点领域风险隐患增多。同时，大国博弈依然激烈，地缘政治局势动荡不定，乌克兰危机胶着化、巴以冲突加剧等事件，不仅冲击了全球初级产品的稳定供应，推高能源原材料价格，还威胁全球产业链供应链的稳定，影响正常的国际经贸合作，进一步加剧我国外部经济环境的不确定性。在此背景下，我国经济安全形势面临严峻挑战，特别是产业发展关键核心技术受制于人的风险显著上升。此外，外部形势的变化还可能加剧我国内部的结构性失业人口增长风险、城乡居民收入增长乏力等问题。然而，也应看到，全球科技发展进入加速期，货币政策紧缩进入见顶期，乌克兰危机影响进入弱化期等，这些外部环境的积极变化也为我国经济平稳运行提供了一定支撑。

外溢冲击之一：地缘政治局势紧张。2024 年，地缘政治冲突加剧，俄乌冲突、巴以冲突、亚太地区紧张局势、北约增员扩军以及朝鲜半岛局势紧张等事件，对全球安全和稳定构成了严重威胁。这些冲突不仅导致大量人员伤亡和财产损失，还对国际秩序和全球治理带来了巨大挑战，也使国际金融市场波动更为剧烈。2024 年全球外汇市场经历显著的波动和变化，美元指数在全年内震荡走强，成为市场的焦点。年初，由于通胀黏性较高，降息预期受到压制，提振美元走强。第二季度，随着美国经济和通胀数据走弱，市场开始预期美联储转向"鸽派"甚至大幅降息，这导致美元指数在第二、三季度表现疲弱。然而，在第四季度，"特朗普交易"升温，叠加美联储放缓降息步伐，美元指数突破年内高点。日元在 2024 年经历高波动，整体呈现弱势。美日利差、央行干预以及自民党换届等因素共同推动日元指数的波动。人民币对美元即期汇率在全年内累计下跌 2.9%，但人民币对一篮子货币整体稳中有升，CFETS 人民币汇率指数全年累计上涨 3.68%。2024 年，国际黄金价格和原油价格均呈现一定的波动性（见图 36）。黄金价格受到多种因素的影响，包括全球经济形势、货币政策以及地缘政治风险等。其中布伦特原油价格由年初的 77.97 美元/桶降低至年末的 74.59 美元/桶，黄金价格由 2038.15 美元/盎司上升至年末的 2610.85 美元/盎司。

图 36　国际黄金价格和原油价格走势

资料来源：Wind 数据库。

外溢冲击之二：外部经济环境恶化。2024 年，外部经济环境恶化，如全球经济增速放缓、贸易保护主义抬头等，会导致国际市场需求减少，影响我国的出口。与此同时，在外部经济环境恶化的背景下，一些西方国家可能会加强技术封锁和出口管制，导致我国产业发展关键核心技术受制于人的风险增加，影响我国产业的升级和转型，降低产业竞争力。

外溢冲击之三：美联储政策。随着通胀逐步降温，美联储于 2024 年 9 月宣布降息 0.5%，随后在 11 月进一步降息 0.25%，降至 4.5%~4.75%，这是自 2020 年 3 月以来的首次降息行动。值得注意的是，美国有效联邦基金利率（月平均）由年初的 5.33% 降低至年末的 4.48%，中国 1 年期贷款市场报价利率（LPR）由年初的 3.45% 降低至年末的 3.10%（见图 37）。美国降息使得中国的股票市场和债券市场相对更具吸引力，并带来资本流入，但全球金融市场的联动性较强，美联储降息引发的全球金融市场波动也可能会间接影响中国金融市场的稳定性。

（二）商品房销售呈现整体下滑但区域差异明显的特点

2024 年的房地产政策在"止跌回稳"的主基调下，经历一系列重大调

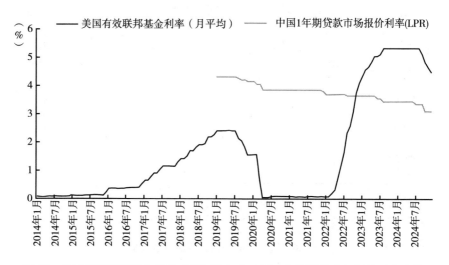

图 37 美国有效联邦基金利率（月平均）与中国 1 年期贷款市场报价利率走势

资料来源：Wind 数据库。

整。在总体政策方面，住建部会同有关部门以及地方政府打出一套"组合拳"，即包括"四个取消、四个降低、两个增加"的政策组合拳，旨在推动房地产市场从低谷稳步回升。全年政策出台数量达 780 余条，围绕"稳楼市"持续发力。四个取消包括"取消限购、取消限售、取消限价、取消普通住宅与非普通住宅标准"，即一线城市及部分核心二线城市全面或大幅放开限购政策、部分地区取消新房或二手房的限售政策、部分地区取消新房销售价格的限制、一线城市全部取消普通住宅与非普通住宅的标准；"四个降低"包括"降低住房公积金贷款利率、降低住房贷款首付比例、降低存量贷款利率、降低换购住房税费"；"两个增加"包括"增加城中村和危旧房改造、增加房地产项目信贷规模"，即通过货币化安置等方式新增实施 100 万套城中村改造和危旧房改造，推动库存去化，促进房地产市场平稳健康发展。将房地产"白名单"项目信贷规模增至 5.6 万亿元，为房地产项目建成交付提供充足稳定的资金保障。

2024 年，商品房销售呈现整体下滑但区域差异明显的特点。根据 Wind 数据库数据，2024 年新建商品房销售面积为 9.74 亿平方米，同比下降

12.9%，降幅较之前有所收窄，但仍显示出市场整体缩减态势。其中，新建住宅销售面积为 8.1 亿平方米，同比下降 14.1%，降幅虽同样较之前有所收窄，但下降幅度仍较为显著。截至 2024 年 12 月底，新建商品房销售额为 9.68 万亿元，同比下降 17.1%。销售额的降幅大于销售面积的降幅，表明平均销售价格有所下降。其中，新建住宅销售额为 8.5 万亿元，同比下降 17.6%，同样显示出住宅市场的销售压力较大；新开工面积累计同比降低 23%，与 2023 年相比降低幅度增加 2.09 个百分点（见图 38、图 39）。

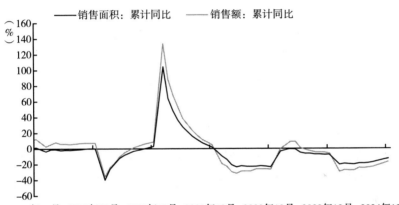

图 38　中国新建商品房销售情况

资料来源：Wind 数据库。

（三）地方政府债务结构和水平相对稳定

2024 年地方政府在债务管理方面取得显著成效，通过合理的债务发行和偿还安排，维持较为稳定的债务结构和水平。地方政府在债务风险防控方面采取了一系列有效措施，以确保债务风险可控。一是加强债务风险监测和预警。国家进一步完善债务风险监测和预警机制，建立健全债务信息公开制度，提高债务信息的透明度，方便社会公众监督。加强对地方政府债务风险的评估和研判，及时采取应对措施。二是债务结构优化。地方政府通过合理调整债务结构，降低债务成本和偿债压力。例如，增加长期债券的发行比

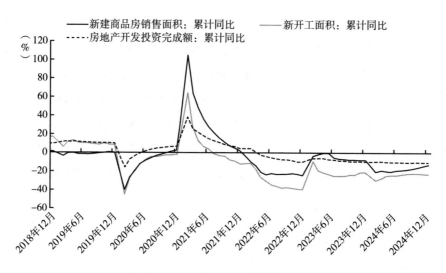

图39 中国房地产市场重要指标走势

资料来源：Wind 数据库。

例，减少短期债务的占比，使债务期限结构更加合理；同时，优化债务资金的投向，提高资金使用效率，增强项目的收益能力，为债务偿还提供有力保障。三是完善债务管理制度。国家修订完善相关法律法规，细化债务管理流程，加大监管力度，明确各级政府的责任，规范债务管理行为，提高债务管理效率。

在地方政府债务余额方面，截至 2024 年 12 月底，全国地方政府债务余额为 47.54 万亿元，一般债务余额为 16.70 万亿元，同比增长 5.24%，专项债务余额为 30.84 万亿元，比 2023 年增加 5.97 万亿元（见图40）。在地方政府债券发行方面，一般债券全年发行总额为 2.07 万亿元，专项债券全年发行总额为 7.72 万亿元，地方政府债券发行总额为 9.79 万亿元；在新增债券方面，2024 年全国新增一般债券 0.70 万亿元，全国新增专项债券 4.02 万亿元，合计新增地方政府债券 4.72 万亿元；在再融资债券发行方面，2024 年全国发行再融资一般债券 1.37 万亿元，全国发行再融资专项债券 3.70 万亿元，合计发行再融资地方政府债券 5.07 万亿元。

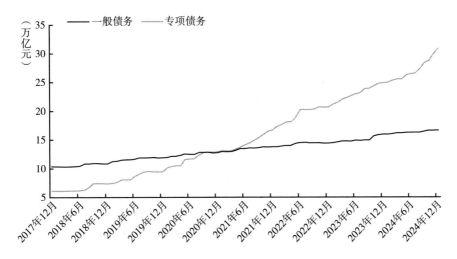

图40　地方政府一般债务和专项债务余额情况

资料来源：Wind 数据库。

（四）稳妥处置中小金融机构风险

目前，部分中小金融机构在前期积累了一些矛盾和风险，如公司治理股权不清晰、大股东控制导致风险事件产生等。农合机构（包括农村商业银行、农村合作银行、农村信用社）和村镇银行的高风险机构数量较多，资产规模占参评银行资产规模的比例较大。2024年，中小金融机构风险处置被明确列入国务院政府工作报告，强调要"稳妥推进一些地方的中小金融机构风险处置。严厉打击非法金融活动"。金融监管总局也公布了2024年重点工作任务，要求全力推进中小金融机构改革化险，积极稳妥防控重点领域风险。

2024年，在处置中小金融机构风险方面主要采取以下几项措施：一是合并重组。2024年，中小金融机构合并重组步伐明显加快，成为化解风险的有效途径。据统计，2024年接近200家中小金融机构合并重组或撤销，其中涵盖100多家村镇银行和50多家农商行。合并重组后，中小金融机构在规模和质量上得到提升，风险化解能力增强，有效维护了地方金融稳定。

二是强化监管。金融监管机构加大对中小金融机构的监管力度，提高风险防控能力。通过严格执法、早期干预纠正等措施，及时发现和处置潜在风险。三是处置不良资产。加大不良资产处置力度，通过资产证券化、债权转让等方式，有效降低中小金融机构的不良贷款率。四是注重中小金融机构的恢复经营。处置风险的同时，注重提高中小金融机构恢复经营的能力。通过优化内部管理、提升服务质量、拓展业务领域等措施，增强中小金融机构的市场竞争力。

从处置成效来看，中小金融机构风险明显收敛，高风险中小金融机构的数量和规模都在持续减少。在处置风险的同时，中小金融机构继续发挥金融支持实体经济的重要作用，通过提供贷款、融资等金融服务，支持中小企业的发展，促进地方经济的繁荣。

未来，针对中小金融机构风险需采取以下措施：一是持续推进改革化险。推进中小金融机构改革化险仍将是金融监管的长期任务，要继续推进中小金融机构的合并重组、优化内部管理、提升服务质量等工作。二是加强金融监管。随着金融市场的不断发展，金融监管将更加严格和全面。要通过完善监管体制、提高监管效率等措施，有效防范和化解金融风险。三是推动中小金融机构健康发展。在化解风险的同时，注重推动中小金融机构的健康发展。要通过优化业务结构、提升创新能力等措施，提高中小金融机构的市场竞争力和可持续发展能力。

四　2024年中国金融风险监管应对

2024年是中华人民共和国成立75周年，是实现"十四五"规划目标任务的关键一年，也是金融监管总局全面履职的第一个完整年度。2024年5月27日，中共中央政治局审议通过《防范化解金融风险问责规定（试行）》，进一步压实金融领域相关管理部门、金融机构、行业主管部门和地方党委政府的责任，通过明确的问责机制来识别、预防和化解金融风险。

2024年，外部风险冲击方面，美国、欧盟等数十个国家和地区举行大选，加剧了国际形势的不确定性。中美博弈、俄乌冲突、巴以冲突等地缘冲突不断升级，为全球经济带来不确定性的压力。金融风险与非金融风险交叉，跨区域、跨市场、跨业务的交叉特征日益明显，增加风险的复杂性和传染性。内部金融风险方面，房地产市场面临需求疲软、信心不足等问题，房地产企业面临融资渠道受限和融资成本上升的问题，部分企业因资金链紧张而面临经营风险。中国地方债务风险呈隐性债务规模较大、风险传导机制复杂等特点，地方政府的偿还压力也在不断增加。

在此情况下，金融监管机构实施一系列重要举措，积极稳妥防控重点领域风险，以确保金融市场的稳定和健康发展。在有效防范和化解地方债务风险方面，金融监管机构发布一系列补充文件，如"134号文"等，对化债政策进行细化和完善，延长化债期限、拓宽债务置换范围等。央行和金融监管总局指导金融机构按照市场化、法治化原则，合理运用债务重组、置换等手段支持融资平台债务风险化解；在化解中小金融机构风险方面，金融监管总局全力推进中小金融机构改革化险，积极稳妥防控重点领域风险，坚决落实强监管严监管要求。这些监管措施能够助力金融市场的稳定、规范和健康发展，有效提升金融行业的整体竞争力，更好地服务经济社会发展大局。

（一）多举措化债方案推进落实并持续调整及完善

面对地方政府债务风险问题，中央政府高度重视并出台一系列政策措施。2024年的"一揽子化债方案"是在此基础上进一步细化和完善的结果，"严禁新增地方政府隐性债务"仍是不可破的"底线"，把握方向、坚守底线，推动地方债务管理机制的优化和完善，度过化债"攻坚期"。

针对地方债务问题，通过推进并落实化债方案，妥善化解存量债务风险、严防新增债务风险。一是一揽子化债方案推进落实并持续调整及完善。自2023年7月"一揽子化债方案"提出以来，相关化债政策密集出台并不断细化。2024年11月8日，十四届全国人大常委会第十二次会议表决通过了全国人大常委会关于批准《国务院关于提请审议增加地方政府债务限额置换存量隐性债务的议案》的决议，方案提出增加 6 万亿元地方政府债务限额，用于置换存量隐性债务，置换过程采取一次报批、分三年实施的方式，根据地方政府隐性债务规模按照全国统一比例分配。同时，安排新增专项债务补充政府性基金财力。从 2024 年开始，连续五年每年从新增地方政府专项债券中安排 8000 亿元，补充政府性基金财力，专门用于化债，累计可置换隐性债务 4 万亿元，进一步减轻地方政府的债务压力。2029 年及以后年度到期的棚户区改造隐性债务 2 万亿元，仍按原合同偿还。二是逐步加大财政政策逆周期调节力度、提质增效。2024 年国务院政府工作报告提出，积极的财政政策要适度加力、提质增效，用好财政政策空间，组合使用赤字、专项债券、超长期特别国债、税费优惠、财政补助等多种政策工具，保持适当支出规模，促进经济持续回升向好。同时积极扩大有效投资，合理扩大地方政府专项债券投向领域和用作资本金范围，额度分配向项目准备充分、投资效率较高的地区倾斜。三是健全风险防控长效机制。加快建立同高质量发展相适应的地方债务管理机制，完善全口径地方债务监测监管体系。强化地方政府债务管理，加强项目穿透式管理，确保按时偿还、不出风险。严肃查处各类违法违规举债行为，加大问责结果公开力度，坚决防止一边化债、一边新增。

通过一揽子化债方案的实施，地方政府债务风险得到有效控制，债务规模扩大的同时风险并未扩大。隐性债务规模较大的省份获得了更多的限额分配，有助于其加快化解债务风险。一揽子化债方案的实施也为地方经济稳定发展提供了有力保障，通过优化债务结构和投向，增强了地方经济的可持续发展能力。同时，通过加强风险防控和监管机制建设，避免了债务风险对地方经济造成的冲击。2025 年需要继续优化债务的区域结构、投向结构、期限结构、主体结构，确保债务资金投向高质量发展的领域和区域。建立健全风险防控长效机制，完善全口径地方债务监测监管体系。加强对地方债务风险的监测和预警，及时发现和处置潜在风险点。同时，加快推动地方融资平台市场化转型升级，增强其自我造血功能。通过市场化方式化解债务风险，推动债务良性循环。

（二）积极稳妥化解房地产风险

2024 年中国房地产行业在经济、社会和民生方面的重要性依然显著。尽管面临市场调整和风险挑战，通过政策支持、市场调控和企业转型，房地产行业仍实现平稳健康发展。据中指研究院统计，2024 年，我国围绕"稳楼市"，推动一系列政策"组合拳"持续发力，全年政策出台数量达 780 余条。

2024 年，中国采取一系列措施来化解房地产风险。一是一视同仁支持房地产企业融资。2024 年 1 月，住建部、金融监管总局联合发文，要求各地建立城市房地产融资协调机制，按照"一项目一方案"提出项目"白名单"，一视同仁支持房地产企业合理融资需求，改善房地产企业特别是部分民营企业的资金流动性。二是政府继续推进"保交楼"工作。2024 年 5 月，住建部在国务院政策例行吹风会上介绍切实做好保交房工作配套政策有关情况，要压实地方政府、房地产企业与金融机构各方责任。地方政府要承担属地责任，推动住建、金融管理、公安、自然资源、审计等部门和法院协同配合，各司其职、形成合力。房地产企业要承担主体责任，制定"一项目一策"处置方案，积极处置资产、多方筹集资金，确保项目按时保质交付。金融机构要落实尽职免责规定，做到对符合条件的项目"应贷尽贷"，加快贷款审批和发放，支持项目建设交付。三是一线城市限购松绑，带动成交复苏。2024 年，一线城市大尺度地松绑限购政策，直接带动第四季度的成交复苏。例如，北京、上海、广州、深圳等一线城市纷纷对限购政策进行调整，降低购房门槛。这些政策的实施，使购房者的购房意愿得到释放，市场成交量逐步回升，有助于楼市止跌回稳。四是首付比例、利率降至新低，减轻购房者负担。2024 年，降首付、降利率成为房地产调控的重要手段。监管部门推出一系列楼市调控措施，包括降低首套房、二套房最低首付比例以及下调房贷利率。这些政策的实施，使购房者的购房成本大幅降低，有助于提升购房者的购房能力，进一步促进市场成交。五是存量房贷利率下调，稳定市场预期。继 2023 年下调之后，2024 年存量房贷利率再次下调。中国人民银行发布公告，完善商业性个人住房贷款利率定价机制，并指导市场利率

定价自律机制发布《关于批量调整存量房贷利率的倡议》。这些政策的实施，使得购房者的月供相应减少，直接减轻购房者的经济负担，同时减少了提前还贷现象，稳定了市场预期，增强了购房者的信心。

在政策的推动下，2024 年第四季度房地产市场主要指标持续改善。新建商品房销售面积及金额累计跌幅收窄，单季销售面积实现同环比双增长。企业资金到位情况不断改善，累计跌幅逐月收窄。这些数据的改善，表明房地产市场正在逐步向着更加稳健的方向发展。2025 年中国房地产政策将继续围绕稳定市场、防范风险、促进健康发展展开。通过货币政策宽松、城中村改造、户籍制度优化、税收政策支持等多方面措施，稳定市场预期，刺激需求，防范风险，推动房地产市场的平稳健康发展。

（三）标本兼治化解中小金融机构风险

2024 年，中国中小金融机构面临多方面的风险，主要包括信用风险、流动性风险、操作风险等。中小金融机构由于规模较小、资本实力相对薄弱，在风险评估和贷后管理方面可能存在不足，难以准确识别和有效应对潜在信用风险。由于资金来源单一、负债结构不合理等，在市场出现波动或突发事件时，中小金融机构可能难以迅速调整资金结构，从而引发流动性危机。与此同时，部分中小金融机构内部管理制度不完善、员工操作不规范、信息系统存在漏洞等，都可能导致操作风险的发生。此外，部分中小金融机构在业务快速扩张过程中，可能忽视操作风险管理的重要性，从而增加了潜在风险。

针对中小金融机构存在的风险，2023 年的中央金融工作会议提出，要及时处置中小金融机构风险。2024 年国务院政府工作报告首次明确，要标本兼治化解中小金融机构风险，维护经济金融大局稳定。稳妥推进中小金融机构风险处置，健全金融监管体制。在具体政策实施层面，金融监管总局等部门积极推动中小金融机构改革，制定和完善风险化解方案。推动重点地区和重点机构加快改革化险步伐，如农村信用社等中小金融机构按照"一省一策"有序推进改革。同时，持续强化机构监管、行为监管、功能监管、穿透式监管、持续监管"五大监管"，消除监管空白和盲区。

2024 年经过一系列政策措施的推进和实施，中小金融机构风险整体收敛可控，金融体系运行总体稳健。2025 年，根据金融监管总局监管工作会议和中国人民银行工作会议精神，要加快推进中小金融机构改革化险，坚持上下统筹、分工包案、凝聚合力，全力处置高风险机构，促进治理重塑、管理重构、业务重组。按照市场化、法治化原则，支持中小银行风险处置。

B.10
2024年地方债务管理报告

张 鹏[*]

摘 要： 2024年，中央及时推出"一揽子增量政策组合拳"，不仅有效缓解了地方政府偿债压力，也间接推动了经济增长。新一轮化债"组合拳"着力改变化债思路，在治理逻辑上，打破"以债论债"路径依赖，转向发展中化债的新范式；在政策工具上，构建财政金融协同框架，以资源整合替代单一紧缩；在实施模式上，建立风险防控长效机制，实现从被动应急向系统治理转型；加速推动专项债扩容提质增效，不仅有效遏制新增隐性债务，还有助于扩大有效投资、增强经济韧性；持续建立地方债务监管长效机制，以确保债务可持续发展和推动经济高质量发展。城投平台债务管理强调收紧城投平台融资条件、加大城投境外债监管力度，并明确了城投退平台最后期限，实现城投企业与政府信用脱钩，多措并举化解隐性债务风险，保障地方财政健康稳定运行。

关键词： 地方债务管理 城投债 一揽子化债方案

一 2024年地方政府债券及城投债市场回顾

（一）2024年地方政府债券市场回顾

1.地方政府债券发行情况

2024年，我国政府债务管理体系呈现显著的制度优化特征。经全国

---

* 张鹏，中国社会科学院金融研究所博士后，国家金融与发展实验室研究员，主要研究方向为宏观经济与政策、金融风险、国际金融等。

人大常委会审议批准，中央财政实施定向债务扩容政策，新增地方政府债务置换额度 60000 亿元，专项用于存量隐性债务的显性化处置。经此调整，地方政府债务限额提升至 527874.3 亿元，这一制度安排既延续了债务风险防控的审慎原则，又为地方政府债务结构的主动优化创造了政策空间。2024 年末，国债余额 345723.62 亿元，控制在全国人大批准的国债限额 352008.35 亿元以内；地方政府债务（含用于置换存量隐性债务的地方政府债务）余额 475370.55 亿元，包括一般债务余额 167012.77 亿元、专项债务余额 308357.78 亿元，控制在全国人大批准的地方政府债务限额以内[①]。

在国内经济下行压力加大、地方政府债务到期高峰来临以及一揽子化债方案逐渐落地的背景下，如图 1 所示，2024 年地方政府债券共发行 2042 只，同比下降 6.07%，但全国累计发行地方政府债券规模达 97760.89 亿元，同比增长 4.83%，净融资 67953.35 亿元，同比上升 20.05%，发行规模和净融资规模均创下历史新高。其中，发行一般债券 20674.9 亿元、专项债券 77260.98 亿元。按债券性质分，发行新增债券 47193.48 亿元，其中，新增一般债券 7005.16 亿元，与上年持平；新增专项债券 40188.32 亿元，较上年增加 633 亿元。一般债券的规模稳定有效保障了基本公共服务支出需求，而专项债券的增量扩张则重点服务于重点领域项目资本金的筹措需求。发行再融资债券 50742.4 亿元，其中，再融资一般债券 13669.74 亿元、再融资专项债券 37072.66 亿元。2024 年债务融资安排通过"总量稳定+结构优化"的政策组合，不仅确保了积极财政政策的支出强度延续性，更重要的是通过政府投资的乘数效应，在扩大有效投资、优化供给结构、提振市场预期等方面发挥了关键作用，为经济周期波动中的逆周期调节提供了强有力的财政政策支撑。

从 2024 年各季度的地方政府债券发行情况来看，呈现上半年发行速度

---

① 《全国人大常委会批准增加 6 万亿元地方政府债务限额置换存量隐性债务》，中国政府网，https://www.gov.cn/yaowen/liebiao/202411/content_6985595.htm。

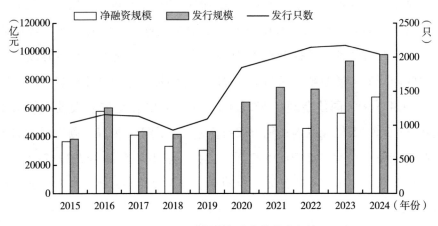

图1　2015~2024年地方政府债券发行情况

资料来源：财政部、Wind数据库。

较为缓慢而下半年则显著加快的态势。具体而言，根据《地方政府债券市场报告》，第一、二季度发行规模分别为15738.61亿元和19189.40亿元，显著低于过去五年同期的平均水平。上半年地方政府债券发行进度缓慢主要源于三重政策效应的叠加——2023年增发国债形成的财政传导时滞、地方政府债务重组计划实施形成的债务置换压力缓释，以及"休养生息"策略下财政空间的战略性储备。下半年地方政府债券发行规模扩张则受政策组合驱动影响，第三季度地方政府债券发行规模达到31947.76亿元，为近五年同期的最高值，第三季度地方政府债券发行规模回升，主要是由于经济增长需要托底以及新增地方政府债券集中发行的影响；第四季度地方政府债券发行规模为30885.12亿元，在新一轮化债政策的推动下，新增了2万亿元用于置换隐性债务的特殊再融资债券集中发行，这导致第四季度的发行规模创下了同期的历史新高。

2.地方政府债务余额情况

近年来全国地方政府债务余额呈现不断上升趋势，但整体债务水平仍较低。截至2024年末，全国地方政府债务余额475371亿元（见图2）。根据财政部官网数据，全国地方政府债务余额中一般公共预算债务规模为16.54

万亿元，占比34.79%；专项债务规模达到30.80万亿元，占比64.79%；就债务表现形式而言，标准化地方政府债券余额达到47.38万亿元，占绝对比重（99.66%），而非债券形式存量地方政府债务余额仅0.16万亿元，占比0.34%，反映出地方政府债务管理已基本实现债券化转型。2024年全国地方政府债务余额相比2023年增加67998亿元，上升16.7%。

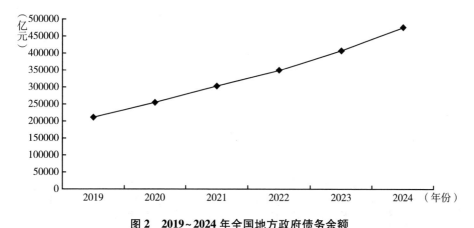

图2　2019~2024年全国地方政府债务余额

资料来源：财政部官网。

根据各省份预决算报告数据，截至2024年12月，地方政府债务余额排名靠前的省份有江苏（3.19万亿元）、广东（3.16万亿元）、山东（2.98万亿元）、四川（2.58万亿元）、湖南（2.38万亿元）和浙江（2.35万亿元）等，合计占比超30%，除四川和湖南外，其余省份均属于东部发达省份，且这几个省份负债率较低。相较而言，青海、海南、宁波和西藏等地的地方政府债务余额较小，均低于5000亿元。

（二）2024年城投债券市场回顾

2024年以来，受财政部35号文和47号文关于"融资平台统一授信，严控增速，名单内平台严控新增项目贷款"等政策影响，城投债券发行规模及净融资额大幅回落。此外，城投平台主体信用评级呈现上调多于下调的态势，且城投债券发行期限明显延长。

247

1. 城投债券发行情况

2024 年城投债券发行规模 3.97 万亿元，同比收缩 15.0%；全年累计净偿还 4876 亿元，较 2023 年减少 1.35 万亿元，9 月单月净融资缺口达 1513 亿元（见图 3）。根据 Wind 城投债研究数据库数据，截至 2024 年 12 月，2024 年城投债券累计发行 6250 只，同比下降 15%。值得注意的是，2024 年城投债券存量债务进入实质性压降阶段。截至 2024 年末，城投债券存量规模降至 10.88 万亿元，较上年末收缩 4.3%，打破自 2009 年城投债券创设以来的持续增长趋势。

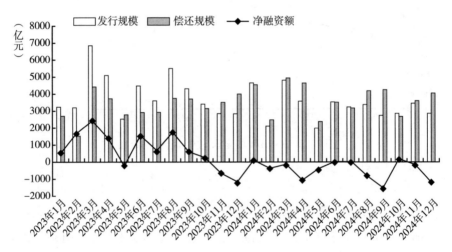

图 3　2023~2024 年各月城投债券发行规模、偿还规模及净融资额情况

资料来源：Wind 城投债研究数据库。

在非标融资监管框架系统性强化背景下，2024 年政信类产品呈现深度出清态势。监管部门要求信托机构通过"融资平台查询系统"确认平台是否在监管名单内，名单内平台相关债务只减不增。国家金融监管总局推动金融租赁公司稳妥退出融资平台业务，严禁不适格租赁物重组、续作。地方金交所关停，三方代销信托被叫停，传统定融业务受限。在此背景下，城投平台非标产品发行规模大幅下降，根据 Wind 城投债研究数据库数据，2024 年非标产品发行规模 1410 亿元，较 2023 年下降 74.1%，总净偿还 7866 亿元，为 2023 年的 1.8 倍，非标产品规模占有息债券比例从 2023 年的 7.3% 降至 5.5%。

分区域看，2024 年各省（区、市）城投债券发行规模明显下降，非重点省（区、市）是城投债净偿还主力，天津和贵州降存显著。根据 Wind 城投债研究数据库数据，2024 年，江苏、浙江和山东仍是发行规模头部地区，河南、江西、天津增长较快。江苏、浙江和山东城投债券发行规模分别以 10743 亿元、4822 亿元和 3180 亿元位居前三，三地发行规模合计占城投债券总发行规模的近 50%，大幅领先其余省（区、市）。河南、江西、天津属于第二梯队，发行规模在 2000 亿~3000 亿元，重庆、湖南、四川、湖北、安徽等 5 个省（区、市）属于第三梯队，发行规模在 1000 亿~2000 亿元。重点省（区、市）合计发行规模 33283 亿元。

2024 年，城投债券发行规模整体下降主要由非重点省（区、市）的发行规模缩减驱动。其中，根据 Wind 城投债研究数据库数据，江苏发行规模减小 1511 亿元，占总降幅的 22%；浙江、湖南、四川、湖北、安徽、福建、陕西等地降幅均超 20%。重点省（区、市）中，天津发行规模减小 1281 亿元，降幅达 37.7%，其他重点省（区、市）发行规模变化较小。云南和新疆发行规模虽有增长，但主要源于到期再融资需求。

净融资方面，全国 31 个省（区、市）中，12 个省（区、市）实现净融资，19 个省（区、市）呈现净偿还。根据 Wind 城投债研究数据库数据，非重点省（区、市）中，江苏、浙江、湖南、安徽、四川因存量债务规模较大主动"降存"，分别净偿还 1389 亿元、734 亿元、614 亿元、445 亿元、405 亿元。重点省（区、市）合计净偿还 1235 亿元，其中天津和贵州因债务率较高且获较大财政化债支持，净偿还规模较大，分别净偿还 741 亿元、347 亿元。上述七地净偿还规模占全国总净偿还规模的 96%。此外，河北、广东、上海、吉林（重点省份）净融资规模均超 100 亿元。

发行期限方面，2024 年城投债券发行呈现显著的长期化特征。根据 Wind 城投债研究数据库数据，城投债券发行以 5 年期及以上的中长期限债券品种为主。5 年期及以上债券占比 55.79%，较 2023 年增长 4.19 个百分点，而 5 年期以下债券占比44.21%，较2023年下降4.19个百分点。其中，1年期及以内和1~3年期债券占比持续下降，分别下降1.54个和3.23个百分点。

2. 城投债券余额情况

截至2024年末，全国有存续城投债券的城投平台共2625家，较年初减少164家；存续城投债券16674只，较年初减少662只；存续城投债券余额10.78万亿元（见图4），较年初降低0.74万亿元。全国存续城投债券品种以公司债（含私募债）、中期票据和定向工具为主，存续规模分别为51285.21亿元、27698.72亿元和14493.80亿元，占比分别为47.57%、25.69%和13.45%。

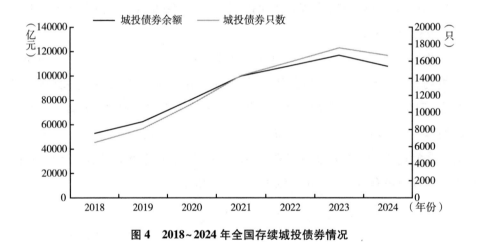

图4　2018~2024年全国存续城投债券情况

资料来源：Wind城投债研究数据库。

分区域看，江苏、浙江、山东存续城投债券余额位居前三。根据Wind城投债研究数据库数据，江苏、浙江、山东城投债券余额分别为25065.99亿元、16241.57亿元和7904.27亿元，三个地区合计占比45.65%。经济欠发达地区，例如青海、内蒙古和海南，目前存续城投债券规模较小，分别为65.2亿元、25.4亿元和6.0亿元。

从不同评级城投债券发行占比来看，截至2024年12月末，评级为AAA级的城投债券发行只数占城投债券发行总数的13.60%，评级为AA+级的城投债券发行只数占城投债券发行总数的 12.37%，评级为 AA 级的城投债券发行只数占城投债券发行总数的 3.49%，评级为 AA 级及以上的城投债券发行只数占城投债券发行总数的 29.46%，相比 2023 年下降 7.65 个百分点，近五年呈现不断下降趋势（见图 5）。

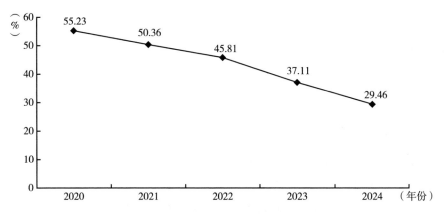

图 5　评级为 AA 级及以上的城投债券发行只数占比

资料来源：Wind 数据库。

从各省市城投债券评级来看，2024 年城投平台主体信用评级调整呈现上调多于下调的态势。具体来看，根据 Wind 城投债研究数据库数据，评级上调的城投平台共 25 家，均为主体级别上调，较 2023 年减少 14 家；而评级下调的城投平台共 13 家，评级下调的城投平台主要集中在贵州省。其中主体级别下调 7 家，整体数量较 2023 年减少 15 家。从级别调整的具体情况看，24 家城投平台主体级别向上迁移 1 个级别，其中原主体级别为 AA+级的 10 家、AA 级的 13 家、AA-级的 1 家；另有 1 家 A+级主体级别向上迁移 2 个级别至 AA 级。从行政级别分布来看，区县级城投平台 12 家，地市级城投平台 11 家，地市级园区 2 家。从地区分布来看，主体评级上调的城投平台涉及 14 个省份，其中江苏、浙江和安徽等地上调数量较多。江苏共有 7 家城投平台上调，分布于 7 个地级市；浙江 4 家，分布于 2 个地级市，其中杭州市占 3 家；安徽 3 家，分布于 3 个地级市。此外，12 个重点省份中未出现评级上调情况。

二 2024年地方债务管理重大举措

自 2023 年 7 月"一揽子化债方案"提出以来，相关化债政策密集出台并不断细化。

（一）化债政策力度持续加码

1. 新一轮化债"组合拳"

2024 年 11 月 8 日，全国人大常委会批准《国务院关于提请审议增加地方政府债务限额置换存量隐性债务的议案》，标志着我国地方政府债务治理进入系统化攻坚阶段。财政部部长蓝佛安在政策发布会上阐释，本轮化债方案呈现三大制度创新。一是债务限额动态管理机制。建立"6+4+2"梯次化解框架，新增 6 万亿元地方政府债务限额置换存量隐性债务，实施三年期分步置换；自 2024 年起连续五年，每年定向安排 8000 亿元新增专项债券补充政府性基金预算，形成 4 万亿元化债专项资金；对 2029 年及以后到期的 2 万亿元棚改债务维持原定偿债路径，确保债务重组有序衔接。二是财政金融协同治理机制。通过"限额置换+专项补充+期限重组"政策组合拳，预计至 2028 年使得隐性债务余额由 14.3 万亿元压降至 2.3 万亿元，年均化解规模从 2.86 万亿元优化至 4600 亿元，五年期累计节约财政成本约 6000 亿元。在财政收入承压背景下，有效破解债务展期成本高、流动性错配等结构性矛盾。三是债务管理转型机制。中央确立了新一轮化债的四大治理转向，即从被动风险处置转向主动债务重组、从个案化险转向系统治理、从"双轨制"管理转向全口径透明监管、从单一防风险转向风险防控与发展效能并重。特别是通过隐性债务显性化改革，推动形成"限额管理–预算约束–绩效评估"的闭环管理体系。

2. 地方债务新增限额创历年新高

2024 年国务院政府工作报告明确提出，积极的财政政策要适度加力、提质增效。用好财政政策空间，综合运用赤字、专项债券、超长期特别国债、税费优惠、财政补助等政策工具，维持合理支出规模，推动经济持续向好。同时，积极扩大有效投资，合理拓展地方政府专项债券的投向领域及资本金使用范围，将额度更多分配至项目准备充分、投资效率高的地区。

2024年两会确定地方政府新增债务限额为4.62万亿元，创下历年新高，其中新增一般债务限额0.72万亿元，与上年持平；新增专项债务限额3.90万亿元，较上年增加0.10万亿元，以支持地方在重点领域加大补短板力度。截至2024年9月底，各地发行新增专项债券3.6万亿元，占全年额度的92.3%。2024年10月12日，国务院新闻办公室召开新闻发布会，财政部表示后续将加大财政政策逆周期调节力度，发挥政府债券的牵引作用，带动有效投资，研究扩大专项债券使用范围，合理降低融资成本。

（二）化债思路的重大变革

1. 从化债中发展到发展中化债

2023年启动实施的一揽子化债政策成效显著，有效缓解了地方政府隐性债务风险，为经济复苏奠定了基础。2024年11月，财政部推出的"6+4+2"梯次化债框架，进一步减轻了地方政府的化债压力，优化了地方财政资源的配置，为地方经济的高质量发展释放了更大空间。2025年国务院政府工作报告明确指出"坚持在发展中化债，在化债中发展"，这体现了化债工作思路的转变。2024年2.8万亿元置换专项债务额度向经济大省倾斜，相关文件明确重点省份退出重点名单的标准和程序，这些政策举措表明当前化债工作已从单纯的风险防控向风险防控与经济发展并重转变。

地方政府债务压降虽是化解债务风险的重要途径，但过度聚焦化债也可能对地方经济社会事业的发展产生负面影响，尤其是在经济低迷期，政府债务扩张对于扩大内需和刺激经济增长具有重要意义。因此，在经济下行压力较大的背景下，从"化债中发展"向"发展中化债"转变是符合实际情况的理性决策。2024年地方政府化债工作的实际情况也充分反映了这一化债思路的转变。一些省市在政府工作报告中对化债工作的表述有所淡化，如北京从"统筹推进地方债务风险防范化解工作"转变为"守住不发生系统性

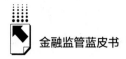

金融风险底线"，不再提及化解地方债务风险。而重点化债省份如辽宁、贵州等地则明确提出"坚持在发展中化债、在化债中发展"，将发展置于重要地位，这不仅有助于地方经济的可持续发展，也为化债工作提供了更为坚实的经济基础。

2. 从"财政紧缩型"向"政策资源驱动型"的模式转换

在宏观经济增速趋缓叠加财政增收压力增大的背景下，地方政府债务治理策略呈现显著的范式创新特征。早期以"资产变现"为主导的化债模式，本质上属于财政紧缩框架下的被动应对策略。此类举措虽能短期内实现债务率指标改善，但存在资产折价损失、公共服务供给能力削弱等次生风险。财政压力测试表明，过度依赖资产处置可能导致地方政府资产负债表质量下降。

随着2023年一揽子化债政策的深化实施，债务治理工具箱得到系统性扩展。财政部主导构建的"10万亿元级"政策资源池，通过债务置换、利率优惠、期限重组等结构化工具，推动化债模式向"政策资源驱动型"升级。这一转变具有双重制度红利：其一，借助专项债券置换存量债务机制，有效降低债务综合成本150~200BP。例如，拉萨市借助国家增量化债政策窗口期，抢抓地方政府专项债券置换隐性债务的机遇，将高成本、短期限的存量隐性债务置换为低利率、长期限的专项债券。例如，2024年12月发行的10年期置换债券平均利率仅2.16%，显著降低综合融资成本。其二，通过中央转移支付与地方财政的协同机制，形成跨周期债务缓释能力。例如，青海省结合中央转移支付（2024年中央对青海的转移支付规模达1589亿元，相当于地方财力的近5倍），优化债务化解资金结构，确保"三保"支出不受挤压。目前，全国31个省（区、市）中24个已将"政策资源利用效率"列为债务治理核心指标，河南、海南等省份更是建立了债务置换专项督导机制。地市级政府的操作实践进一步验证政策转型成效。乌海市构建的"政策争取-债务控制-风险评级"三维治理框架，成功将综合债务率压降至65%的阈值以下；长沙市创新实施的"政策资源优先级配置模型"，实现年度化债规模与基建投资增速的正向联动。值得注意的是，当前政策资源利用仍面临结构性约束，例如，隐性债务显性化进度差异导致区域政策受益不均，债务置换资金使用效率存在 12~15 个百分点的省际差距。

3. 从被动应急到主动治理的范式转变

自《预算法》（2014 年修正）实施以来，我国地方政府债务管理经历了从被动应急到主动治理的范式转变。从政策演进视角考察，债务风险化解工作已历经四个关键阶段，呈现显著的制度创新特征。

第一阶段（2015~2017 年）试点化债。针对早期暴露的隐性债务风险，财政部选取高风险县开展首轮试点，通过债务置换等工具实施定向纾困。此阶段突出特征表现为政策工具的单一性与期限结构的短期性（平均周期 18 个月），本质上属于对风险处置的应急性安排。

第二阶段（2018~2019 年）清零试验。在京津冀、长三角等经济发达区域推行隐性债务清零试点，探索"财政重组+资产证券化"组合策略。虽然试点周期被压缩至 12 个月内，但形成了"穿透式监管"的雏形，为后续制度建设提供了实证依据。

第三阶段（2020~2022 年）结构性纾困。面对疫情后债务压力攀升的现状，创新运用特殊再融资债券工具，通过 1.46 万亿元存量限额空间释放流动性。此阶段突破传统化债框架，首次实现货币政策与财政政策的跨周期协同。

第四阶段（2023 年至今）系统治理。近年来，尽管地方政府在债务管理方面采取了诸多措施，但区域性地方债务风险依然存在，对区域金融生态仍可能会造成一定冲击。以宁夏为例，其 2024 年政府工作报告明确强调要"牢牢守住不发生新增隐性债务、债务违约和系统性风险三条底线"，凸显了地方政府对债务风险的警惕性。2023 年新一轮化债政策的实施，显著缓解了地方隐性债务的流动性风险，增强了地方政府对债务风险的管理能力。例如，中央政府通过发行 1.5 万亿元特殊再融资债券置换高成本隐性债务，配合央行设立应急流动性金融工具（SPV），使地方政府加权平均债务成本从 5.8% 降至 4.2%，债务期限结构从平均 3.2 年延至 7.5 年。在此背景下，地方政府更加注重债务管理机制的完善与创新。例如，四川省在 2024 年的

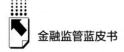

政府工作报告中提出"加快建立与高质量发展相适应的政府债务管理机制，加强地方债务全口径监测管理"，体现了其对债务管理的前瞻性思考和系统性规划。江西省则强调"用好债务风险监测机制，持续压降地方政府融资平台数量和存量经营性金融债务"，表明其在控制债务规模、优化债务结构方面采取了积极行动。这些举措反映了当前中国地方政府债务治理体系正经历从被动应对向主动治理的战略转型，这有助于提升地方财政的可持续性，为地方经济的稳定发展提供有力保障。通过建立健全债务风险监测与管理机制，地方政府能够更好地把握债务规模与经济发展的平衡，防范潜在的财政风险，促进区域经济的健康可持续发展。

（三）推动专项债券扩容提质增效

1. 合理扩大专项债券资金使用范围

地方政府专项债券是国家信用扩张和治理能力的重要体现，对扩大有效投资、增强经济韧性具有重要意义。党的二十届三中全会审议通过的《中共中央关于进一步全面深化改革、推进中国式现代化的决定》提出，合理扩大地方政府专项债券支持范围，适当扩大用作资本金的领域、规模、比例。要进一步发挥专项债券对社会投资的带动作用。

推动专项债券资金使用提质增效，有助于遏制新增隐性债务，加快培育完整的内需体系。要建立政府投资支持基础性、公益性、长远性重大项目建设长效机制，需更好统筹专项债券项目和民间投资项目，聚焦短板领域、薄弱环节和新兴产业，谋划经济社会效益显著、带动效应强、群众期盼的重大项目，贯通产业链关键环节，激发民间投资活力。同时，健全政府投资带动社会投资的体制机制，推进自然垄断行业改革，加强政府与社会投资的统筹衔接和错位安排，规范实施政府和社会资本合作新机制，发挥专项债券、超长期特别国债及政府和社会资本合作的组合效应，探索专项债券与市场化融资协同新模式，形成市场主导的有效投资内生增长机制。

根据《国务院办公厅关于优化完善地方政府专项债券管理机制的意见》（国办发〔2024〕52号），专项债券投向领域实行"负面清单"管理，扩大新增专项债券投向领域，拓展发行规模增长空间。各地可依宏观经济状况，扩大专项债券项目投资比例，增加投向领域。当前，提振消费是扩大内需的重点，专项债券对消费相关基础设施投资的支持力度有待提升。2024年，城镇老旧小区改造、养老托幼领域的专项债券发行规模占比分别为3.33%、0.76%①，存在较大增长空间。部分专项债券项目安排和政府投资放大效应等方面仍有待优化提升。

2. 健全专项债券监管机制

地方政府专项债券作为政府宏观调控的重要工具，其监管机制的完善对于保障资金合理使用、提升资金使用效率具有重要意义。2024年3月发布的《关于2023年中央和地方预算执行情况与2024年中央和地方预算草案的报告》指出，强化地方政府债务管理，完善专项债券管理制度，加强项目穿透式管理，强化项目收入归集，确保按时偿还、不出风险。专项债券的监管链条纵向贯穿中央、省、市、县四个层级，但目前自上而下的监管体系在实际运行中可能存在效率缺失的问题。当前对专项债券资金使用的监督主要依赖财政、审计等部门的定期检查，这种静态的监督方式难以实现对资金流动和项目实施的动态监管，导致部分项目单位在资金使用过程中的违规操作未能被及时发现和纠正，进而影响了专项债券资金的使用效率和安全性。

专项债券的市场监督和社会监督机制尚处于探索阶段，专项债券项目"自审自发"试点地区自主审核的监督机制也存在不完善之处。以江苏省为例，作为专项债券项目"自审自发"试点地区之一，其虽然在项目审核流程上进行了简化和优化，但在实际操作中，由于项目数量庞大且类型复杂，仍存在部分项目审核不够严谨、资金使用不够规范等问题，需要进一步完善监督机制，加强项目前期的科学论证和后期的绩效评估。此外，各地虽已建立专项债券项目绩效考核制度，但在实际执行过程中，考核指标设置不够科

---

① 《地方政府专项债券运行质效提升策略研究》，东方财富网，https://finance.eastmoney.com/a/202503073340112347.html。

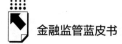

学合理，考核结果应用不够充分等问题依然存在。如浙江省在专项债券项目绩效管理中，虽然已经构建了较为完善的绩效指标体系，但在具体执行过程中，受项目实施周期长、涉及部门多等因素影响，绩效考核结果的反馈和应用不够及时，难以有效指导后续项目的实施和资金的分配。

（四）推动建立地方债务监管长效机制

在以"遏制增量、化解存量"为主线的政策框架下，我国逐步构建了一系列防范化解地方债务风险的机制和措施。在此基础上，中央政府多次提出要建立地方债务监管长效机制，以实现对地方债务风险的长期有效管控。2024年2月23日，国务院常务会议指出，要强化源头治理，远近结合、疏堵并举、标本兼治，加快建立同高质量发展相适应的政府债务管理机制，通过合理的债务管理和资源配置，在高质量发展中逐步化解地方债务风险。这表明政府债务管理不仅要关注短期风险的防范，更要与国家的长期发展战略相结合，确保债务的可持续性。2024年国务院政府工作报告进一步强调了健全风险防控长效机制的重要性，提出要完善全口径地方债务监测监管体系、严禁违法违规举债行为以及加快融资平台改革转型。通过建立风险防控长效机制，不仅可以有效应对当前的地方债务风险，还能为未来的经济发展提供稳定的财政环境，促进经济社会的持续健康发展。

1.完善全口径地方债务监测监管体系

在防范化解地方债务风险的政策框架下，建立全口径地方债务监测监管体系是关键环节。2024年，中央政府多次强调要完善这一体系，以实现对地方债务的全面、动态监测和有效监管。例如，陕西提出要"动态调整债务高风险地区名单"，在化债中紧盯高风险地区并对高风险地区名单实施动态调整，这样可以瞄准重点加强风险处置和防范从而产生事半功倍的效果；天津、山西、江苏等多地提出要"构建地方债务管理新机制"，福建、江西、湖南等地提出要"加强全口径地方债务监测"。通过建立跨部门信息共享和监管协同机制，对债务进行动态分析和及时预警。江苏省强调建立与高质量发展相适应的政府债务管理机制，加强债务全口径监测管理。通过完善监管体系，强化制度约束，遏制违规举债冲动，确保债务规模适度、结构合理、风险可控。除此之外，浙江省宁波市、嘉兴市等地区提出注重多部门协调监管，强化动态监测和及时预警能力，以增强债务监管的前瞻性、及时性和有效性。

完善全口径地方债务监测监管体系，需要从多个方面入手。首先，要拓宽监测范围，不仅关注传统的地方政府债务，还要将城投经营性债务和政府相关拖欠款等纳入监测范围。其次，要加强跨部门协作，实现信息共享和监管协同，提高监测的全面性和准确性。此外，还需强化动态监测和及时预警能力，以便在风险萌芽阶段就采取措施，防止风险积累和扩散。

2. 严禁违法违规举债行为

2024 年 3 月，财政部发布的《关于 2023 年中央和地方预算执行情况与 2024 年中央和地方预算草案的报告》指出，统筹好地方债务风险化解和稳定发展，坚持省负总责、市县尽全力化债；健全防范化解隐性债务风险长效机制，加强部门协调配合，完善监管制度；严肃查处各类违法违规举债行为，加大问责结果公开力度，坚决防止一边化债、一边新增。2024 年 9 月，《国务院关于预算执行情况的报告》指出，统筹好风险化解和稳定发展，进一步落实好一揽子化债方案，省负总责、市县尽全力化债，逐步降低债务风险水平。这意味着中央将持续制度化、体系化防范及化解地方债务风险，债务类型涵盖地方政府法定债务、隐性债务及城投企业经营性债务，完善全口径监管。

2024 年，各省份积极落实中央政策，采取了一系列措施来严禁违法违规举债行为、遏制新增隐性债务。例如，贵州等地在 2024 年预算执行报告中提到要"严格落实举债终身问责制和债务问题倒查机制"等。2024 年 8 月，财政部发布的《市政基础设施资产管理办法（试行）》规范市政基础设施资产管理，要求严禁为没有收益或收益不足的市政基础设施资产违法违规举债，不得增加隐性债务；2024 年 11 月，财政部发布的《关于强化制度执行　进一步推动行政事业性国有资产管理提质增效的通知》要求，严禁借盘活资产名义，对无须处置的资产进行处置或者虚假交易，以变相虚增财

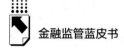

政收入；2024 年 12 月，国家发改委办公厅发布的《关于进一步做好政府和社会资本合作新机制项目规范实施工作的通知》强调，规范盘活存量资产，要严格落实防范化解地方政府隐性债务风险的要求，不得以盘活存量资产为名，将特许经营模式异化为地方政府、地方国有企业或平台公司变卖资产、变相融资的手段，严禁在盘活存量资产过程中新增地方政府隐性债务等各类风险。

3. 加快融资平台改革转型

2024 年 3 月 22 日，国务院防范化解地方债务风险工作视频会议指出，要加快压降融资平台数量和债务规模，分类推动融资平台改革转型，要以化债为契机倒逼发展方式转型。2024 年 4 月 30 日，中共中央政治局会议指出，要深入实施地方政府债务风险化解方案，确保债务高风险省份和市县既真正压降债务又能稳定发展。根据 Wind 数据库，自 2023 年 11 月至今，已有超过 100 家城投企业声明转型为市场化经营主体。随着主要化债文件及相关配套补丁文件的陆续出台，多家城投企业宣布退出地方融资平台名单。

2024 年，各省份积极落实中央政策，加快融资平台改革转型。例如，江苏、广西、浙江、山东、河南、吉林等地在 2024 年政府工作报告中提到要"推进融资平台改革转型"；其中，江苏省已有 170 余家城投企业宣布退出地方政府融资平台职能，浙江、山东、河南退平台的城投企业数量次之。这些省份的城投企业通过多种方式转型，如注入非公益性资产、改善资产端结构，主业突出，形成可持续的市场化业务优势，盈利能力稳定。一些城投企业还通过发展贸易业务、转型为资产租赁物业运营商等方式，提升自身"造血"能力，逐步减少对政府融资的依赖。此外，一些省份还通过债务重组、置换等方式化解存量债务，支持重点区域到期的公开市场债券融资接续，探索应急类资金支持，缓解短期流动性风险。例如，贵州、天津分别发行特殊再融资债券用于偿还地方存量债务，宁夏银川用银团贷款置换融资平台非标债务，广西柳州以政策性银行专项贷款置换非标债务等。

三　2024年城投平台债务管理重大举措

（一）收紧城投平台融资条件

2024年进一步收紧城投平台融资条件。2024年由于一揽子化债相关政策的影响，城投融资端一直较为紧张，全年净融资呈现缩水趋势。与一揽子化债政策同步实施的是较为严格的城投融资政策，无论是中国银行间市场交易商协会还是证券交易所的债券审批目前都依然遵循名单内外的"标签制"管理，即在名单内的3899名债券发行人只能借新还旧。如果名单外的债券发行人在财报层面收入、利润、往来款项等与当地政府关联性较强，财务指标水平触及红线，会被认定为"名单外的城投"，其债券融资从实际操作层面来看也只能借新还旧。

《国务院办公厅关于金融支持融资平台债务风险化解的指导意见》等文件明确要求，对内融资平台统一授信，严控增速，名单内平台严控新增，除重要项目外，不得新增项目贷款；对12个重点省份新增贷款审批上升至总行，中小银行不得提供新增贷款流等。债券方面，目前中国银行间市场交易商协会和证券交易所对城投债券的审核要求无实质性变化，名单内的城投主体只允许借新还旧，对重点省份以及低等级区县城投主体的审核较严。非标融资方面，政信类产品是监管的重点对象。2024年5月，监管部门窗口指导要求信托机构在开展政信业务时，必须通过"融资平台查询系统"确认相关平台是否已被列入监管名单，若平台在名单之中，无论平台是融资主体还是担保主体，其相关债务都只能减少不能增加。国家金融监管总局发文指出，推动金融租赁公司积极稳妥退出融资平台业务，严禁将不适格租赁物进行重组、续作。作为城投定融主要场所的地方金交所全国大范围关停，三方代销信托被叫停，传统定融业务被叫停等。

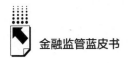
（二）加大城投境外债监管力度

随着境内城投融资环境的全面收紧，部分城投平台开始转向境外融资途径，2023 年末以来城投平台境外债券发行规模持续增长。2024 年上半年，监管机构对城投平台实施了更为严格的发行条件管控，限制部分商业银行提供备用信用证、禁止新增城投跨境 TRS 投资、暂停区县级城投新增境外融资活动等。同时，监管机构允许城投平台在境内发行债券置换境外债券，以引导城投平台降低高息债务。然而，尽管采取了这些措施，境外城投债券的发行量仍然保持较高水平，监管效果并不显著。为了进一步加强对城投平台外债的管理，2024 年 12 月，相关部门要求，城投平台新增外债额度的，需省级发改和财政部门出具书面意见，其中省级发改部门主要针对募集资金用途出具书面意见，省级财政部门主要针对债务风险出具书面意见。2024 年 11 月，境外城投债券的投资与发行监管再次升级，中国人民银行通过窗口指导要求投资机构通过"南向通"投资城投债券时遵循"只减不增"的原则。此次监管部门对城投境外债券审核监管的加码，使得 11~12 月之后城投境外债券规模虽然仍保持较高水平，但净融资转负。在强监管的环境下，未来境外城投融资新增难度加大，境内低息融资将逐步置换境外高息债务，境外城投融资高增的趋势将会扭转。

（三）明确城投退平台最后期限

在地方政府债务风险化解与融资平台市场化转型协同推进的背景下，2024 年监管体系在平台退出机制方面实现重大制度突破。2024 年 7 月颁布的《地方政府融资平台公司分类退出指引》（财预〔2024〕134 号）是对《国务院办公厅关于金融支持融资平台债务风险化解的指导意见》的补充。首次确立退出主体的持续监测机制，明确平台退出监测名录后，属地政府仍需要对其实施不低于 12 个月的风险跟踪。

2024 年 9 月出台的《融资平台公司市场化转型实施方案》（国发〔2024〕150 号）构建了更为严格的市场化退出制度框架。其一，设置 2027 年 6 月末为退出截止时点，逾期未达标主体需要经省级政府专项评估后启动强制退出程序；其二，创新性引入债权人权益保障机制，要求退出申请获得 2/3 以上债权人表决通过，持有异议的债权人需提供企业存续隐性债务或政府融资职能相关实证材料，由地方金融监管部门进行实质性审查；其三，建立退出主体分层管理机制，对发债类平台与非发债类平台实施差异化审核标准。

政策驱动下，平台退出进程呈现显著结构性特征。从实施效果看，退平台主体仍以非发债主体为主。从全年来看，宣布退平台的发债主体共 24 家，占比为 18.5%。此外，在 56 家试点债权人协商机制的主体中，仅 32 家启动协商程序，最终达成共识的仅 3 家，凸显债权人权益保障机制的实际执行困境。区域分布方面，退出主体呈现显著空间集聚特征，重庆（32 家）、江苏（26 家）、广西（14 家）、湖南（10 家）、河南（9 家）等地退平台主体数量较多，呈现出地方政府债务压力与转型动力的区域异质性[①]。这种将行政强制退出与市场协商机制相结合的制度设计，体现了中央政府对隐性债务"硬约束"的政策导向。

四　加强地方债务管理的政策建议

2024 年以来，"一揽子化债方案"和"新一轮化债组合拳"逐步落地，中央加强了对全口径地方债务的管理，增强了对地方政府的财政支持。尽管我国在地方债务管理机制建设以及城投平台处置方面已经取得了一定的进展，但从实际的实施效果来看，仍存在一些有待完善的问题，地方债务管理仍需从以下几个方面持续推进。

（一）构建中央与地方财政协同治理框架

针对当前地方政府债务化解路径的优化调整，建议构建中央与地方财政

---

① 张琦：《化债后半程，防风险与稳增长再平衡——城投债 2024 年回顾与 2025 年展望》，中证鹏元报告，2025 年 1 月。

协同治理框架，以兼顾风险防控与政策可持续性。对于经济基础薄弱、债务偿付压力突出的中西部省份，应适度调整省级政府单一化债模式，构建中央财政的协同支持机制。首先，建议中央财政通过定向国债发行实施债务置换，重点承接重大基建等领域的历史债务，利用中央信用优势降低融资成本；其次，完善债务重组工具组合，综合运用政策性银行专项贷款、特殊再融资债券及财政转移支付等手段，建立流动性支持机制，为债务高风险地区预留风险缓释窗口期；再次，强化省级财政统筹职能，建立付息支出动态监测系统，指导市县通过资产证券化、特许经营权转让等方式拓宽偿债资金来源，防范基层财政流动性枯竭；最后，构建市场化债务重组框架，对城投平台实施分类管控，允许优质主体通过债券展期、利率重置等方式优化债务结构，同时严格限制高成本定融产品，推动存量债务利率中枢下移。通过上述多维度政策组合，既可避免省级政府过度杠杆化衍生的系统性风险，又能遏制道德风险，最终形成中央统筹协调、地方积极作为、市场有序参与的债务治理新范式。

（二）不断完善全口径地方债务监管监测体系

为完善地方债务治理体系，建议进一步完善地方债务监管监测体系。一是推行债务与资本性预算挂钩制度，依据项目可行性及预期收益率动态分配举债额度，强化政府投资收益约束；二是实施穿透式信息披露机制，通过建立统一数字平台公示项目资金流向、资产运营及偿债能力指标，构建"上级审计+社会监督"的协同监管网络。在债务核算层面，需建立符合国际规范（GFSM2014）的全口径统计框架。首先明确债务主体包含地方政府及融资平台双重实体，重点识别融资平台企业债务的政府偿付实质；其次建议构建经济职能和公共职能双重维度的考核体系。例如，将PPP项目、政府购买服务等隐性债务纳入统计体系，对或有债务运用压力测试进行风险量化评估；积极推进核算基础向权责发生制转轨，利用资产负债表完整呈现债务本息规模、期限结构分布及财政可持续性关键指标，为债务管理提供坚实的数据支撑。

（三）加速推动城投平台市场化转型

在公共基础设施建设融资模式深刻变革的背景下，城投平台的转型已成为化解地方政府债务风险、保障地方财政可持续性的关键路径。目前，各地正依据自身债务结构与财政状况，采取差异化策略推动城投平台转型。广西、山西等地通过整合融资平台资源、优化债务结构，着力推进融资平台市场化改革；吉林探索一体化转型模式，统筹区域资源，构建协同高效的城投平台体系；安徽则实施分类改革，针对不同规模与类型的城投平台制定精准转型方案。与此同时，加快城投平台"退平台"进程成为降低债务风险的重要举措，尤其是吉林、甘肃、云南等债务负担较重的省份，需采取果断措施推动平台有序退出。

为加速城投平台转型，需从以下三方面着手。一是需精准厘定融资平台与地方政府的权责边界，从根本上打破市场对"城投信仰"的路径依赖。一方面，融资平台应依据市场化原则，构建独立的企业信用体系，明确经营性质与业务范畴，实现自主经营、自负盈亏的商业化运作模式；另一方面，地方政府应转变职能定位，强化监管职责，规范平台融资行为，防范债务风险，杜绝以政府信用为融资平台提供隐性担保，确保融资平台"去行政化"，维护市场纪律与秩序。二是全面提升融资平台经营效率，使其逐渐退出公益性项目及有序剥离市政职能。面对市场化转型要求，融资平台需从内部管理优化与外部市场拓展双维度着手：一方面，提高资产管理效率，科学优化资产结构，盘活存量资产并审慎配置增量资产；另一方面，积极拓展多元化业务领域，深度融入市场竞争，基于自身资源禀赋培育核心竞争力。三是系统完善内外部配套措施，助力融资平台转型为现代化企业。在内部管理层面，融资平台应参照现代企业制度要求，建立科学规范的内部管理制度与业务流程体系，以标准化流程提升运营效率与管理水平，确保企业决策科学、管理规范、运作高效。在外部环境营造层面，融资平台需加强人才队伍建设，通过引进具备市场经验与专业素养的职业经理人，充实平台管理团队。

（四）持续优化地方债务风险长效处置机制

为健全地方债务风险长效处置机制，建议从以下三个方面进行改革。一是构建央地协同的债务置换框架。明确中央与地方在风险处置中的权责边界，中央层面设立流动性支持工具，对央地共同事权隐性债务通过优先发行特别国债进行置换，对区域性基建债务则通过发行省级专项债券进行定向置换，同步推进特殊再融资债券常态化发行，建立"国债-专项债券-再融资债券"分层置换体系，并严禁新增"行政摊派"行为，严格切割政府信用与企业债务。二是完善市场化风险处置工具箱，推动省级政府建立平准基金和国资管理双轮驱动模式，通过划转国有资本收益、资产证券化等市场化方式募集资金，设计股权回购、收益分成等多元化退出机制，同时强化金融监管协同，破除城投刚兑预期，建立债务违约市场化处置通道，对高风险平台实施债务重组、资产剥离、破产清算等递进式处置方案，引入第三方机构开展债务压力测试与信用评级穿透核查。三是创建智能化动态监测体系，全方位覆盖监测主体、债务等，建立地方债务风险智能预警平台，整合多类数据源构建风险热力图，实施"红橙黄"三色分级预警，实现对地方债务风险的精准识别、及时预警和有效处置。

B.11
绿色金融风险及其监管应对

刘 亮 徐炎青*

摘 要： 本文围绕绿色金融风险及其监管应对策略展开深入研究。当前，绿色金融在全球可持续发展中扮演着关键角色，但随着其市场规模的不断扩大，各类风险逐渐显现，对金融机构的稳健运营、绿色产业的可持续发展以及整个金融体系的稳定性构成挑战。本文系统分析了绿色金融风险的类型、形成机制及监管对策。研究发现，绿色金融风险包括微观审慎风险和宏观审慎风险，且各类风险之间存在复杂的耦合关系。我国绿色金融监管在中央和地方层面已取得进展，但仍面临标准不统一、信息披露不足等问题。借鉴国际经验，本文提出从中央和地方协同监管、国内和国际协同监管、金融机构优化内部治理三个维度完善监管体系的建议。

关键词： 绿色金融 风险形成机制 监管对策

绿色金融（Green Finance）也被称作可持续金融。2016 年发布的《关于构建绿色金融体系的指导意见》对绿色金融给出了官方定义，即绿色金融是指为支持环境改善、应对气候变化和资源节约高效利用的经济活动，即对环保、节能、清洁能源、绿色交通、绿色建筑等领域的项目投融资、项目运营、风险管理等所提供的金融服务。绿色金融体系是指通过绿色信贷、绿色债券、绿色股票指数和相关产品、绿色发展基金、绿色保险、碳金融等金

---

* 刘亮，经济学博士，苏州大学商学院金融科技系教授，主要研究方向为金融管理；徐炎青，苏州大学商学院硕士研究生，主要研究方向为金融理论与政策。

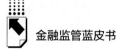
融工具和相关政策支持经济向绿色化转型的制度安排①。绿色金融作为金融"五篇大文章"之一，在推动能源结构调整、产业升级和生态环境保护方面的作用愈发关键。

随着我国绿色金融市场规模的迅速扩张，绿色信贷、绿色债券、ESG投资等各类绿色金融工具不断涌现，为绿色产业发展提供了有力的资金支持。截至2024年第四季度末，我国本外币绿色贷款余额达36.6万亿元，同比增长21.7%，增速比各项贷款高14.5个百分点，全年增加6.52万亿元。其中，投向具有直接和间接碳减排效益项目的贷款分别为12.25万亿元和12.44万亿元，合计占绿色贷款的67.5%。②然而，绿色金融在快速发展的同时，也面临着诸多风险与挑战。"洗绿""漂绿"等现象时有发生，严重扰乱市场秩序；信用风险、市场风险、操作风险等各类风险相互交织，给金融机构的稳健运营和投资者的利益带来威胁。

在此背景下，深入剖析绿色金融风险，探索切实可行的监管对策，不仅关乎我国绿色金融市场的健康发展，更对实现经济可持续发展和全球气候目标具有重要意义。本文将对绿色金融风险进行全面梳理和深入分析，探究各类风险的形成机制及耦合关系，并借鉴国外监管实践经验，结合我国实际国情，提出一系列具有针对性和可操作性的监管对策，为我国绿色金融的高质量发展提供有益参考。

一　绿色金融风险分析

（一）微观审慎风险

绿色金融风险中的微观审慎风险是指在绿色金融活动中，金融机构在开展具体业务时所面临的各类风险，这些风险主要与金融机构自身的风险管理

---

① 《关于构建绿色金融体系的指导意见》，生态环境部网站，https：//www.mee.gov.cn/gkml/hbb/gwy/201611/t20161124_ 368163.htm。

② 《我国绿色贷款保持高速增长　本外币绿色贷款余额超36万亿元》，中国政府网，https：//www.gov.cn/lianbo/bumen/202502/content_ 7004354.htm。

能力、业务操作流程、客户信用状况等因素相关。

1. 单个绿色金融风险

（1）信用风险

绿色项目通常具有投资规模大、建设周期长、技术创新风险高以及未来收益不确定性强等特点，这些特点使得借款主体的还款能力面临较大挑战。同时，市场需求的不确定性也会给绿色项目带来风险。

部分绿色企业为获取融资，存在环境信息披露不真实、不准确或不完整的情况，甚至一些高污染、高耗能企业通过"洗绿""漂绿"手段伪装成绿色企业。这些行为使得金融机构难以准确评估企业的信用状况，增加了信用风险。一旦这些企业的真实情况被揭露，金融机构便将面临违约风险，贷款本息将难以收回。而绿色金融业务面向的借款（投资）主体多为绿色环保型企业或绿色清洁项目，这些企业或产业多处于成长期或新兴阶段，发展周期较长、项目收益不稳定、借款人信用等级变动大。如果金融机构未能在发放贷款或投资前做好充分调查，让以资本空转和"洗绿"为目的的借款人筹得资金，在项目失败或外部环境迫使企业、项目停工时，金融机构极可能产生坏账损失。

环境风险事件也可能导致企业的财务状况恶化，进而影响企业偿还债务的能力。例如，极端天气事件的发生将导致抵押贷款、抵押品等资产价值降低以及业务活动中断，贷款违约率上升，引致信用风险。

（2）市场风险

绿色金融市场受多种因素影响，市场风险较为复杂。

首先，绿色资产，如绿色债券、碳配额、可再生能源项目收益权等，其价格易受政策变动、市场情绪和技术进步的影响。这种价格波动会直接影响持有绿色资产的金融机构的财务状况，增大其市场风险敞口。

其次，我国绿色金融产品市场尚处于发展阶段，绿色金融市场相较于传统金融市场，其深度和广度仍显不足，市场流动性风险较高。绿色资产通常具有较长的投资周期和较高的专业性，导致其交易活跃度较低。在市场压力时期，绿色资产的买卖价差可能显著扩大，甚至出现有价无市的情况，这使

得金融机构面临较大的流动性风险，难以迅速调整资产组合或应对突发资金需求。

最后，信息不对称问题在绿色金融市场中尤为突出。由于绿色项目的环境效益难以量化，且缺乏统一的评估标准和信息披露框架，投资者往往面临信息不透明和评估标准不统一的困境。这种信息不对称不仅增大了市场参与者的风险敞口，还可能导致市场定价失灵，进一步加剧市场波动性。

（3）操作风险

金融机构在绿色金融业务的内部管理方面存在诸多不足。一方面，风险管理体系和内部控制制度不完善，缺乏针对绿色金融业务的专业风险评估和管理流程。在项目评估环节，由于缺乏统一的环境效益评估标准和专业方法，金融机构可能会高估项目的环境价值，忽视潜在风险，从而作出错误的投资决策。另一方面，专业的绿色金融人才短缺，现有人员对绿色金融业务的理解和把握不够深入，在业务操作过程中容易出现失误。

绿色金融业务涉及多个环节和众多参与主体，政府部门、企业、金融机构和第三方评估机构之间的信息沟通不畅，可能导致金融机构获取的信息不准确或不及时，影响业务决策。部分企业为获取融资，可能会向金融机构提供虚假的环境信息或财务数据，而金融机构由于缺乏有效的信息核实手段，难以发现这些问题。此外，网络攻击、自然灾害等外部突发事件也可能对绿色金融业务的正常开展造成干扰，引发操作风险。网络攻击可能导致金融机构的客户信息泄露、交易系统瘫痪，影响绿色金融业务的交易安全和稳定性。

（4）合规风险

目前，我国不同地区、不同行业对绿色项目的认定标准存在差异，缺乏统一、明确的界定。部分项目可能在某些地区或行业被认定为绿色项目，获得金融支持，但从更严格的标准来看，这些项目并不符合绿色要求。这种标准的不统一使得金融机构在项目筛选和评估过程中面临困惑，难以准确判断项目的绿色属性。一些不符合绿色标准的项目可能混入绿色金融支持范围，不仅浪费了金融资源，还可能对绿色金融市场的声誉造成负面影响。

企业的环境信息披露缺乏统一规范，披露内容和格式不明确，导致金融机构难以获取全面准确的环境信息进行风险评估。部分企业可能只披露对自身有利的信息，而对负面信息则选择隐瞒或模糊处理。环境信息披露的不规范使得金融机构无法准确了解企业的环境风险状况，难以对绿色金融项目进行有效的风险定价和管理，这也增加了"漂绿""洗绿"等违规行为发生的可能性，扰乱了市场秩序。

由于不同国家和地区的绿色金融监管政策存在差异，部分金融机构可能利用这些差异进行监管套利。在跨境业务中，金融机构可能选择在监管宽松的地区开展业务，以规避严格的监管要求，从而增加了监管难度和合规风险。一些金融机构可能会在不同国家和地区推销具有类似甚至相同命名规则的产品，但这些产品并不具有相同的基本特征，误导投资者，破坏了市场的公平竞争环境。

2. 绿色金融各类风险间的相互耦合

（1）信用风险与市场风险的耦合

市场环境的变化会对绿色项目的收益产生影响，进而影响借款主体的还款能力，增加信用风险。当市场需求发生变化时，绿色项目的产品或服务可能面临销售困难的问题。此外，政策调整也会对绿色项目产生重大影响，政府对绿色产业的补贴政策变化、税收政策调整等，都可能改变项目的成本收益结构，影响项目的盈利能力和还款能力。

信用风险的增加会对市场信心产生负面影响，导致市场对绿色金融产品的需求下降，市场风险进一步扩大。当部分绿色企业出现违约事件时，投资者会对整个绿色金融市场的安全性产生怀疑，减少对绿色金融产品的投资。这将导致绿色金融产品的价格下跌，市场流动性不足，市场风险加剧。信用风险的上升还可能使得金融机构对绿色金融业务持谨慎态度，减少资金投放，进一步抑制市场的发展。

（2）信用风险与操作风险的耦合

金融机构内部操作流程的不完善和管理失误是导致信用风险增加的重要原因之一。在项目审批过程中，如果风险评估体系不健全，对项目的技术可

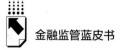

行性、市场前景和环境效益评估不准确，那么金融机构可能会将资金贷给不具备还款能力的企业，从而增加信用风险。操作风险还可能导致信息不对称加剧，金融机构难以有效监控贷款资金的使用情况，企业可能挪用资金，进一步恶化信用状况。

信用风险的暴露会引发金融机构内部的操作问题，金融机构为掩盖风险而进行违规操作的可能性增加。当金融机构发现部分绿色项目出现信用风险，贷款可能无法按时收回时，为了避免不良资产的暴露，部分工作人员可能会采取违规手段，如虚构贷款用途、篡改财务数据等，掩盖风险。这种违规操作不仅会进一步放大操作风险，还会使金融机构面临更大的法律风险和声誉损失。

（3）市场风险与操作风险的耦合

市场风险的变化会引发金融机构的操作风险。当绿色金融市场出现大幅波动时，金融机构为应对市场变化，需要调整业务策略和操作流程。在调整过程中，内部管理不善或人员经验不足，容易导致出现操作失误。在绿色债券市场价格大幅波动时，交易员可能因紧张或误判而下达错误的交易指令，导致金融机构遭受损失。市场风险的变化还可能导致金融机构的风险控制措施失效，增加操作风险的发生概率。

操作风险也会影响市场的正常运行，加剧市场风险。金融机构的系统故障或内部违规操作可能引发市场恐慌，导致市场价格异常波动。如果金融机构的交易系统出现故障，无法及时准确地执行交易指令，可能会导致市场价格出现大幅波动，影响市场的正常交易秩序。内部违规操作如内幕交易、操纵市场等行为，会破坏市场的公平性和透明度，进而加剧市场风险。

（二）宏观审慎风险

绿色金融风险中的宏观审慎风险是指在绿色金融活动中，系统性因素或外部环境的变化，导致整个金融体系或市场面临的风险，这些风险通常与宏观经济环境、政策调整、国际协调等因素相关，具有广泛性和传染性。

1. 单个绿色金融风险

（1）气候与环境风险

气候与环境风险会对经济活动和金融体系产生广泛影响。气候变化不仅通过极端天气事件对实体经济造成直接破坏，还通过长期的环境恶化对经济结构和金融稳定产生深远影响。物理风险主要源于气候变化引发的极端天气事件，如洪水、飓风、干旱等。这些极端天气事件对实体经济的破坏性影响会直接传导至金融体系。根据中国气象局的数据，近年来极端天气事件的频率和强度显著增加，尤其是在沿海地区，台风和洪水的频发对当地的绿色基础设施项目（如海上风电、太阳能发电等）带来了严重威胁。此外，物理风险还可能通过使资产减值影响金融机构的资产负债表。长期环境风险是气候变化导致的长期环境恶化对经济活动和金融稳定产生的深远影响。这类风险的影响更为隐蔽和持久，通常通过缓慢的环境变化（如气温上升、海平面上升、生态系统退化等）对经济结构和金融体系产生系统性冲击。

（2）转型风险

随着全球各国纷纷提出碳中和目标，政策、技术和市场的变化对高碳产业的影响日益显著，各国政府出台了一系列限制高碳产业排放的政策，如碳税、行业准入限制等，这些政策的变化直接影响了高碳企业的赢利能力。在全球向低碳经济转型的过程中，高碳产业和企业因政策、技术、市场等因素的变化会面临资产贬值、赢利能力下降甚至破产的风险。随着政策的收紧，高碳企业的融资成本将大幅上升，资产价值将显著下降，金融机构持有的相关资产可能面临减值风险。高碳资产搁浅风险是指由于全球向低碳经济转型，高碳产业（如煤炭、石油、天然气、水泥等产业）的资产价值大幅下降，甚至无法变现的风险。产业结构调整风险是指在全球向低碳经济转型的过程中，传统高碳产业逐渐衰退，新兴低碳产业快速崛起，经济结构发生根本性变化所带来的风险。

（3）政策和监管风险

政策和监管风险主要是由政策框架不完善、监管标准不一致或政策执行力度不足导致的系统性金融风险。在全球向低碳经济转型的背景下，政策与监管的变动可能对金融机构的资产配置、风险管理及市场预期产生深远影响，甚至引发跨行业的连锁反应。绿色金融作为支持经济低碳转型的重要工具，其发展高度依赖于政策引导和监管框架的完善，政策与监管风险的核心特征在于其动态性和传导性。随着全球各国纷纷提出碳中和目标，政策制定和执行的不确定性显著增加。政策制定滞后、执行模糊或国际协调不足可能导致市场预期紊乱与金融资源配置低效，这会严重影响绿色金融市场的健康发展。此外，当前许多国家和地区的绿色金融监管框架仍处于建设初期，在环境风险识别、气候压力测试、绿色资产分类等方面存在明显短板。特别是在跨境绿色金融活动日益频繁的背景下，监管套利等问题也会进一步加剧金融体系的脆弱性。

（4）国际协调风险

随着全球向低碳经济转型，绿色金融的全球化属性日益凸显，但各国政策、法规、标准的不一致，导致跨境绿色金融活动时刻面临着不确定性。国际协调风险的核心特征在于其跨国传导性和复杂性，尤其是在全球绿色金融标准尚未完全统一的背景下，这种风险对金融机构和金融体系的稳定性构成了重大挑战。

首先，不同国家和地区对绿色项目的认定标准、环境信息披露要求、碳排放核算方法等存在较大差异，这种差异可能导致市场分割和监管套利。部分金融机构可能利用这些差异，选择在标准较为宽松的地区开展业务，这不仅增加了监管难度，也可能导致绿色金融资源的错配。其次，全球绿色金融市场的发展依赖于各国政策的协同推进，而各国在绿色金融政策上的步调不一致可能引发市场波动，尤其是在跨境投资和贸易中，政策差异可能加剧市场预期的不确定性。最后，国际绿色金融市场的流动性风险也可能因国际协调不足而加剧。绿色金融产品的跨境交易需要依赖国际金融市场的流动性支持，然而，各国绿色金融市场的流动性管理政策存在差异，可能导致跨境绿色金融产品的流动性不足。此外，全球金融市场的波动也可能影响绿色金融产品的流动性，尤其是在金融危机或经济衰退期间，跨境绿色金融产品的流动性风险将进一步加剧。

2. 绿色金融各类风险间的相互耦合

（1）气候和环境风险与转型风险

气候和环境风险对转型风险的影响主要是由气候变化对高碳产业的冲击

引起的。随着全球气候变暖，极端天气事件频发，高碳企业的生产和运营成本大幅上升，赢利能力下降。此外，气候变化引发的长期环境问题，如海平面上升和生态系统退化，也会对高碳企业的资产价值产生负面影响，进一步加剧其转型风险。随着全球向低碳经济转型，高碳企业面临的政策压力和市场压力不断增大，气候和环境风险的加剧将加速这些企业的资产搁浅，使其赢利能力下降，进而增大其转型风险。

转型风险对气候和环境风险的影响则主要是由低碳转型过程中可能产生的环境压力引起的。尽管低碳转型有助于减少温室气体排放，但在转型初期，部分绿色技术的推广和应用可能带来新的环境问题。此外，高碳产业的快速退出可能导致短期内能源供应不稳定，进而影响经济的正常运行，甚至可能引发新的环境问题。因此，对转型风险的管理不仅需要考虑经济层面的影响，还需关注其对气候和环境风险的潜在反作用。

（2）转型风险与政策和监管风险

转型风险对政策和监管风险的影响主要是由政策制定和执行的不确定性引起的。随着全球向低碳经济转型，各国政府纷纷出台了一系列限制高碳企业排放的政策，如碳税、碳排放交易机制等。然而，政策的频繁调整和执行力度不足可能导致市场预期紊乱，增加金融机构在绿色金融业务领域的投资决策难度。此外，转型过程中高碳产业的快速退出可能引发社会和经济问题，迫使政府调整政策方向，进一步加剧政策和监管风险。

政策和监管风险对转型风险的影响则主要是由政策框架不完善和监管标准不一致引起的。在全球向低碳经济转型的背景下，政策和监管的变动可能对金融机构的资产配置和风险管理产生深远影响。监管标准的不一致可能导致金融机构在跨境绿色金融业务中面临合规风险，增加业务操作的复杂性。此外，政策执行力度不足可能导致高碳企业继续依赖传统生产方式，延缓低碳转型进程。

（3）政策和监管风险与国际协调风险

政策和监管风险对国际协调风险的影响主要是由各国政策差异和监管套利引起的。随着绿色金融的全球化发展，各国在绿色项目的认定标准、环境

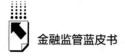

信息披露要求等方面存在较大差异，这种差异可能导致市场分割和监管套利。此外，政策执行力度不足可能导致部分金融机构利用监管差异进行套利，加剧国际协调风险。

国际协调风险对政策和监管风险的影响则主要是由全球政策协同不足和跨境流动性风险引起的。绿色金融市场的健康发展依赖于各国政策的协同推进，而各国在绿色金融政策上的步调不一致可能引发市场波动。此外，国际绿色金融市场的流动性风险也可能因国际协调不足而加剧。

综上所述，我国绿色金融在发展过程中面临着多种类型的微观审慎风险和宏观审慎风险，这些风险并非孤立存在的，而是相互关联、相互影响的，这使得绿色金融监督管理更加复杂。我们需深刻认识这些风险及其耦合机理，不断完善风险管理策略和监管措施，加强政策协调和国际合作，确保绿色金融市场的稳定和可持续发展。

二　我国绿色金融风险监管现状及国外经验借鉴

（一）我国绿色金融风险监管现状

1. 中央层面

近年来，中央出台了一系列政策，逐步构建了绿色金融风险监管的框架，旨在推动绿色金融的规范化发展，防范环境与金融风险的交织影响。

2016 年，中国人民银行等七部门联合发布《关于构建绿色金融体系的指导意见》，这是我国首个系统性绿色金融政策文件。该文件为绿色金融风险监管奠定了基础，提出要建立绿色金融体系，完善信息披露制度，同时提出了支持和鼓励绿色投融资的一系列激励措施。[①] 2021 年，中国人民银行印发《银行业金融机构绿色金融评价方案》，要求落实绿色金融评价实施细则并做好评价工作，着力提升银行业金融机构绿色金融绩效，防范环境与金融

---

① 《七部委发布〈关于构建绿色金融体系的指导意见〉》，中国政府网，https：//www.gov.cn/xinwen/2016-09/01/content_ 5104132. htm。

风险的交织。① 2022 年，银保监会印发《银行业保险业绿色金融指引》，提出银行业保险业应将环境、社会和治理（ESG）要求纳入管理流程，建立绿色金融考核评价体系，强化绿色金融的风险管理和信息披露。此外，该文件还明确了银行保险机构董事会或理事会和高级管理层的责任，明确其职责和权限，确保绿色金融业务的稳健运行。② 2024 年，中国人民银行等四部门印发《关于发挥绿色金融作用　服务美丽中国建设的意见》，从加大重点领域支持力度、提升绿色金融专业服务能力、丰富绿色金融产品和服务、强化实施保障四个方面提出 19 项重点举措。③

2. 地方层面

除了中央层面的政策措施，地方政府在中央政策的指导下，结合区域特点，也出台了一系列细化政策，推动绿色金融风险监管的落地实施。我国绿色金融风险监管体系在中央和地方层面均取得了显著进展。这些政策和法规的实施，不仅为绿色金融的规范化发展提供了制度保障，也为防范环境与金融风险的交织提供了有力支持。

2021 年，深圳市正式实施《深圳经济特区绿色金融条例》，该文件是我国首部绿色金融法规，同时也是全球首部规范绿色金融的综合性法案，为推动绿色金融发展、提升绿色金融服务实体经济的能力、促进深圳可持续金融中心建设作出重要贡献。④ 此外，为落实该文件内容，加强对绿色融资主体库、绿色融资企业及绿色融资项目评估认定的管理，深圳市于 2024 年印发《深圳市绿色融资主体库管理办法》。⑤ 2024 年，厦门市印发《厦门市金融

---

① 《中国人民银行关于印发〈银行业金融机构绿色金融评价方案〉的通知》，中国政府网，https：//www.gov.cn/zhengce/zhengceku/2021-06/11/content_ 5616962. htm。

② 《〈银行业保险业绿色金融指引〉6 月起施行——把更多金融资源投入绿色低碳领域》，中国政府网，https：//www.gov.cn/xinwen/2022-06/08/content_ 5694545. htm。

③ 《中国人民银行等四部门印发〈关于发挥绿色金融作用　服务美丽中国建设的意见〉》，中国政府网，https：//www.gov.cn/zhengce/zhengceku/202410/content_ 6979595. htm。

④ 《〈深圳经济特区绿色金融条例〉是什么，何时开始施行?》，深圳市地方金融监督管理局网站，http：//www.jr.sz.gov.cn/sjrb/ywzsk/content/post_ 8539039. html。

⑤ 《关于印发〈深圳市绿色融资主体库管理办法〉的通知》，深圳市地方金融监督管理局网站，https：//jr.sz.gov.cn/sjrb/ztzl/zdjcygk/nrjjd/content/post_ 11660346. html。

支持绿色低碳经济发展实施方案》，提出健全绿色金融服务体系，推进改革创新，全方位支持区域经济增长模式的绿色低碳转型，力争在"十四五"期间，让全市绿色贷款年均增速达 25%，绿色贷款不良率不高于各项贷款不良率水平，并在"十五五"期末，基本健全绿色金融服务体系，提升绿色信贷占比。① 同年，北京市发布《北京市促进环境社会治理（ESG）体系高质量发展实施方案（2024-2027 年）》，提出到 2027 年实现 70% 的上市公司 ESG 信息披露率。该政策通过强化 ESG 信息披露要求，提升企业对环境风险的识别和管理能力，从而降低绿色金融活动中的潜在风险。② 2025年，国家金融监督管理总局上海监管局印发《关于加强上海金融业绿色金融组织体系建设工作的通知》，提出推进"1+N+X"绿色金融组织体系建设，包括设立绿色金融专职部门、培育专业化绿色金融分支机构等。③

（二）国外绿色金融风险监管经验借鉴

1. G20可持续金融工作组

2021 年，G20 可持续金融工作组起草并发布《G20 可持续金融路线图》，该文件旨在推动全球绿色金融标准的统一与协调，促进可持续金融的健康发展。《G20 可持续金融路线图》的提出标志着国际社会在绿色金融监管领域迈出了重要一步，尤其是在应对气候变化、推动全球经济绿色转型等方面具有重要意义。《G20 可持续金融路线图》的核心目标是通过提升全球绿色金融标准的可比性与一致性，建立统一的可持续信息披露体系，并推动转型金融框架的制定，从而为全球绿色金融的发展提供明确的方向和行动

---

① 《厦门市地方金融管理局　中国人民银行厦门市分行　国家金融监督管理总局厦门监管局　中国证券监督管理委员会厦门监管局　关于印发〈厦门市金融支持绿色低碳经济发展实施方案〉的通知》，厦门市地方金融管理局网站，https://jr.xm.gov.cn/zfxxgk/zfxxgkml/tzgg/bmtz/202408/t20240808_ 2883919. htm。

② 《北京市发展和改革委员会关于印发北京市促进环境社会治理（ESG）体系高质量发展实施方案的通知》，北京市政府网，https://www.beijing.gov.cn/zhengce/zhengcefagui/202409/t20240918_ 3893924. html。

③ 《上海金融监管局办公室关于加强上海金融业绿色金融组织体系建设工作的通知》，上海金融，https://jrj.sh.gov.cn/YWTBZCCX166/20250108/cdd28380843f41fd88ce10ac3192e0a6. html。

指南。

在绿色金融风险监管方面，《G20 可持续金融路线图》提出了多项关键举措。首先，针对全球绿色金融标准碎片化的问题，《G20 可持续金融路线图》建议各国遵循六条共同原则，包括确保对可持续发展目标的实质性贡献、避免对其他目标产生负面影响、动态调整标准等，以提升标准的可比性与一致性。这一举措有助于减少市场交易成本，降低"洗绿"风险。其次，《G20 可持续金融路线图》支持国际财务报告准则基金会（IFRS）设立国际可持续发展准则理事会（ISSB），制定全球统一的可持续信息披露基线标准，为投资者和监管机构提供更为全面的风险评估依据。此外，《G20 可持续金融路线图》特别强调了转型金融在绿色金融风险监管中的重要性。转型金融旨在支持高碳行业向低碳转型，但其风险较高，容易引发"洗绿"争议。《G20 可持续金融路线图》提出，转型金融框架应包括明确的界定标准、严谨的信息披露要求、多样化的金融工具、政策激励机制以及公正转型原则，以确保转型活动的真实性和可持续性。

2. 金融稳定委员会

金融稳定委员会（FSB）于 2021 年发布了《应对气候相关金融风险路线图》，旨在协调全球金融监管机构应对气候变化带来的金融风险。该路线图的发布标志着国际社会对气候相关金融风险的高度重视，不仅为各国央行和监管机构提供了政策指导，还推动了全球金融体系在气候风险管理方面的协同行动。

FSB 的《应对气候相关金融风险路线图》强调从以下几个方面出发应对气候变化带来的金融风险。首先，在信息披露方面，《应对气候相关金融风险路线图》强调了气候相关财务信息披露工作组（TCFD）框架的重要性，该框架为全球金融机构提供了气候风险披露的标准化指引，涵盖了治理、战略、风险管理和指标目标四大支柱，旨在提高气候风险信息的透明度和可比性。其次，《应对气候相关金融风险路线图》强调公开气候数据以评估与气候相关的风险，包括对企业和金融服务提供商的脆弱性、风险暴露和可能后果的评估。气候数据的可用性有助于更深入地理解跨行业影响和未来趋势，并确保国际一致性。再次，《应对气候相关金融风险路线图》还提出了通过情景分析等方法建立监测和评估脆弱性的框架，建议金融机构采用绿色金融体系网络（NGFS）提供的情景分析框架，模拟不同气候政策和经济转型情景下的金融脆弱性。最后，《应对气候相关金融风险路线图》强调了监管实践和工具的创新，建议各国监管机构将气候风险纳入现有的金融监管框架，并探索宏观审慎政策工具的应用，以应对气候风险可能引发的系统性金融风险。总体而言，FSB 的路线图为全球绿色金融监管提供了系统性指导，推动了各国在气候风险管理领域的协同行动，为构建更具韧性的金融体系奠定了重要基础。

3. 巴塞尔银行监管委员会

在国际绿色金融监管领域，巴塞尔银行监管委员会（BCBS）通过其全面方法，积极应对气候变化带来的金融风险，相关工作与银行监管的三大支柱紧密契合。这些举措共同构成了 BCBS 在绿色金融风险监管方面的系统性框架，为全球银行业应对气候变化带来的金融挑战提供了重要的借鉴和参考。

首先，BCBS 于 2022 年 6 月发布了《气候相关金融风险有效管理和监管原则》，提出了 18 项具体原则，涵盖公司治理、内部控制、风险评估等方面。这些原则旨在基于原则的方法，推动提升银行在气候相关金融风险方面的管理能力，并为国际活跃银行和监管机构提供共同基准。其次，BCBS 强调了气候风险压力测试的重要性，指出监管机构和银行需要进一步加强对这些风险的监督和管理，特别是关注数据的可用性和质量。此外，BCBS 还与国际可持续发展准则理事会（ISSB）等国际组织协调合作，致力于优化提高市场在气候风险信息披露方面的细节和质量，确保信息的透明度和可比性。最后，BCBS 在 2020~2022 年发布了一系列关于气候金融风险的研究报告，这些报告涵盖了风险驱动因素、传播渠道、测量方法论以及有效管理与监督的原则。这些文件为深入理解气候相关金融风险提供了全面的分析框架，并为全球银行体系的绿色转型提供了重要的理论支持和实践指导。同时，为阐明如何通过巴塞尔监管框架中的现有要求来捕捉与气候相关的金融风险，BCBS 于 2022 年 12 月发布了《常见问题解答》（FAQs），为银行和监管机构提供了进一步的指导。

4. 欧盟

在全球绿色金融发展的进程中，欧盟构建了一套以政策法规为基石、市场机制为驱动、监管实践为保障的绿色金融风险管理体系。该体系不仅为欧盟绿色金融的健康发展奠定了坚实基础，也为全球绿色金融风险管理提供了重要的借鉴。

首先，欧盟通过政策法规奠定绿色金融风险管理基础。《欧盟分类法》是欧盟绿色金融政策法规的核心，它清晰地定义了 6 大环境目标，并列举了 100 项与之相关的经济活动清单。这一分类法为金融机构提供了统一且明确的绿色项目识别和评估依据，从源头保障了绿色金融项目的质量。此外，《可持续金融披露条例》（SFDR）进一步完善了欧盟的绿色金融信息披露制度，将金融产品分为"深绿"（Article 9）、"浅绿"（Article 8）与"非绿"三类，并强制要求金融机构披露 ESG 风险指标。

其次，欧盟通过一系列风险管理措施来全面评估与应对环境风险。欧盟积极推动金融机构将环境风险纳入全面风险管理体系。此外，推动欧洲央行对整个经济体开展气候压力测试是欧盟绿色金融风险管理的重要举措。通过模拟不同的气候情景，如极端天气事件频率增加、海平面上升等，分析金融机构的资产质量、赢利能力和资本充足率等关键指标的变化。这些测试结果为金融机构和监管部门提供了重要参考，有助于它们制定针对性的风险管理策略，提高金融体系对环境风险的抵御能力。

最后，欧盟通过市场激励与惩罚机制来引导资金流向与规范市场行为。一是针对绿色债券的溢价补贴。为了引导资金流向绿色产业，欧盟采取了一系列市场激励措施。德国对符合欧盟标准的绿色债券发行方提供 0.2% 的利率补贴，这一政策有效地降低了绿色债券发行方的融资成本，鼓励更多企业通过发行绿色债券筹集资金。二是针对"洗绿"行为的严厉惩罚。2023 年意大利某能源公司因虚假标注绿色项目被处以其年营收 5% 的罚款，这一案例向市场传递了明确的信号，即"洗绿"行为将受到严厉制裁。严厉的惩

罚机制不仅保护了投资者的利益，还促使企业和金融机构严格遵守绿色金融标准，确保绿色金融市场的健康发展。

5. 美国

在全球绿色金融发展进程中，美国形成了一套以市场机制为核心驱动，借助先进科技手段并强化监管协调的绿色金融风险管理模式。该模式通过多样化的政策支持、创新的风险管理工具以及高效的监管协作，在推动绿色金融发展的同时，有效防控各类风险，为美国乃至全球绿色金融市场提供了独特的发展经验。

首先，美国政府通过政策支持与市场激励来激发绿色金融活力。美国积极运用政策手段，通过税收优惠和财政补贴等措施，激励企业和金融机构深度参与绿色金融活动。例如，对于投资可再生能源项目的企业，给予税收减免政策，降低其投资成本，提高其投资回报率，从而鼓励更多资金流向清洁能源领域，推动可再生能源产业的发展。这些政策措施充分发挥了市场机制的作用，引导资源向绿色产业配置，为绿色金融的发展创造了有利的政策环境。

其次，美国通过风险管理工具创新来对冲风险与优化资源配置。美国金融市场在风险管理工具创新方面表现活跃，开发了多种绿色金融衍生品，如碳期货、碳期权等。这些衍生品为投资者提供了有效的对冲气候风险的工具，使投资者能够在面对气候变化相关风险时，通过套期保值等操作降低潜在损失。这些创新性的风险管理工具丰富了金融市场的投资选择，提高了市场的流动性和稳定性，有助于优化资源在绿色产业中的配置。

再次，美国监管机构通过大数据、人工智能、区块链等工具来提升风险识别与评估能力。一些银行通过建立大数据模型，整合企业的环境数据、财务数据以及市场数据等多维度信息，对企业的信用风险进行更精准的评估。彭博的 Green 工具借助机器学习技术预测企业碳足迹，误差率低于 5%，这为投资者和金融机构提供了准确的碳风险评估参考，有助于提前制定风险管理策略。此外，美国还通过区块链技术来保障资金流向透明，高盛推出的绿色债券区块链平台，利用区块链技术的不可篡改和可追溯特性，实时追踪绿色债券资金的流向。这一举措极大地提高了资金使用的透明度，有效降低了"洗绿"风险。

最后，美国在绿色金融市场监管方面，形成了多部门协同合作的监管格局。美联储、证券交易委员会等多个监管机构明确分工、密切配合，共同防范绿色金融风险。美联储要求摩根大通、花旗等六大银行开展气候压力测试，模拟分析升温情景下的资产负债表变化，以评估银行在不同气候风险情景下的风险承受能力。测试结果显示，极端情景下商业地产贷款损失率将上升4倍，这为监管机构和金融机构敲响了警钟，促使其加强风险防控。多部门协同监管确保了监管的全面性和有效性，避免了监管空白和重叠，维护了绿色金融市场的稳定秩序。

三 我国绿色金融风险监管改进建议

在全球绿色金融蓬勃发展的背景下，我国绿色金融市场规模持续扩张，但也面临着诸多风险与挑战，如"洗绿""漂绿"现象时有发生，风险识别与管理手段有待完善等。借鉴国外先进监管实践经验，结合我国国情，可从以下几个维度构建完善的绿色金融发展与监管体系。

（一）中央和地方协同监管

1. 完善绿色金融标准体系

当前，我国绿色金融标准体系尚不完善，不同地区和行业对绿色项目的认定标准存在差异，导致金融机构在项目筛选和评估过程中面临困惑，增加了合规风险和操作风险。为此，中央和地方部门应协同推进绿色金融标准的统一化建设。首先，中央层面应加快制定全国统一的绿色项目认定标准和环境效益评估方法，确保绿色金融项目的透明性和可比性。其次，地方政府应根据中央标准，结合本地区的产业特点和发展需求，制定具体的实施细则，确保标准的落地执行。通过中央与地方的协同，形成统一的绿色金融监管框架，减少标准不一致导致的监管套利和"洗绿"行为。

2. 加强绿色金融信息披露

信息披露不充分是当前绿色金融风险管理中的一大难题。中央和地方部门应协同推动绿色金融信息披露制度的完善。中央层面应出台强制性环境信息披露政策，要求企业和金融机构定期披露环境风险、碳排放数据等信息，确保信息的透明性和可比性。地方政府则应加强对辖区内企业和金融机构的监督，确保信息披露的真实性和完整性。此外，中央和地方部门应共同推动绿色金融信息平台的搭建，整合环境、财务、市场等多维度数据，为金融机构提供全面的风险评估依据，提升其风险管理能力。

3. 提升监管专业化水平

绿色金融业务的复杂性和专业性要求监管部门和金融机构具备相应的专业知识和技能。中央和地方部门应协同推进绿色金融人才的培养和引进。中央层面可以通过设立专项基金，支持高校和科研机构开展绿色金融相关研究，培养专业人才。地方政府则应加强对现有监管人员的培训，提升其对绿色金融业务的理解和操作能力。

（二）国内和国外协同监管

1. 推动国际绿色金融标准统一

我国应积极参与国际绿色金融标准的制定，借鉴国际先进经验，推动全球绿色金融标准的统一。例如，可以借鉴欧盟的《欧盟分类法》和《G20可持续金融路线图》，制定符合我国国情的绿色金融标准，并推动其与国际标准接轨。通过参与国际标准的制定，我国不仅可以提升在国际绿色金融领域的话语权，还可以减少跨境绿色金融活动中的合规风险和市场分割问题。此外，我国应加强与国际组织如国际可持续发展准则理事会（ISSB）的合作，推动全球统一的可持续信息披露体系的建立，提升我国绿色金融市场的透明度和国际竞争力。

2. 加强国际监管合作

随着绿色金融的全球化发展，跨境绿色金融活动日益频繁，国际协调风险成为绿色金融监管面临的重要挑战。我国应加强与其他国家和地区的监管合作，建立跨境绿色金融监管协调机制。我国可以通过参与 G20、FSB 等国际组织的绿色金融监管框架，借鉴其应对气候相关金融风险的经验，提升我国绿色金融监管的国际化水平。此外，我国应加强与主要绿色金融市场的双边合作，如与欧盟、美国等建立绿色金融监管对话机制，分享监管经验和信息，共同应对跨境绿色金融活动中的合规风险和流动性风险。

3. 与金融科技相结合

我国应运用大数据、人工智能、区块链等金融科技，提升绿色金融风险的识别和评估能力。具体而言，可以通过建立绿色金融大数据平台，利用人工智能技术进行风险预测和评估，提升金融机构的风险管理能力，也可以借鉴美国的区块链技术应用经验，推动绿色债券等金融产品的资金流向透明化，减少"洗绿"风险。

（三）推动金融机构优化内部治理

1. 健全绿色金融风险管理体系

金融机构作为绿色金融业务的主要参与者，其内部风险管理体系的完善程度直接影响绿色金融风险的防控效果。当前，部分金融机构在绿色金融业务中存在风险管理体系不健全、风险评估流程不规范等问题，导致信用风险、市场风险和操作风险的增加。为此，金融机构应建立健全绿色金融风险管理体系，将环境风险、气候风险等纳入全面风险管理框架，并加强对绿色金融业务的内部审计和合规管理，确保业务流程的规范性和透明度，减少操作风险和合规风险的发生。

2. 加强绿色金融产品创新

绿色金融市场的不确定性和复杂性要求金融机构不断创新金融产品，以应对市场风险和转型风险。金融机构可以借鉴国际经验，开发多样化的绿色金融产品，如绿色债券、绿色基金等，为投资者提供更多的风险对冲工具。此外，金融机构还可以探索绿色资产证券化等创新产品，将绿色项目的未来收益转化为可交易的金融资产，提升绿色金融市场的流动性和稳定性。

B.12
公共数据在金融领域的应用
现状、挑战和对策

于涛　范昕墨　刘忠濠[*]

摘　要： 公共数据是数据资源的主要组成部分，是新质生产力的关键要素。目前，公共数据已经在科技金融、绿色金融、普惠金融、养老金融、数字金融和金融监管等领域实现了广泛应用和深入发展。数据要素尤其是公共数据的金融应用，对金融机构强化风险管理、提高决策精确性、促进金融创新和推动行业数字化转型，发挥着不可替代的作用，推动了金融业高质量发展。然而，公共数据的金融应用仍面临诸多挑战和现实困难：公共数据来源受诸多因素掣肘已经成为主要制约因素，应用场景挖掘不足、定价及收益分配机制尚不明晰成为影响落地的机制因素，数据安全和隐私保护则是安全底线。未来，促进公共数据金融应用的稳健发展，宜从便利数据共享开放、拓宽应用场景、完善定价及收益分配机制、优化数据安全治理等方面着手。

关键词： 公共数据　金融科技　金融风险

一　公共数据的概念及制度框架

在数字经济时代，数据要素已成为继土地、劳动力、资本和技术之后的

---

* 于涛，国家金融与发展实验室金融法律与金融监管基地特约研究员，主要研究方向为货币政策、数字金融；范昕墨，渤海国际信托有限公司博士后创新实践基地研究员，主要研究方向为经济增长、信托业转型、养老金融；刘忠濠，南开大学金融学院硕士研究生，主要研究方向为普惠金融。

第五大生产要素①，是新质生产力的关键要素之一。习近平总书记指出，要发挥数据的基础资源作用和创新引擎作用，加快形成以创新为主要引领和支撑的数字经济。② 作为数据资源的重要组成部分，公共数据蕴藏着巨大的经济和社会价值，实现公共数据的有效利用和价值释放，既是完善社会治理、提升政府服务和监管能力的需要，也有助于推动数字经济的发展。随着"数据要素×"和公共数据授权运营的不断推进，公共数据对于经济增长和产业发展的带动作用越发凸显。充分发挥数据要素的乘数效应，拓展公共数据在金融领域的应用场景，将成为做好金融"五篇大文章"的关键。

（一）公共数据的含义

数据是指任何以电子或其他方式对信息的记录③。依据来源不同，数据可分为公共数据、企业数据和个人数据三类。其中，公共数据"是指各级党政机关、企事业单位依法履职或提供公共服务过程中产生的数据"④。公共数据可进一步划分为政务数据、公共企事业单位数据、专业组织数据、社会团体数据、其他数据五种类型。

公共数据体量大、质量好、价值潜能大，带动作用强。当前，我国公共数据占整个国家数据量的比重已达70%~80%。相较于企业数据开发利用面临权属争议、个人数据开发利用面临合规压力等困境，公共数据因其权属较为清晰，开放程度最高，更适合通过市场化运营方式进行开发利用，具有较高的社会价值和经济价值。从社会价值看，公共数据的利用有助于提高行政效率、改善公共服务质量，进而提升社会治理能力和水平。从经济价值看，数据资源能够赋能千行百业，有助于提高相关行业的经营效率，并能借助人

---

① 2019年党的十九届四中全会首次将数据列为第五大生产要素。

② 《习近平在中共中央政治局第二次集体学习时强调 审时度势精心谋划超前布局力争主动 实施国家大数据战略加快建设数字中国》，《人民日报》2017年12月10日，第1版。

③ 2024年12月30日，国家数据局公布的数据领域常用名词解释将数据资源定义为"具有价值创造潜力的数据的总称，通常指以电子化形式记录和保存、可机器读取、可供社会化再利用的数据集合"。

④ 2024年12月30日，国家数据局公布的数据领域常用名词解释。

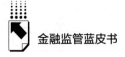
工智能提高智能化水平，优化资源配置。2011～2019 年，数据资本每增加
1%，可以带动 GDP 增长约 0.19%，数据资本对经济增长率的平均贡献率达
到 34.46%[①]。

（二）公共数据的供给和流通制度

公共数据的应用主要包括公共数据的供给和流通，具体涉及数据产权、
流通交易、收益分配、安全治理等方面。我国数据要素市场化改革的政策方
向，从初期数据资源供给制度的构建发展到市场化建设的指引，并在"十
四五"规划中形成了较为完善的市场化改革路线图。当前，我国数据制度
框架已经基本构建完毕，顶层设计主要包括 2022 年中共中央、国务院发布
的《关于构建数据基础制度更好发挥数据要素作用的意见》（下文简称"数
据二十条"）、2024 年中共中央办公厅、国务院办公厅发布的《关于加快公
共数据资源开发利用的意见》等。公共数据资源供给的目的是系统性解决
公共数据资源"供得出"的问题，方式主要有政务数据共享、公共数据开
放和公共数据授权运营，数据流通则贯穿于运营当中。

1. 公共数据开放制度

公共数据开放制度的核心是通过数据开放平台将公共数据直接提供给作
为用户的社会公众。平台作为制度实施的主要载体和实现途径，旨在保障公
众对公共数据的获取与使用权。在发达国家，公共数据价值释放和开发利用
的方式以数据开放为主。美国 2009 年发布的《开放政府法令》推动了全球
政府数据开放的大发展。欧盟委员会 2011 年发布的《公共数据数字公开化
决议》则明确了"公共数据全部公开、例外不公开"的原则。近年来，我
国公共数据开放取得了较大进展。截至 2024 年 7 月，我国已有 243 个省级
和市级地方政府上线数据开放平台，其中省级（不含直辖市和港澳台）平
台 24 个，市级（含直辖市、副省级城市与地级行政区）平台 219 个[②]。然

---

① 刘涛雄等：《数字财富的创造、分配与共同富裕》，《中国社会科学》2023 年第 10 期。
② 复旦大学数字与移动治理实验室：《2024 中国地方公共数据开放利用报告》。

而，部分地区实际开放的公共数据仍存在开放数据体量小、数据质量不够高、开发利用成本高等现实问题，甚至出现了"政府开放的数据没有用，社会需要的数据政府不敢开放"的现象。

2. 公共数据交易制度

公共数据交易制度是以市场化机制配置数据要素的基础性制度，其核心在于通过合规交易平台对数据所有权、使用权等权益归属进行交易，依托定价机制、监管规则等配套措施实现数据资源的合规流通与价值转化。在实际运行过程中，数据交易涉及数据所有权、使用权、收益权、隐私权等问题，存在诸多理论和现实难题。数据交易模式尚在探索中，政府主导的数据交易所和商业化数据交易平台的运行质量仍有待提高。公共数据交易可以分为场外交易和场内交易。虽然各地大数据交易所纷纷成立、数据交易量大幅提升，但交易金额占比仍然不高，我国当前的数据交易仍以场外交易为主。从我国实践出发，培育数据要素市场的根本路径应是整体构建与数据要素及其流通特点相适应的基础性市场形成机制①。

数据定价问题是公共数据交易的关键问题。我国数据定价体系仍在完善中，实践中以数据特征定价和供需协议定价机制为主，多种数据定价机制并行②。目前，国内主要的定价模型有三种，分别是基于数据特征的第三方定价模型、基于博弈论的协议定价模型和基于查询的定价模型。依据交易市场的不同，公共数据定价也可以分为资源化定价、资产化定价和资本化定价三类方法③。

3. 公共数据的运营方式

公共数据价值实现的关键在于公共数据与商业应用场景的结合。一般而言，数据价值不取决于数据本身，而是取决于数据应用。发达国家逐渐形成

---

① 高富平、冉高苒：《数据要市场形成论——一种数据要素治理的机制框架》，《上海经济研究研究》2022 年第 9 期。
② 刘金钊、汪寿阳：《数据要素市场化配置的困境与对策探究》，《中国科学院院刊》2022 第 37 期。
③ 王建冬：《全国统一数据大市场下创新数据价格形成机制的政策思考》，《价格理论与实践》2023 年第 3 期。

了数据经纪商、数据中介、数据信托等市场化运营方式。在我国，数据要素市场化以公共数据授权运营方式为主。公共数据授权运营是指将公共数据的"加工使用权"或"产品经营权"授予经合法合规方式筛选出来的具备相应技术与能力的运营机构，由运营机构加工形成公共数据产品并进行市场化经营。公共数据授权运营依据授权内容可分为概括授权和场景授权两类。概括授权是指政府将辖区范围内全部公共数据集中授权给一个市场主体开展市场化运营，场景授权则基于某一具体场景进行授权。

明晰的收益分配机制是公共数据授权运营良好运行的关键。"数据二十条"提出了数据要素价值分配"谁投入、谁贡献、谁受益"的基本原则。当前，数据要素的价值创造有两种实现路径。一是数据资产和其他资产要素高度融合，共同创造价值，如金融机构将数据资源应用于营销、风控等场景。二是数据资源在独立封装后，以产品或服务的形式对外进行交易。公共数据授权运营的收益分配机制应明确收益拨付主体、监管核算主体和投入贡献主体的不同贡献①。

二 公共数据在金融领域发展的机遇和实践

公共数据在金融领域的应用，不仅有助于开发利用"沉淀"或"沉睡"的数据资源，也有助于金融机构更好地应对数字经济时代的挑战，不断推进金融业务的数智化转型。金融领域应用的公共数据来源于政府部门和行业管理部门。比如，市场监管部门的工商信息、违法失信信息、知识产权信息，税务部门的欠税信息、纳税数据，人力资源和社会保障部门的社保医保养老信息、劳动合同信息，公安部门的户口身份信息、交通违法信息，供电部门的用电状态、电费缴纳数据等。目前，公共数据在金融领域的征信、贷款、保险等业务场景中的先行应用，畅通了公共数据助力产业发展的链路。金融

---

① 门理想、张瑶瑶、张会平等：《公共数据授权运营的收益分配体系研究》，《电子政务》2023 第 11 期。

机构可根据公共数据反映的市场需求和客户痛点，洞察客户需求，开发个性化、差异化的金融产品，积极服务长尾客户，满足客户多元化的金融需求。公共数据运营是金融行业更好地利用数据资源做好金融"五篇大文章"、实现高质量发展的重要方式。

（一）科技金融领域

在科技金融领域，金融机构利用自身拥有的企业基本信息、关联信息、金融资产信息、交易信息、征信信息等与工商、环保、司法、海关、公安、税务等部门的公共数据相结合，借助大数据技术对科技型企业形成全景画像，促进金融服务触达更多科创企业，为解决科创企业贷款难、贷款贵等问题提供了新的思路和手段。

例如，"京云征信"平台是以北京市公共数据开放平台为依托，立足在京企业数据，以打造专业权威的企业征信服务平台和社会信用体系建设支撑平台为目标的企业信用信息综合服务平台。"京云征信"平台有超过2000项标签的企业画像引擎。目前平台公共数据已融入多家银行系统，形成了全流程信用风险监控预警体系，能对企业客户潜在风险进行及时阻断，累计为银行、保险、担保等68家客户提供服务，累计服务次数超过1亿次。

（二）绿色金融领域

针对绿色金融领域数据披露共享难、跟踪管理难等痛点问题，金融机构积极利用公共数据，实现绿色金融信息发布、绿色企业和绿色项目识别与评估、补贴申请与核定、环保信息公示等功能，为金融机构贷前审查、贷后管理提供数据支持，切实推动绿色金融更好落地。

例如，上海市联合征信有限公司（上海市地方征信平台）通过打造"上海绿色金融服务平台"，促进绿色金融供需双方的高效对接，助力上海绿色金融生态体系的构建。上海绿色金融服务平台通过多种方式运营。一是信息整合与共享，平台汇聚了超过9亿条绿色信息，涵盖能源、建筑、环保等多个领域，使金融机构能够一站式获取全面、准确的绿色项目数据。二是

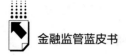

融资需求对接，企业可在平台上发布绿色融资需求，详细阐述项目概况、资金用途、预期效益等关键信息，银行、租赁、基金等不同类型的金融机构主动与企业取得联系，开展合作洽谈。三是绿色认证与风险管理。《上海市绿色项目库管理试行办法》建立了严格的绿色项目识别机制，平台对申报的绿色项目进行全方位评估，确保每一个通过认证的项目都符合绿色金融支持的范畴。

（三）普惠金融领域

公共数据在普惠金融领域的应用有助于金融机构更好地了解中小企业和弱势群体的信用状况和金融需求，减少信息不对称，提高金融服务的可得性和覆盖面。金融机构通过利用公共数据以及小微企业经营数据，能够更好地识别中小微客户和普惠人群的风险情况；通过对供应链上下游核心企业信用数据、物流数据和仓储数据的分析，提供更精准的供应链金融服务，开发相关金融产品。

例如，长沙市金融专题库和金融大数据服务开放平台积极利用公共数据，与 20 家银行签订数据服务合作协议，与 15 家机构实现系统对接，拥有"湘江快贷""长沙快贷"等产品，服务市场主体 6 万多家，提供融资授信 153 亿元，发放贷款 84 亿元[①]。重庆"渝快融"企业融资大数据服务平台与 28 家金融机构和 3 家金融科技公司合作，开发出"云义贷""能企贷""纳税 e 贷"等产品，实现注册企业 33 万家、融资申请 46 万笔、放款 500 多亿元的业绩。

（四）养老金融领域

面对发展缓慢、资金不足、产品同质、低利润等挑战，养老金融借助公共数据提升了在线管理、电子支付、智能投顾等的服务效率，可提供满足老年需求的个性化服务方案，推动服务创新和升级。国家数据局等部门 2023

---

① 中国人民银行成都分行营业管理部、四川省金融科技学会：《2023 公共数据金融应用白皮书》，2023。

年发布的《"数据要素×"三年行动计划（2024—2026年）》，从升级养老服务信息管理中心、搭建养老工作大数据平台、完善信息化管理机制、搭建"智慧养老云服务"管理平台（推动政府相关职能部门与医疗机构、养老服务机构等实现数据的互联互通）等方面对公共数据养老金融应用提出了指引，有助于推动养老金融更好发展。

例如，在数据脱敏后向社会开放老年人口、养老机构等数据，吸引社会资本投资兴办养老服务设施，引导社会组织提供居家养老服务，优化养老服务资源供给。天津市河西区整合辖区内养老方面的公共数据，利用居家养老服务平台上的数据，推出"养老长护险数据分析"产品。该产品可对城市职工中的失能老人实现基于社区的精准化定位，有利于开展长护险宣传教育工作，推动长护险与养老服务的衔接和整合，提高长护险的覆盖面和保障水平。长护险服务机构则可以低廉价格购买"养老长护险数据分析"产品，根据产品中以社区为单位的老人年龄结构、身体状况、服务需求等分析，更加精准地推送服务，赋能养老产业发展。

（五）数字金融领域

公共数据在数字金融领域的应用，主要聚焦金融行业中的数据处理、风险管理、客户服务、决策支持等业务场景，支持客户识别、信贷审批、风险核查等多维数据在金融机构间的共享共用和高效流通，降低金融机构数据收集运用成本，促进金融机构加快数字化转型，提升数实融合水平。

例如，浙江省"浙里贷"依托公共数据平台，整合了税务、社保、市场监管等相关数据。"浙里贷"搭建起线上线下融合的便捷申请体系，既可利用数字身份认证技术快速核验申请人身份的真实性和合法性，也可以将公共数据与金融机构内部征信数据进行交叉对比分析，更能为包括科技型企业在内的不同客户群体定制金融产品，并建立数据驱动的贷后管理机制。

（六）金融监管领域

金融监管的智能化是适应金融科技发展的必然要求，有助于改善金融监管治理水平。传统的金融监管方式往往依赖于定期报告和现场检查,存在时效性差、覆盖面不全等问题。互联网金融新生态更是对金融监管能力提出了新挑战。大数据技术可以通过对金融机构的业务数据、客户数据、交易数据等进行深度分析,发现可能存在的违规行为或异常交易,构建更全面的反欺诈模型,及时发现并纠正地方金融组织的不合规行为,维护金融市场的公平和秩序。

例如,银行借助公安局丰富精准的反欺诈数据资源,开展双方基于隐私计算平台的合作,在保护客户隐私且互不泄露客户明文信息的前提下,利用历史涉嫌欺诈、买卖银行卡等风险的有效实名黑样本,建立集成模型以及规则组,开发开户异常侦测模型,并将其用于开户场景的异常监测。

三 公共数据在金融领域的应用面临的挑战

在实际推进过程中,公共数据在金融领域的应用仍面临诸多挑战和现实困难。当前,公共数据来源受诸多因素掣肘成为制约公共数据金融领域应用的主要因素,应用场景挖掘不足、定价及收益分配机制尚不明晰成为影响公共数据金融领域应用落地的机制因素,数据安全和隐私保护则是安全底线。

(一)公共数据来源受诸多因素掣肘

公共数据供给相对不足是制约公共数据金融应用的主要因素之一。高质量的数据供给是公共数据授权运营取得成效的基本前提。金融业对公共数据较为依赖,上海数据交易所研究院 2022 年 11 月发布的《金融业数据流通交易市场研究报告》显示,我国金融业采购的数据产品中,来自公共数据的约占 90%。调查显示,有近 40% 的金融机构未获取利用社保、公积金、税务等数据,超 65% 的金融机构未获取利用海关等数据[①]。公共数据涉及范围

---

① 中国人民银行成都分行营业管理部、四川省金融科技学会:《2023 公共数据金融应用白皮书》,2023。

广泛，包括了国家安全、商业秘密以及个人隐私等多个方面，其来源面临诸多挑战。

一是数据资源分布不均衡，流动不畅。国家部委、省级政府、央国企、平台企业数据资源较多，而地方和基层、民营企业和个人等数据资源较少。事实上，各类央国企、大型互联网平台的业务及经营数据，在与公共数据融合之后存在巨大的价值，但不同部门、区域数据融合的困难阻碍了数据价值的实现。

二是各数据提供部门对数据供出意愿低、动力不足，主要原因在于公共数据授权运营的市场前景尚不明朗、数据供出后自身承担的数据安全责任加重、数据供出成本难以覆盖以及数据权属界定存在争议等方面，在数据需求的目的意义缺乏充分论证、数据去向不明等情况下，为保障数据的合规安全，数据管理者"不敢"将敏感数据对外共享或开放。

三是标准差异引发的数据流通和使用不畅。在公共数据资源开发利用的过程中，各地方层面普遍存在数据资源不清、数据分散存储、缺乏分级分类、关联数据质量低和数据标准缺失等数据治理难题，不同部门的公共数据来源以及来源标准的差异影响了公共数据的流通和使用。公共数据来自不同地区，各地区所采用的数据流通标准可能并不一致，比如接口不统一、协议不一致、算法设计不统一、技术路径不统一、数据管理不统一等。这就容易导致公共数据难以互联互通，造成"数据孤岛"问题，制约了公共数据的流通和应用。在反欺诈模型、风控模型等融合多方数据联合构建的模型场景中，还需要解决数据来源多样、格式不一、数据量大等问题。

四是合规风险和安全问题制约了公共数据在金融领域的应用。公共数据在金融领域的具体应用仍存在一些政策空白和监管模糊地带。公共数据供方和需方在共享、使用公共数据时，仍面临一定合规风险。例如，对于公共数据的开放范围、授权方式、使用限制等缺乏明确指导和规范，给金融机构的实践操作带来了一定的不确定性，也影响了公共数据应用的规模化和规范化发展。同时，金融监管政策的调整和变化，也可能对公共数据在金融领域的

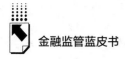

应用产生不确定性。金融机构之间以及金融机构与其他行业机构之间存在数据分散问题，且出于对数据安全、商业利益等因素的考虑，相关机构不愿意或不能够轻易共享数据，数据融合壁垒较高，限制了公共数据在金融领域的深度应用。

（二）应用场景挖掘不足

公共数据授权运营的价值体现在公共数据能否被广泛且高效地应用于各个领域。当前，公共数据在金融领域的应用存在应用场景及市场需求挖掘不够充分的问题。例如，养老金融领域的应用还没有全面铺开，与银发经济的需求相比还存在明显不足。

公共数据应用场景挖掘不足既有公共数据来源不足等原因，也同场景需求的特点与公共数据供给不匹配相关。一是我国公共数据授权运营以国资企业和一对一授权为主，这种模式缺少竞争机制和创新驱动力。二是在公共数据资源及数据产品开发利用过程中，参与主体类型不丰富，数据服务商往往需要独自承担采集、存储、共享、更新等任务，缺乏其他专业市场机构的协作，导致利用效率不高，数据产品种类单一，市场活跃度未能充分释放。当前，公共数据的存储、管理没有也难以通过定向清洗、深度加工去适应多元化的应用需求。三是部分公共数据运营机构的专业能力及经验不足，难以充分发掘和对接业务场景的具体需求，导致数据供需两侧衔接不畅，使得多元数据融合应用开发不能满足更丰富的业务发展需求。

（三）定价及收益分配机制尚不明晰

定价和收益分配机制的明晰程度决定了公共数据在金融领域的落地程度、速度及难度。从数据来源端看，提供数据和承担原始数据采集工作的机构通常是政府机构等公共部门。从数据应用端看，公共数据的价值实现需要经过采集、存储、加工、销售等多个步骤。更为关键的是，公共数据虽有经济价值，但经济价值的大小难以撇开场景单独计量和确定。

公共数据授权运营过程涉及数据提供方、数据运营方、数据需求方等多方利益相关主体，加之其公共属性引发的权属界定模糊问题，使得收益分配机制的建立完善呈现复杂性和挑战性。主要体现在以下三方面：一是对数据提供主体的数据供给与治理的成本补偿及激励措施不足，导致资源投入与效益之间存在差距。二是对运营主体产生的数据产品和服务定价缺乏统一标准，难以公正反映其市场价值。三是多方相关利益主体的利益平衡、贡献核算机制缺失，抑制了相关主体持续开展公共数据授权运营活动的积极性和主动性，使得公共数据授权运营活动流于形式，缺乏深度和实效。此外，公共数据具有公私交融的复杂属性，公共数据授权运营客体具有不可转让性，以及在公共数据授权运营机制中有效竞争的缺失，也容易导致公共数据授权运营垄断风险的形成。

（四）数据安全和隐私保护是安全底线

确保数据安全和个人隐私保护是公共数据授权运营的根本保障。在当前数据窃取技术不断迭代、数据泄露事件频发的严峻形势下，如果在公共数据授权运营过程中未采取有力的安全保护措施，则容易引发数据泄露、非法使用或毁损等安全风险。公共数据授权运营参与主体多，授权流程繁杂，各地监管力度不一，导致安全风险防控难度大，特别是公共数据包含关乎国家安全、社会公共利益、行业机密和个人信息等敏感信息，若操作不当或监管不力，可能导致未经授权的数据在金融领域被不当使用，隐私权益和商业秘密被侵犯，甚至引发敏感信息泄露，对国家安全和社会公共利益构成威胁。保障数据安全可控是公共数据提供者的责任。当前，我国公共数据授权运营尚处于探索阶段，授权运营相关主体在数据安全防护技术、研发投入、专业队伍建设等方面尚存不足，可能导致数据运营平台出现安全漏洞，易受网络攻击，进而影响数据服务的稳定性和可靠性。现实中，监管对数据安全的要求是"原始数据不出域""数据可用不可见"，但部分地方政府直接把"域"等同于单个系统，导致其中的各类数据都无法被外界合理使用。部分部门因担心承担数据安全责任而"不敢授权"的现象仍然较多。

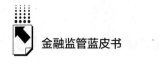

四　公共数据在金融领域应用的启示及建议

对于公共数据的金融应用，要从便利数据共享开放、拓宽应用场景、完善定价及收益分配机制、优化数据安全治理等方面着手，促进公共数据金融应用的稳健发展。

（一）便利数据共享开放

从供给侧看，需进一步便利公共数据流通交易。宜优化数据统筹协调机制，加快构建权威高效的数据共享机制，积极挖掘结构化、可理解的公共数据。一是完善供给平台建设，推动公共数据价值释放。强化政府部门之间、政府与金融机构之间的数据共享协调机制，进一步明确公共数据开放的范围、条件和方式，在确保数据安全和隐私的前提下，拓展向金融机构开放的数据种类和深度，打破"数据孤岛"，提高数据获取效率，推动公共数据价值释放。二是完善标准和合规建设，创新公共数据共享机制。当前，由于政企数据各自处于不同的管理体系和管理制度之下，缺乏统一的管理标准，难以有效贯通融合，更谈不上应用。探索政企数据融合应是提高公共数据可用性的重要方向之一。三是采取切实可行的落地举措。地方政府可积极推动征信平台、综合金融服务平台建设，助力企业完成注册授权，实现数据"统进统出"，形成融资数据有效反馈机制。

（二）拓宽应用场景

拓展价值牵引的数据应用场景是数据市场化发展落地的关键举措。挖掘潜在应用场景对运营主体的资金实力、技术水平和运营机制提出了较高要求。一方面，政府推动的应用场景，尤其是公益性场景建设应是落地的重要方向。一是通过多种手段实现企业注册授权。各地通过与当地工商部门、人民银行机构、金融机构联动，打通金融服务平台的企业注册和认证通道，设计小程序等工具，施行政府部门任务分配等措施，扩大企业注册和认证数量。二是将运营平台作为当地企业普惠政策的落地抓手。向平台聚集各种与企业相关的金融服务支持政策，企业登录平台既可享受融资服务，也可以便利地申请普惠支持政策，进而提高金融服务平台的活跃度。

另一方面，挖掘潜在应用场景已经成为公共数据授权运营的关键难点。当前，公共数据应用主要集中在公共服务治理以及金融信贷等个别场景，存在应用场景及市场需求挖掘不够充分的问题。这既有公共数据来源不足等方面的原因，也与场景需求特点和公共数据供给不匹配相关。挖掘潜在应用场景对运营主体的资金实力、技术水平和运营机制提出了较高要求，比如，运营主体需要构建能进行行业深入挖掘的能力或机制。

具体而言，在科技金融应用场景方面，建立统一的科创企业公共数据标准和规范，整合科技、税务、知识产权等多部门数据。在绿色金融应用场景方面，利用公共数据完善环境风险评估体系，将企业的环境违法记录、污染排放数据等纳入金融机构的风险评估模型，对高污染、高能耗企业实施更严格的信贷政策。针对绿色金融领域数据披露共享难、跟踪管理难等痛点问题，金融机构可积极利用公共数据，实现绿色金融信息发布、绿色企业和绿色项目识别与评估、补贴申请与核定等功能。在普惠金融应用场景方面，拓展农村数据来源，整合农业农村、气象、社保等部门的多方面数据。在养老金融应用场景方面，整合民政、社保、卫健等部门的养老服务设施、老年人健康、养老金收支等养老相关数据，建立养老金融数据仓库，为金融机构设计养老金融产品、评估养老服务机构风险等提供数据支持。在数字金融应用场景方面，加大对金融数据中心、云计算平台等基础设施的投入力度，提升公共数据的存储、处理和分析能力，加强数据安全与隐私保护，建立健全数字金融数据安全管理制度。在金融监管应用场景方面，随着政务数据开放与 AI 技术的结合，金融监管应用场景有望从反洗钱、信贷风控拓展至金融市场秩序维护、跨境资本管理等，监管效能将从"事后查处"向"事前预防"转变，大幅提升系统性金融风险的防控能力。

（三）完善定价及收益分配机制

明确以价格机制为代表的公共数据运营机制。"数据二十条"指出，"支持探索多样化、符合数据要素特性的定价模式和价格形成机制，推动用于数字化发展的公共数据按政府指导定价有偿使用"，明确提出了公共数据价格机制建设的政策要求。一方面，从定价机制看，当前通行做法是公共数据产品需要在政府指导范围内，依据使用场景的差异进行市场化定价。在公共数据授权运营阶段，建立基于成本测算的政府指导定价模式，而在公共数据资源使用阶段，建立基于"固定成本+运营成本+利润空间"的政府指导定价模式。现实存在的难题是数据产品能创造的价值是后验且个性化的，前置性的定价难以充分反映数据产品价值。实践中，各地进行了诸多探索，如《福建省加快推进数据要素市场化改革实施方案》提出建立公共数据资源开发有偿使用机制。

另一方面，公共数据授权运营的收益分配遵循的常规思路是"谁投入、谁贡献、谁受益"。各地在公共数据运营中积累了诸多经验，并进行了探索创新。比如，《长沙市政务数据运营暂行管理办法（征求意见稿）》指出基于政务数据资源运营属于政府国有资产有偿使用范围，且明确了将市、区县数据权属主体收益分配纳入市、区县财政收入，为完善数据要素市场体系提供了有益的探索。

（四）优化数据安全治理

在确保数据安全和隐私的前提下，实现数据的有效融合和分析，进而实现数据的可用性和价值挖掘，是当前完善公共数据在金融领域应用的必要举措。一方面，要构建安全技术防护体系，确保隐私安全。公共数据运营平台应运用加密技术、区块链技术、访问控制技术等，对公共数据在采集、传输、存储、使用全生命周期进行安全防护，防止数据泄露、篡改和滥用。制定严格的数据隐私保护政策和操作流程，要求金融机构在使用公共数据时，对涉及个人隐私的数据进行匿名化、去标识化处理。监管部门应加强对公共数据在金融领域应用的安全监管，定期开展数据安全检查和评估，对违规行为进行严厉处罚，督促金融机构落实数据安全责任。

另一方面，要加强数据标准化建设，提高数据质量。对公共数据在金融领域的应用应制定统一标准和规范，包括数据格式、编码规则、数据字典等，确保不同来源数据的一致性和兼容性，以便于数据的整合与分析。在使用公共数据前，金融机构应运用数据清洗、数据集成、数据转换等技术，对原始数据进行预处理，去除噪声数据、重复数据，填补缺失值，提高数据质量。在标准制定过程中，积极发挥行业协会作用，充分吸收各类市场主体和参与主体的意见和建议。

B.13
量子计算前沿进展及其在金融领域的应用

汪 勇 岳湛凯*

摘 要： 在当今大数据蓬勃发展的时代背景下，数据量呈现爆发式增长态势，算力已成为推动科技进步与社会发展的核心关键要素。相较于传统计算模式，量子计算依托量子比特、量子纠缠等微观特性，展现出指数级增长的超强运算潜能，能够有效攻克传统计算机难以应对的复杂难题。当前，量子计算这一高新技术领域全新赛道已开启，全球主要经济体积极投身其中。美国、中国、欧盟等均投入大量资源，深度布局量子计算研发工作，在技术攻坚突破、人才储备汇聚等方面各显其长，逐步形成多元竞争格局。我国量子计算正处于高速发展的关键时期，一系列具有国际领先水平的成果接连涌现。此同时，产业化进程稳步提速，应用探索持续向纵深推进，发展前景极为广阔。然而，要清醒地认识到，在白热化的国际竞争局势下，我国量子计算领域仍面临诸多挑战，诸如高端人才匮乏问题显著、国际竞争压力与技术封锁困境严峻。鉴于此，我国要以强有力的政策为指引，大力推动产学研深度协同创新，加速科研成果转化落地，在全球量子科技版图中占据领先地位，为国家科技实力提升与经济社会发展注入强劲动力。

关键词： 量子计算 算力 金融应用

---

* 汪勇，经济学博士，中国社会科学院金融研究所副研究员，主要研究方向为数字金融与金融政策评估；岳湛凯，中国社会科学院大学应用经济学院硕士研究生，主要研究方向为金融科技、宏观金融与经济政策评估。

当今时代，各行业数字化进程显著提速，数据量呈现爆发式增长态势。依据 IDC 预测数据，中国数据量将由 2022 年的 23.88ZB 急剧跃升至 2027 年的 76.6ZB，年均增速居全球首位。海量的数据规模催生了庞大的算力需求，然而传统算力架构在应对这一激增的需求时渐显疲态，算力缺口持续扩大，严重掣肘了产业升级与科技创新。在我国，算力短缺已成为亟待解决的严峻问题，算力逐渐成为驱动时代发展、决定科技竞争能力的核心要素。

在此背景下，量子计算凭借其独特优势崭露头角。与传统计算范式相比，量子计算依托量子比特的特殊属性，实现了运算速度的跨越式提升，能够高效解决传统计算机难以攻克的复杂难题，为填补算力缺口开拓了全新路径，注入了强大动力。

2024 年 1 月，工信部、教育部、科技部、交通运输部、文化和旅游部、国务院国资委、中国科学院七部门联合印发的《关于推动未来产业创新发展的实施意见》明确指出，要加快量子、光子等计算技术创新突破，突破量子计算机等高端装备产品，加强可容错通用量子计算技术研发，提升物理硬件指标与算法纠错性能，推动量子软件与量子云平台的协同布置。这进一步明确了量子计算在国家未来产业发展中的关键地位与重要作用。

展望未来社会发展，量子计算将在全球科技竞赛中占据核心地位，关乎各国未来发展的主导权。于我国而言，量子计算有望突破现有算力局限，助力产业实现蝶变式发展，带动科研取得重大突破，为经济与科技的强劲发展提供坚实支撑。尤其在金融、教育、智慧城市、医疗健康等领域，量子计算将凭借其强大的运算效能，深度赋能各行业，为各行业定制精准方案、打造创新场景，全方位推动社会实现跨越式发展。因此，我国急需发挥政策引领作用，精准把握发展方向。统筹规划，构建量子计算技术与各行业的深度协同机制，助力各行业借助量子计算实现创新升级。

一　量子计算概况

（一）量子计算的概念、技术原理及其与传统计算的关系

1.概念

量子计算，是一种遵循量子力学规律调控量子信息单元进行计算的新型计算模式。与传统计算不同，量子计算遵循量子力学规律，是能突破传统算力瓶颈的新型计算模式。量子计算机，作为执行量子计算任务的设备，以量子比特为基本运算单元。在量子计算中，基于量子叠加原理，量子比特的不同状态可被同时存储和处理。

2.技术原理

量子是现代物理学中的重要概念，它指的是物理量的最小不可分割的基本单位。例如，光具有量子特性，光子就是光的量子。在微观世界，电子、质子等基本粒子的运动、状态变化都遵循量子力学规律。与宏观物体遵循的经典力学规律不同，量子世界充满不确定性，如粒子的位置和动量不能同时被精确测定。量子概念的诞生打破了传统物理学认知边界，为诸多前沿科技如量子计算、量子通信奠定了基础，开启了探索微观世界奥秘、利用微观特性推动技术革新的全新篇章，也为一种新型的计算模式提供了可能。

量子计算的技术原理根植于量子力学这一前沿科学领域。量子计算的核心在于量子比特，量子比特与传统计算机的二进制比特截然不同。量子比特利用量子叠加原理，能够同时以不同概率处于0和1的叠加态，这意味着一个量子比特可一次性携带更多信息，成为量子计算的最小计算单元。例如，当进行复杂运算时，多个量子比特组成的系统能同时探索多种计算路径，极大地提升运算效率。以"量子门"操作实现对量子比特状态的操控，如同传统计算机中的逻辑门，量子门可精确控制量子比特间的相互作用，实现诸如量子比特的翻转、纠缠等操作，进而构建起量子算法。

3. 与传统计算的关系

（1）区别

传统计算机依靠串联大量能够表示 0 和 1 的晶体管，通过不断叠加二进制运算来达成计算目的。当面对大量路径相似的计算任务时，传统计算机只能遵循既定顺序，逐个逐次地处理信息，这种计算模式存在一定局限性。特别是在处理诸如模拟量子系统、复杂分子结构建模等需要探索海量计算路径的难题时，传统计算的劣势愈发凸显，因为求解过程中，由于涉及的变量繁多、相互关系错综复杂，需要对数量近乎天文数字的不同计算可能性进行逐一尝试，或是进行极为复杂的统筹分析，但传统计算机运算机制依赖顺序执行，无法同时开展多项运算，这就使得运算速度受到极大限制，耗费的时间较长。

与之相比，量子计算展现出独特优势。传统计算机以二进制比特为基础，每个比特在同一时刻仅能表示 0 或 1 中的一种状态。而量子比特却依托量子叠加这一特性，能够同时处于多种状态，进而实现高效的并行计算，让运算速度实现指数级提升。以"高斯玻色取样"问题为例，全球顶尖的超级计算机"富岳"在攻坚该任务时，预估耗时长达 6 亿年之久。我国自主构建的量子计算原型机"九章"却仅用 200 秒就得出了高精度结果。量子计算在密码破解领域同样具有巨大优势，对于当下应用广泛的 RSA 加密算法，若使用传统计算方式去破解 2048 位密钥，专业估算耗时可达数百年，而量子计算凭借先进算法，却有望将时间大幅压缩至数小时甚至更短，为信息安全领域带来全新挑战与变革契机。

（2）联系

虽然量子计算在处理大规模科学计算任务中优势显著，但必须明确的是，量子计算机并不是下一代计算机，而是"另一种"计算机，它的使命不是取代传统计算机，而是去完成一些特殊的任务，与传统计算机优势互补。

一方面，量子计算硬件构建难度极高，超导量子比特需极低温环境才能维持稳定，离子阱技术面临复杂的离子操控难题，这使得量子计算机成本高

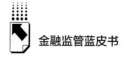

昂、难以大规模普及。另一方面，量子算法与现有软件生态适配性差，传统软件需经深度改造才能在量子平台运行，这无疑增加了开发成本与时间。此外，当前量子计算纠错技术仍不完善，计算过程易受环境干扰而出错。因此，应客观看待量子计算，将其视作与传统计算优势互补、协同推动科技进步的新技术。

从信息处理的本质而言，传统计算与量子计算均聚焦于数据运算。传统计算基于经典力学所构建的二进制逻辑，历经漫长发展过程，具备高度稳定性。而量子计算依托量子力学原理，凭借量子比特的叠加与纠缠特性，释放出全新的运算潜能。两者并不是相互排斥的，反而在理论层面具备互补的前提条件。

在多元应用场景中，传统计算与量子计算相结合的优势愈发凸显。在基础科研领域，当模拟宇宙演化进程、探索新材料分子结构时，量子计算的并行计算能力能够突破复杂运算的瓶颈，迅速勾勒出大致模型框架；随后，传统计算凭借精准算法对细节进行校验，从而确保科研成果的精确性。在工业生产方面，在规划大型工厂生产流程以及优化全球供应链的过程中，量子计算可初步筛选海量方案，为优化方向提供指引；传统计算则在此基础上深入挖掘，精细调配人力、物力资源，助力实现生产效益的最大化。在信息安全领域，量子计算为加密算法的革新提供了强劲动力，传统计算则负责既有加密体系的日常运维工作，二者协同配合，共同筑牢信息安全防线。

传统计算与量子计算的有机结合，将在未来诸多领域展现出广阔的应用前景，有望推动各行业实现跨越式发展，开创更为高效、智能的发展新局面。

（二）量子计算在各行业应用展望

量子计算作为一项极具变革性的前沿技术，正逐步渗透各个行业，展现出广阔的应用前景。

在医药研发领域，量子计算能够对复杂的生物分子结构进行精准模拟。

通过快速分析药物分子与靶点的相互作用，可大幅缩短新药研发周期，降低成本。例如，在攻克疑难病症的药物研发中，量子计算助力科研人员快速筛选海量潜在药物分子，精准找到最具潜力的候选药物，为人类健康带来新希望。

在制造业领域，量子计算将优化生产流程与供应链管理。利用其强大的计算能力，可对生产调度、资源分配等复杂问题进行全局优化，提高生产效率，减少资源浪费。在大型工厂中，量子计算能根据订单需求、原材料库存、设备状态等，实时生成最优生产计划，确保生产线高效运行。

在能源领域，量子计算有助于开发更高效的能源存储和转换技术。它可以模拟材料的电子结构，加速新型电池材料的研发，提升电池续航能力和充电速度。同时，在能源电网的优化调度上，通过量子计算可实现电力的智能分配，降低能源损耗。

在交通领域，量子计算将推动智能交通系统的升级。通过对交通流量的实时模拟和预测，可优化交通信号灯的时间设置，缓解拥堵。在物流运输中，可借助量子计算规划最优配送路线，降低运输成本，提高物流效率。

在金融领域，量子计算有望带来颠覆性变革。在投资组合管理方面，凭借其强大的运算能力，量子计算可以同时处理海量金融数据，充分考虑市场波动、资产相关性等复杂因素，迅速为投资者构建风险收益平衡的最优投资组合，极大地提升投资决策的科学性与回报率。在风险管理方面，量子计算可实时监测全球金融市场动态，快速识别潜在风险点，精准预测市场趋势，对系统性风险发出提前预警，帮助金融机构及时调整策略，有效规避重大损失。此外，在金融加密与安全通信方面，量子加密技术基于量子力学原理，提供了前所未有的安全级别，能够有效防止信息泄露与黑客攻击，为金融交易的安全稳定保驾护航。

尽管目前量子计算的实际应用尚处于起步阶段，但随着技术的不断成熟，量子计算有望在各行业掀起新一轮的创新浪潮，为全球经济发展和社会进步注入强大动力。

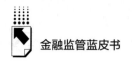

（三）量子计算发展的重要性

量子技术的发展正全方位、深层次地重塑人类社会发展格局。

于科学研究领域而言，量子技术为科研工作者提供了全新的研究手段与视角。量子计算凭借强大的运算能力，能够对复杂的物理、化学模型展开精确模拟，助力科研人员深入洞悉微观世界的奥秘，为宇宙起源、生命本质等基础科学问题的探索提供关键支撑。例如，通过量子模拟，科学家能够更为精准地探究高温超导材料的特性，有力推动超导技术取得突破性进展。

从产业发展层面来看，量子技术对产业升级的推动作用极为显著。在制造业领域，量子传感技术可实现超精密测量，大幅提升产品制造精度，进而推动高端制造业的蓬勃发展。在通信领域，基于量子密钥分发原理的量子通信技术，能够实现信息的绝对安全传输，为金融、政务等对信息安全要求极高的行业提供坚实可靠的保障，全面重塑信息安全格局。

从国家战略高度审视，量子技术已然成为全球各国竞相角逐的科技制高点。掌握先进量子技术的国家，在经济、军事、信息安全等多个关键领域将占据显著优势。一方面，能够有力推动新兴产业的兴起，创造大量高附加值的就业岗位，为国家经济的持续稳健增长提供强劲动力；另一方面，在军事国防领域，量子雷达等先进技术的应用，可大幅提升国家的综合防御能力。

此外，量子技术的发展还将催生一系列新兴学科及交叉学科，促进不同领域间的知识深度融合与创新，培育一批具备跨学科思维的顶尖人才，为人类社会的长远发展注入源源不断的智力活力。量子技术的进步无疑是推动人类文明迈向全新阶段的核心驱动力。

二　全球量子计算发展的对比分析

（一）主要经济体发展概况

全球主要经济体在量子计算领域均加大了投入力度，形成了各具特色的发展格局。

1. 美国

美国作为量子计算领域的先行者，在诸多方面保持领先优势。2018 年，美国正式颁布《国家量子倡议法案》，为量子科技发展提供了政策支撑。2024 年 12 月美国发布的《国家量子计划（NQI）总统 2024 财年预算补编》显示，2019~2023 年，美国在量子科技领域累计投入 39.39 亿美元，其中量子计算相关投资占比颇高，2024 年预估投入 9.68 亿美元，未来将持续增加对该领域的资源注入。

在组织架构方面，美国构建了以总统为核心的联邦机构协同体系，多个关键部门紧密配合，推动量子计算发展。例如，美国国家标准与技术研究院（NIST）积极参与制定量子计算技术标准，为产业发展提供规范指引；能源部（DOE）投入大量资金支持量子计算相关科研项目，促进基础研究与应用开发的有机结合。

在技术研发层面，IBM 公司于 2023 年成功推出具备 133 个量子比特的 Heron 和具有 1121 个量子比特的 Condor 超导量子处理器，显著提升了计算能力与应用潜力。Intel 公司也研发出 Tunnel Falls 芯片，为量子计算硬件性能提升贡献了力量。软件领域，IBM 推出的 Qiskit 等开源编程框架，极大地降低了量子计算开发门槛，吸引了全球开发者参与，加速了量子算法的创新与应用。2024 年，谷歌推进研发拥有 105 个物理量子比特的量子计算芯片 Willow，首次实现了"低于阈值"的量子计算，这是寻求制造足够精确且实用量子计算机的一个重要里程碑。谷歌量子计算部门负责人表示，Willow 功能强大，可以在约 5 分钟内完成全球最大的超级计算机预计需要 1025 年才能完成的随机电路采样任务。

产业生态方面，美国企业积极投身量子计算领域，形成科技巨头与初创企业协同共进的局面。美国拥有数量众多的量子计算企业，业务覆盖硬件制造、软件研发、云平台服务等全产业链环节。例如，IBM、Google、Microsoft 等科技巨头在量子计算云平台建设方面成果显著，凭借强大的技术实力与丰富的资源，吸引了全球范围内大量科研机构、企业及开发者使用其云服务，

有力推动了量子计算技术的普及与应用拓展。

2. 中国

我国已将量子计算列为关键技术领域，全方位、系统性地积极开展布局。在政策扶持层面，"十四五"规划等一系列重要文件明确将量子信息纳入重点发展范畴，为量子计算的长远发展提供坚实的政策指引。各地方政府相继出台相关规划与部署，从资源配置、项目扶持到人才引进等多维度，全力推动量子计算科研工作的深入开展与产业的蓬勃发展。

在技术研发领域，中国取得显著成果。硬件方面，中国科学院成功研制的 504 比特超导量子计算芯片"骁鸿"，以其强大的计算能力和卓越的稳定性，为复杂科学计算提供了有力支撑；本源量子推出的拥有 72 个量子比特的"悟空芯"，在量子比特的集成度与操控精度上实现重大突破，彰显了我国在超导量子计算芯片制造领域的雄厚实力。中国科学技术大学等机构成功构建 255 个光子的量子计算原型机"九章三号"，"九章三号"凭借优异的计算性能刷新世界纪录，极大地提升了我国在该领域的国际影响力。软件方面，尽管起步相对较晚，但国内企业与科研机构持续加大研发投入力度，全力构建完善的软件生态体系。例如，华为积极投入量子计算软件研发，致力于打造高效的量子编程框架，推动量子计算应用的快速开发。

产业生态建设方面，我国量子计算产业不断完善。众多量子计算企业不断涌现，本源量子在硬件制造与云平台建设方面表现突出，打造出具有自主知识产权的量子计算设备与云服务平台；国盾量子专注于量子通信与量子计算硬件的融合发展，为信息安全与量子计算应用开拓新路径。同时，电信运营商如中国移动、中国电信凭借自身网络与资源优势积极参与其中，有力推动了量子计算技术的推广与应用。虽然我国在量子计算云平台功能、应用场景探索等方面与国际先进水平仍存在一定差距，但正通过持续加大研发投入力度、深化国际合作等方式加速追赶，力求在全球量子计算产业竞争中实现弯道超车。

3. 其他发达国家

自 20 世纪 90 年代起，众多欧洲国家便对量子计算予以高度关注，近年来，一系列战略规划相继出台。欧盟发布新版量子旗舰计划，加大对量子计算领域的支持力度。英国《国家量子战略》及财政部年度预算文件显示，英国在过去 10 年投入 31.8 亿英镑，推动量子计算发展，其量子计算中心在技术研发方面成果显著，在量子算法优化与量子通信技术融合上取得突破。法国总统马克龙 2021 年宣布的《量子技术国家战略》及后续预算文件显示，法国投入约 19.6 亿欧元，聚焦超导、离子阱等多技术路线，在量子比特的操控精度提升方面成效突出。德国相关企业在量子计算原型机研制上进展顺利，为提升计算性能奠定基础。

加拿大、澳大利亚、韩国、日本等国也积极布局量子战略，加大资源投入。加拿大启动国家量子战略，在量子计算与通信结合方面深入探索，通过构建量子通信网络，实现信息的高速安全传输，为量子计算应用拓展新场景。澳大利亚发布国家量子战略，鼓励科研机构与企业合作，在量子传感器研发上取得进展，提升了对微弱量子信号的探测能力。韩国科学技术信息通信部（MSIT）于 2023 年 6 月发布的《量子科学技术战略》明确提出，韩国计划到 2035 年前投资 17.9 万亿韩元，在量子计算芯片的小型化与集成化方面不断推动创新。日本持续推进光量子跃迁旗舰计划，在光量子技术研发上保持领先，如成功研发出新型光量子纠缠光源，为光量子计算提供了更优质的技术支持。这些国家在不同技术方向和应用领域的探索与突破，共同推动着全球量子计算产业的繁荣发展与激烈竞争。

（二）对比分析

1. 政策环境

美国自 2018 年发布《国家量子倡议法案》后持续加大量子计算领域资金投入，其政策注重从顶层设计、组织机制、专项计划和生态建设等多维度协同推进。欧盟自 2018 年推出量子旗舰计划后，不断投入资金支持科研项目与基础设施建设，2024 年发布新版计划提出短期和中期发展目标，致力于提升欧洲在量子技术各方面的竞争力。

中国高度重视量子计算，在"十四五"规划等政策中积极布局，推动

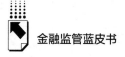

组建国家实验室和实施重大科技专项，众多省市也在地方规划中对量子计算的基础科研、应用探索和产业培育等进行规划部署。英国、日本、加拿大、印度、澳大利亚、丹麦、韩国、爱尔兰、新加坡等国也相继发布量子信息发展战略，涵盖顶层规划、专项计划、人才培养等多个领域，全力打造量子计算竞争优势。

各国政策的持续支持为量子计算技术研发、应用探索和产业生态培育提供了坚实保障，推动量子计算在全球范围内迅速发展，加剧了国际竞争，也促进了国际合作与交流，共同推动量子计算技术的突破与进步。

2. 专利数量

在量子计算领域，全球专利数量呈现快速增长态势。研精毕智《全球及中国量子计算行业发展现状分析》显示，2013～2023 年，相关发明专利申请量共计 15437 件，授权量共计 5417 件。申请量在 2013 年后进入快速上升通道，2021 年达到峰值 2866 件，之后有所下降但总体仍呈增长趋势；授权量则稳步上升，2023 年达到 1384 件。

在专利来源国家方面，中国和美国占据主导地位，分别占 39% 和 28%，日本、欧洲、韩国等国家占比也相对较大。在论文发表方面，美国和中国位居前列，发表数量分别为 5430 篇和 4813 篇，远超其他国家。澳大利亚篇均被引频次最高，为 41 次；美国和加拿大均为 38 次，德国和英国也相对较高，中国篇均被引频次低于这些国家，这表明中国在高水平论文产出和国际影响力方面还有提升空间。

超导路线在专利申请总量（9380 件）和授权总量（3976 件）上均领先于其他技术路线，凸显其在量子计算领域的重要地位与发展潜力。量子计算领域专利数量的增长和分布情况体现了各国在量子计算领域的研发投入和创新成果，也反映出不同技术路线的发展热度与竞争态势，为技术发展方向提供了重要参考。

3. 技术路线

量子计算目前呈现多技术路线并行发展格局，主要分为人造粒子路线（如超导、硅半导体）和天然粒子路线（如离子阱、光量子、中性原子）。

　　超导路线因具有扩展性好、易操控和与集成电路工艺兼容等优势，备受关注且发展迅速。近年来成果丰硕，如 2023 年 IBM 推出拥有 1121 个量子比特的 Condor 和拥有 133 个量子比特的 Heron 超导量子处理器，中国科学院研发 504 比特超导量子计算芯片"骁鸿"，本源量子上线拥有 72 个量子比特的"悟空芯"等。但该路线面临量子比特相干时间和操作保真度不足、温度限制导致商业化成本高昂等挑战，如实验中磁通噪声等会干扰量子比特稳定性，制冷设备昂贵限制商业应用。

　　硅半导体路线使用量子点中囚禁粒子作为量子比特，与 CMOS 工艺兼容，但受同位素材料加工和栅极间串扰影响，在规模扩展性和操控精度突破上困难重重，如 Intel 虽通过研发新制造测试工艺提高栅极保真度，但整体技术指标提升仍面临挑战。

　　离子阱路线以囚禁离子能级为量子比特载体，通过激光或微波操控，在操控精度和相干时间方面表现突出。近年来关键指标持续提升，如 Quantinuum 离子阱原型机在 2024 年实现高保真度逻辑门操作和较大量子体积，并推出 56 位量子比特原型机。不过，其面临量子比特大规模扩展、高集成度测控和模块化互联等瓶颈。

　　光量子路线利用光子自由度编码，具有相干时间长、室温运行和测控简单等优点，可分为逻辑门型和专用光量子计算两类。2024 年玻色量子发布 550 计算量子比特的相干光量子计算机，荷兰 QuiX Quantum 在光量子芯片上演示 GHZ 态生成。但逻辑门型光量子计算样机研发需攻克光子间相互作用、双比特逻辑门构建和大规模集成等难题，专用光量子计算则在特定问题求解上有待突破。

　　各国企业在不同技术路线上积极布局。美国企业在超导、离子阱等路线上优势明显，如 IBM、Intel 在超导路线上成果突出，Quantinuum 在离子阱路线上进展显著；中国企业在超导和光量子路线上有重要成果，如中国科学院、本源量子等；欧洲企业在离子阱、中性原子等路线上积极探索，如 Quantinuum、Pasqal 等。不同技术路线各有优劣，短期内难以形成统一方案，未来仍需持续攻关和探索，以推动量子计算技术的进步与突破。

4. 商用进程

量子计算的商用进程虽尚处早期阶段，但多个领域已展开积极探索，并显现出巨大潜力。

在金融领域，各国企业与机构积极布局。西班牙的 Multiverse Computing 与美国穆迪公司联合推出 QFStudio 平台，为全球金融机构提供量子计算解决方案，在金融风险管理、投资组合分析等业务中发挥着关键作用。美国花旗银行与以色列 Classiq 基于美国 Amazon Braket 平台，深入研究投资组合优化的量子方案，极大地提升了投资决策效率。美国芝加哥量子交易所研究表明，量子计算能显著缩短金融问题最优解的获取时间、提高预测准确性，有望变革金融服务模式，增强金融机构竞争力，优化金融市场资源配置。

化工行业内，不同国家通过合作推动量子计算应用。英国石油公司与英国 ORCA 采用混合量子-经典机器学习方法建模分子构象，加速化学品设计流程。美国微软与美国能源部太平洋西北国家实验室合作，利用量子计算筛选新型电池材料，大幅缩短筛选时间，提高研发效率，推动化工产业向高效、低耗能方向发展，助力化工企业创新产品研发和工艺优化。

生物领域方面，各国对量子计算的应用前景极为关注。德国勃林格殷格翰量子实验室积极探讨其在药物发现中的应用。美国 IBM 与美国克利夫兰诊所合作，利用量子-经典混合方法提升蛋白质结构预测精度。美国 Novonesis 与巴西 Kvantify 合作演示酶促反应计算，助力生物研究与二氧化碳捕获技术研发，为早期疾病诊断、药物研发筛选等提供新途径，有望加速新药研发进程，改善医疗健康水平。

交通领域中，各国也在借助量子计算优化交通系统。美国 IonQ 与德国基础科学研究中心合作研究利用量子计算机更好地匹配机场航班登机口的进出航班，减少旅客转机和飞机停靠时间，提高机场运营效率。法国 Pasqal 与法国泰雷兹公司利用中性原子量子处理器解决卫星规划问题。新加坡量子技术中心有效解决车辆路径问题，提升交通流量优化和路径规划能力，缓解交通拥堵，降低物流成本。

尽管量子计算在各领域已开展应用探索，但目前受限于量子计算机性能，尚未实现大规模可容错通用量子计算，实用化算法仍需深入研发和验证，与大规模商用还有较大差距。随着技术不断进步，量子计算有望突破瓶颈，在更多领域实现深度应用，催生新商业模式和产业变革，成为推动经济社会发展的重要力量。

三 量子计算在金融领域应用展望

全球主要经济体在量子计算领域的布局与发展已取得显著成效，各国在技术研发、产业生态构建等方面的积极探索与投入，为量子计算技术的成熟与拓展奠定了基础。量子计算技术正逐渐展现出其在金融领域的巨大潜力和广阔应用前景，为金融行业带来前所未有的变革机遇。未来，量子计算有望成为金融行业的重要技术支撑，推动金融行业的数字化转型和创新发展，为金融市场的稳定、高效运行和可持续发展提供强大动力。

（一）数字货币领域

1.提升数字货币交易处理速度与安全性

传统数字货币交易系统在面对海量交易时，往往面临处理速度瓶颈和潜在的安全风险。量子计算凭借其强大的并行计算能力，能够在极短时间内处理大规模的数字货币交易数据，显著提高交易处理速度，减少交易延迟，提升用户体验。

同时，量子加密技术可应用于数字货币的安全保障方面。量子密钥分发基于量子力学的基本原理，能够提供理论上绝对安全的加密通信，有效防范数字货币交易中的黑客攻击、数据篡改等安全威胁，确保数字货币交易的安全性和可靠性。

2.优化数字货币的发行与流通机制

量子计算可助力中央银行等货币发行机构更精准地模拟数字货币的发行和流通场景。通过对海量经济数据和市场动态的快速分析，量子计算有助于制定更加科学合理的数字货币发行策略，优化货币供应量，维持货币市场的稳定。

在数字货币的流通环节，量子计算可以实时监测货币流向和交易模式，及时发现异常交易行为，为金融监管提供有力支持，防范洗钱、非法融资等金融犯罪活动，维护金融秩序。

（二）反洗钱领域

1. 高效识别与追踪可疑交易

金融机构每天面临海量的交易数据，传统的反洗钱监测系统在处理这些数据时，往往难以快速准确地识别潜在的洗钱交易。量子计算的强大计算能力可以对海量交易数据进行实时分析和深度挖掘，快速筛选出具有洗钱特征的交易模式和行为线索。例如，量子计算可以同时处理多个维度的交易信息，包括交易金额、交易时间、交易对手方、交易地点等，通过复杂的算法模型和模式识别技术，精准定位可疑交易，大大提高反洗钱监测的效率和准确性。

2. 增强反洗钱监管的有效性和前瞻性

量子计算不仅能够对当前的交易数据进行分析，还可以结合历史交易数据和宏观经济数据，构建更加全面、精准的反洗钱风险评估模型。通过对这些模型的实时运行和动态更新，金融监管机构能够提前预测洗钱活动的趋势和潜在风险点，及时调整监管策略和措施，实现反洗钱监管的前瞻性和主动性。此外，量子计算还可以帮助金融机构优化内部反洗钱流程和内部控制机制，降低反洗钱合规成本，提高金融机构的合规管理水平。

（三）风险识别与风险预测领域

1. 精准识别复杂金融风险因素

一方面，金融市场是一个高度复杂且动态变化的系统，受到多种因素的影响，如宏观经济形势、行业竞争态势、企业财务状况、市场情绪等。传统的风险识别方法在处理这些复杂因素的影响时，往往存在局限性，难以捕捉到隐藏在海量数据背后的风险信号。另一方面，金融市场是一个相互关联的系统，不同金融资产之间存在着复杂的关联性和传染性。传统的分析方法在处理这种关联性和系统性风险时，往往难以全面准确地把握市场的整体动态和风险传导机制。

量子计算可以利用量子比特的叠加和纠缠特性，对海量金融数据进行并行处理和多维分析，能够同时考虑多个风险因素及其相互关系，从而更精准地识别潜在的金融风险。例如，在信用风险评估中，量子计算可以综合分析借款人的财务报表与信用历史、行业风险、宏观经济环境等多方面信息，构建更加全面准确的信用风险评估模型，提高信用风险识别的精度。同时，量子计算能够处理多个金融市场和金融资产的数据，通过构建多维的市场关联模型和系统性风险评估模型，全面分析金融市场之间的关联性、风险溢出效应和系统性风险的积聚与释放过程。

2.实时预测金融风险变化趋势

金融风险具有很强的时效性和动态性，及时准确地预测风险变化趋势对于金融机构的风险管理至关重要。量子计算的高速计算能力使其能够实时处理不断更新的金融市场数据，快速更新风险预测模型，及时捕捉到市场变化对风险的影响。

通过对历史数据和实时数据的深度学习，量子计算可以挖掘出金融风险的潜在规律和演化趋势，为金融机构提供更加及时、准确的风险预警信息，帮助金融机构提前采取风险防范措施，降低风险损失。例如，在市场风险预测方面，可以通过量子计算实时监测股票市场、债券市场、外汇市场等多个市场的价格波动和相关性变化，预测市场风险的积聚和释放，为投资决策提供有力支持。

这有助于金融监管机构更好地监测金融市场的稳定性，及时发现潜在的系统性风险隐患，采取有效的监管措施防范金融风险的扩散和蔓延，维护金融体系的稳定和安全。

（四）投资组合分析领域

1.优化投资组合构建与资产配置

投资组合构建和资产配置是金融投资的核心环节，旨在通过合理配置不同

资产，实现风险与收益的最优平衡。传统的投资组合分析方法在处理大量资产和复杂约束条件时，计算复杂度较高，往往难以找到最优的投资组合方案。

量子计算的量子优化算法可以在短时间内搜索到大规模资产组合空间中的最优解或近似最优解。它能够考虑更多的资产种类、风险因素、收益预期以及投资者的个性化需求和约束条件，如风险偏好、投资期限、流动性要求等，从而构建出更加优化的投资组合，提高投资组合的绩效和抗风险能力。例如，在股票投资组合中，量子计算可以综合分析股票的基本面数据、技术面数据、行业相关性、市场趋势等因素，为投资者提供最优的股票配置比例，实现投资收益的最大化和风险的最小化。

2.实时动态调整投资组合

金融市场的波动性和不确定性要求投资组合能够根据市场变化及时进行动态调整。量子计算可以实时监测市场动态和资产价格变化，快速重新评估投资组合的风险收益特征，并根据新的市场情况和投资者目标，迅速计算出最优的资产调整方案。这种实时动态调整能力使投资者能够更加灵活地应对市场变化、及时捕捉投资机会，降低市场风险对投资组合的影响，提高投资组合的适应性和竞争力。

（五）模拟量化交易领域

1.加速量化交易策略开发与测试

量化交易是基于数学模型和计算机算法的一种交易方式，其核心在于开发有效的交易策略并进行严格的测试和优化。传统量化交易策略的开发和测试过程往往需要耗费大量的时间和计算资源，在处理复杂的市场数据和多因子模型时，效率较低。

量子计算的强大计算能力可以显著加速量化交易策略的开发和测试过程。它可以快速处理海量的历史交易数据和市场信息，对各种交易策略进行大规模的模拟交易和回测分析，帮助交易员快速筛选出具有赢利能力和稳定性的交易策略。例如，在高频交易策略的开发中，量子计算可以实时处理高频交易数据，分析市场微观结构和交易行为模式，快速优化交易策略的参数和执行逻辑，提高交易策略的交易速度和赢利能力。

2. 提升量化交易的实时决策能力

在实际的金融市场交易中，市场行情瞬息万变，交易机会稍纵即逝，因此量化交易系统需要具备快速的实时决策能力。量子计算可以实时接收和处理市场数据，利用其高速计算能力在极短时间内对市场变化作出反应，生成最优的交易决策。通过与高速交易执行系统的无缝对接，量子计算驱动的量化交易系统可以实现毫秒级甚至微秒级的交易决策和执行，大大提高交易效率和赢利能力，同时降低交易成本和市场风险。

四 推动量子计算与金融融合发展的政策建议

在量子计算与金融加速融合的当下，推动量子金融稳健发展意义重大。

政策层面，应精准把握趋势，组建跨部门规划小组，强化协同，为行业转型提供清晰指引。研发层面，设立专项资金，激励金融机构深度参与研发，加强与技术供应商的合作。人才培养层面，构建全生命周期培养体系，设立奖项与交流平台，充实行业人才储备。

产业生态建设需全链条布局，上游着力攻克硬件技术难题，中游优化原型机与软件，下游拓展云平台应用。同时，成立标准制定联盟，规范行业秩序。在理论研究与国际合作方面，加大投入力度，积极融入国际舞台，构建产学研用紧密结合的创新生态。

监管秉持包容审慎理念，组建专业团队，制定适配的监管政策。商业落地阶段，防范技术冲击、数字鸿沟等风险，加强安全技术研发与理性投资引导，布局量子安全加密技术，全方位推动量子金融健康、可持续发展。

（一）强化核心要素投入，塑造金融量子创新生态

1. 政策维度：战略领航与动态适配

在量子计算技术与金融深度融合的进程中，政策制定应基于对全球量子金融发展趋势的精准洞察。构建跨部门的量子金融战略规划核心小组，成员

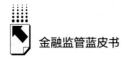

包括金融监管高层、量子科技专家及资深经济学家，定期开展深度研讨与情景模拟分析，确保战略规划精准锚定金融行业量子计算的前沿应用轨迹。例如，深度预研量子加密通信在跨境金融交易、央行数字货币体系中的核心保障机制，以及量子算法在系统性金融风险动态监测、复杂金融衍生品定价模型革新等关键领域的变革潜能，形成具有高度前瞻性的政策蓝图。

同时，强化金融监管与科技部门的协同创新生态系统建设。通过建立量子金融政策协调办公室，实现政策信息的实时共享与协同决策流程的高效优化，有效预防监管滞后与政策冲突。当量子计算在特定加密技术或算法效率上取得突破性进展时，利用政策动态模拟模型迅速评估其对金融安全与市场结构的潜在影响，在极短时间内更新金融数据安全、交易规则等相关政策法规，为金融行业在量子科技浪潮中的稳健转型提供坚不可摧的政策护盾与创新指引。

2. 研发维度：资金聚焦与产业协同

设立规模足够大且持续增长的量子计算金融研发专项资金池，资金来源涵盖政府财政拨款、金融机构研发预算、风险投资基金及产业联盟资助等多元化渠道。资金运用聚焦量子计算驱动的金融核心模型重构与交易算法深度优化，如基于量子退火算法的投资组合优化模型研发，旨在突破传统算法在处理大规模金融数据方面与在复杂市场环境下的算力与效率瓶颈，探索全新的金融市场均衡与风险收益动态平衡机制。

激励金融机构深度嵌入量子计算研发价值链，内部打造专业化的量子金融研发实验室，外部与全球顶尖科研机构建立长期战略合作伙伴关系，形成多中心、协同式的创新网络。例如，通过联合攻关项目，共同研发适应金融高频交易场景的量子计算芯片架构与低延迟算法体系，切实强化金融机构在量子计算创新生态中的核心驱动地位与社会责任担当，加速金融科技从理论研究到业务实践的转化进程，抢占全球金融科技竞争的战略制高点。

推动金融行业与量子计算技术供应商的深度融合共生。建立量子金融技术创新联盟，围绕金融业务全流程的数字化、智能化需求，定制开发高度集成的量子计算解决方案与软件工具套件，涵盖量子信贷风险智能评估系统、量子资产定价模拟平台等。同时，设立联合研发成果转化促进中心，优化技术转移与商业化应用机制，缩短创新周期，提升量子计算技术在金融领域的渗透率与附加值创造能力。

3. 人才培养维度：体系构建与能力提升

统筹设计金融领域量子计算人才的全生命周期培养战略，鼓励顶尖高校与专业科研院所联合开设量子金融交叉学科专业，打造从本科基础理论培育到博士前沿研究创新的一体化人才培养体系。课程设置紧密结合金融市场实际需求与量子计算技术前沿进展，涵盖量子信息论、金融工程、计算金融、量子机器学习等核心课程模块，并引入国际知名学者与金融行业精英参与教学与实践指导，培育兼具深厚金融专业功底、敏锐市场洞察力与卓越量子计算技术创新能力的复合型高端人才梯队，为金融行业的可持续创新发展注入核心动力源泉。

设立具有国际影响力的量子计算金融学术奖项与高端人才交流平台，如"量子金融创新奖""全球量子金融学术峰会"等，汇聚全球顶尖的量子金融人才与科研团队，促进跨学科、跨地域的学术思想深度碰撞与前沿技术经验分享。同时，依托金融行业协会与专业培训机构，针对在职金融从业人员开展分层分类、线上线下融合的量子计算专业培训项目，涵盖量子计算基础原理、金融应用案例分析、实操技能训练等课程内容，全面提升金融行业整体对量子计算技术的认知水平与应用能力，巩固金融行业在量子计算时代的人才竞争优势，确保人才储备与行业创新发展需求的动态平衡。

（二）顶层规划产业生态，驱动量子金融协同发展

1. 产业生态：全链布局与技术攻坚

（1）上游（环境与测控）：技术突破与可靠性提升

加大政策引导与专项资金扶持力度，培育一批专注于金融量子计算硬件研发的创新型企业集群。通过设立量子金融硬件研发专项补贴与税收优惠政策，鼓励企业投入研发小型化、超低功耗、超高可靠性的量子制冷机，使其制冷效率与稳定性满足金融数据中心大规模量子计算设备长期稳定运行的需

求；推动高精度、高动态范围的量子测控系统研发，利用先进的量子反馈控制技术与高精度传感器，实现对量子比特状态的实时精准监测与高效调控，确保计算过程中数据的准确性与完整性，为金融领域量子计算产业的长远发展奠定坚实的硬件技术基石。

支持企业深耕金融专用的量子低温组件、真空系统等关键部件的研发与制造工艺创新。鼓励产学研联合攻关，利用量子材料科学的前沿成果，如拓扑量子材料在低温环境下的独特性能，研发高性能量子低温组件，提升其在复杂金融计算环境下的抗干扰能力与耐久性；优化真空系统设计，基于微纳加工技术与量子真空工程原理，降低真空系统的漏率与能耗，提高量子计算设备整体的稳定性、可靠性与兼容性，为金融量子计算产业的规模化发展提供关键硬件支撑。

（2）中游（原型机与软件）：架构优化与应用创新

积极引导金融机构深度参与量子原型机的全生命周期研发与测试迭代过程。联合量子计算科研团队，依据金融业务未来发展的数字化、智能化、实时化趋势与海量数据处理需求，运用量子系统工程方法优化量子原型机的架构设计，如采用模块化、可扩展的量子芯片架构与容错量子计算技术，提升量子原型机的计算能力与稳定性；结合金融市场微观结构与交易行为特征，优化量子计算资源调度算法与数据存储结构，确保在处理高频金融交易数据、复杂风险模型运算时的高效性与准确性，打造引领全球金融领域量子计算技术发展方向的标志性原型机产品。

鼓励科研机构与金融科技企业紧密合作，开发一系列具有行业标杆意义的金融领域量子计算软件。例如，基于量子机器学习算法的金融风险智能预警系统，利用量子纠缠特性挖掘金融市场变量间的隐匿关联关系与非线性风险传导路径，实现对系统性金融风险的超早期精准预测与动态监测；研发量子投资组合优化软件平台，运用量子优化算法与金融工程模型，在高维复杂金融市场环境下快速求解最优投资组合策略，为投资者提供高效、智能的投资决策支持工具，推动量子计算技术与金融业务流程深度融合与创新变革，重塑金融行业未来的核心竞争力格局。

（3）下游（云平台与应用探索）：普惠赋能与商业拓展

统筹规划建设金融领域量子计算云平台的国家级战略布局，整合金融行业、科技企业、电信运营商等多方优势资源，打造集量子计算资源共享、应用开发、数据服务、安全保障于一体的综合性金融科技云服务生态系统。通过建立量子计算云平台运营监管规范与技术标准体系，保障云平台的安全稳定运行与服务质量的可靠性；运用云计算、边缘计算与量子通信技术融合创新，构建低延迟、高带宽、高安全的量子金融云网络架构，为中小金融机构提供便捷、低成本、高性能的量子计算服务接入，降低量子计算技术应用门槛，促进金融科技的普惠共享与均衡发展，加速金融行业的数字化转型进程与创新驱动发展步伐。

支持金融机构在支付结算、信贷融资、资产管理、保险精算等核心业务领域大胆开展量子计算应用的创新探索与实践验证。例如，在跨境支付领域，利用量子加密技术构建安全、高效的跨境支付通道，实现实时、低成本的国际资金转账结算，提升全球金融交易的效率与安全性；在信贷业务中，运用量子算法优化信用风险评估模型，精准识别潜在违约风险，提高信贷资源配置效率与金融服务实体经济的能力；在资产管理方面，基于量子模拟技术对复杂金融市场环境进行高精度仿真，为投资决策提供更科学、全面的市场情景分析与风险收益预测，积累宝贵的实践经验与应用案例，引领量子计算在全球金融领域的商业化应用潮流，抢占未来金融科技市场的战略先机与竞争高地。

2. 行业标准制定：规范引领与协同发展

组织金融监管部门、行业协会、科研机构、龙头企业等多元主体成立量子计算金融行业标准制定联盟，汇聚各方智慧与专业力量，共同制定涵盖量子金融数据全生命周期管理、系统接口规范、安全技术标准、性能评估指标等内容的全方位、多层次的行业标准体系。例如，制定量子金融数据的标准化存储格式与加密传输协议，确保数据在量子计算环境下的完整性、保密性与可用性；规范量子计算设备与金融业务系统的接口技术规范与互操作标准，促进量子计算技术与金融现有信息系统的无缝融合与高效协同；建立量

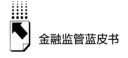

子金融安全技术框架与风险评估准则，涵盖量子加密技术应用规范、量子计算系统安全审计机制、数据隐私保护标准等关键内容，筑牢金融信息安全防护的坚固防线，保障量子计算金融产业生态的健康、有序发展，为金融行业在量子计算时代的可持续创新发展提供坚实的标准支撑与规范引领。

（三）厚植理论研究根基，拓展国际合作创新空间

强化政策激励机制，引导金融机构与科研机构加大对金融领域量子计算基础理论研究的长期稳定投入。设立国家级量子金融基础研究专项基金，聚焦量子金融市场微观与宏观动力学模型构建、量子金融风险测度与管理理论创新、量子计算驱动的金融市场效率与稳定性理论等核心基础研究领域，开展具有前瞻性、突破性的基础理论课题攻关。例如，运用量子场论与金融物理学方法，探究量子效应下金融市场价格波动的微观机制与宏观规律；基于量子信息论与复杂网络理论，构建新型金融风险传染模型与系统性风险度量框架，揭示跨市场、跨机构的风险传导路径与量子关联特征，为量子计算在金融领域的广泛应用提供深厚、坚实的理论根基与创新源泉，引领金融行业在量子计算时代的基础理论创新与学科发展前沿。

积极投身建设国际量子计算金融学术交流与产业合作的全球舞台，深度融入国际顶尖学术组织、行业协会与产业创新联盟，如国际量子金融研究学会（IQFR）、全球金融科技合作联盟（GFTC）等。选派国内优秀的量子金融科研团队与金融机构代表参与国际学术会议、联合研究项目与制定技术标准，跟踪国际前沿技术动态与研究趋势，及时引进吸收国外先进的量子计算技术、创新理念与实践经验。同时，利用国际合作平台，全方位展示我国在量子金融领域的领先研究成果、特色应用案例与创新实践模式，提升我国在全球量子计算金融领域的学术话语权、产业影响力与规则制定权，推动我国金融行业在量子计算时代的国际化战略布局与合作共赢发展格局，促进全球量子金融科技的协同创新与共同进步。

通过政策引导、项目牵引、平台共建、人才交流等多元化举措，打破金融机构、高等院校、科研机构与企业之间的创新壁垒，构建紧密耦合、协同

高效的产学研用创新生态系统。例如，设立量子金融产学研联合创新项目资助计划，鼓励跨机构、跨学科团队开展前沿技术研发与应用示范项目；建设量子金融协同创新平台，汇聚全球量子计算金融领域的创新资源与要素，提供开放共享的研发设施、数据资源与技术服务；促进人才双向流动与联合培养，推动科研人员深入金融业务一线了解实际需求，鼓励金融从业人员参与科研项目提升技术能力，加速量子计算技术在金融领域的创新突破与成果转化应用，实现产业链、创新链、价值链的深度融合与良性循环互动，打造具有全球竞争力与创新活力的金融科技产业集群与创新高地。

（四）秉持创新监管理念，保障金融科技稳健前行

充分吸取我国互联网金融发展历程中的经验教训，在量子计算于金融领域的应用萌芽与成长初期，坚定秉持包容审慎的监管理念与原则。金融监管部门应积极鼓励金融机构与科技企业勇于探索量子计算驱动的金融业务新模式、新应用与新业态，如量子智能投顾、量子区块链金融、量子加密金融通信等，为金融科技创新营造宽松、包容、鼓励试错的政策环境与市场氛围。

同时，金融监管部门需组建跨学科、复合型的专业监管研究团队，成员涵盖量子技术专家、金融监管部门相关人员、法律与合规专业人士、数据安全分析师等多领域专业人才，配备先进的量子计算技术监测与分析工具，实时跟踪量子计算技术迭代更新与金融业务创新动态。运用大数据分析、人工智能算法与区块链监管科技手段，深度剖析量子计算金融创新过程中可能衍生的各类潜在风险与挑战，如量子算法偏见与模型风险、量子加密技术漏洞、新型金融欺诈与操作风险等。

基于风险监测与分析结果，适时出台精准化、差异化、动态化的监管政策与规范措施，构建与量子计算金融创新相适配、相协调的现代化监管框架与规则体系。例如，制定量子金融算法审计规范与风险评估标准，要求金融机构对量子计算驱动的业务模型与算法进行定期审查与风险披露；建立量子金融信息安全监管制度，强化对量子加密技术应用与数据安全管理的监管要求；完善金融消费者权益保护机制，确保在量子金融创新背景下消费者的知

情权、选择权与隐私权不受侵害，防范金融风险，维护金融市场稳定有序运行，保障金融消费者合法权益，促进金融科技在创新发展与风险防控之间实现动态平衡与可持续健康发展。

（五）稳健推进商业落地，有效应对多元风险挑战

密切监测量子计算技术演进对金融领域传统行业的潜在冲击与变革影响，组建由金融行业专家、技术分析师与战略顾问组成的量子金融风险研究专班，深入剖析传统金融风险管理范式与工具在量子计算时代面临的失效困境与挑战。例如，由于量子计算强大的算力与全新算法架构，传统的基于历史数据与线性回归模型的风险评估方法可能无法准确捕捉金融市场的复杂动态与非线性风险特征，信用评分模型、风险价值模型等在量子计算环境下可能出现偏差与失效风险。

针对上述风险，应提前谋划系统性、前瞻性的应对策略与转型路径。引导传统金融机构积极拥抱量子计算技术变革，加大技术研发投入与创新资源配置，通过升级现有风险管理系统、引入量子计算辅助决策工具、优化业务流程与组织架构等方式，实现前瞻性的转型升级与可持续发展。例如，利用量子机器学习算法构建动态信用风险评估模型，实时监测借款人信用状况变化；创新金融产品与服务模式，如开发量子计算驱动的绿色金融产品与智能保险合约，拓展业务边界与赢利渠道，增强金融行业整体在量子计算时代的核心竞争力与抗风险能力，确保金融体系的稳健运行与可持续发展。

高度重视量子计算技术扩散可能加剧金融领域数字鸿沟的问题，制定针对性、差异化的政策措施与扶持计划。设立量子计算金融普惠发展专项基金，加大对中小金融机构与经济欠发达地区金融基础设施建设的投入力度，重点支持量子计算云平台节点部署、金融科技人才培养、技术应用推广等关键领域。例如，在偏远地区金融机构试点推行低成本、易操作的量子计算金融服务终端与应用解决方案，通过线上培训、远程技术支持等方式提升当地金融从业人员的量子计算技术应用能力，推动量子计算技术在金融领域的公平普及与均衡发展，缩小区域、机构间的技术差距与数字鸿沟，促进金融行

业的普惠共享与共同繁荣发展。

深刻认识增强型量子机器学习在金融应用中引发的安全黑盒问题与潜在风险，联合金融科技企业、科研院所与专业安全机构，加强金融领域量子计算安全技术研发与标准制定工作。聚焦量子计算嵌入金融机器学习模型后的算法可解释性、数据隐私保护、模型稳健性与安全性等关键问题，制定严格的行业规范、技术标准与安全审计准则。例如，要求金融机构在使用量子机器学习模型时，必须具备完善的数据溯源与加密机制，确保数据全生命周期的安全可控；建立模型解释性评估框架，使模型决策过程与结果具有高透明度与可解释性，便于监管审查与风险监测；强化金融数据安全防护体系建设，综合运用量子加密、同态加密、差分隐私等前沿技术手段，保障金融数据资产安全与金融业务的稳健运营，为金融行业在量子计算时代的安全发展保驾护航。

强化金融市场参与者对量子计算概念的理性认知与科学判断能力，预防市场过度炒作与盲目投资行为。建立健全科学严谨、多维度的量子计算项目评估体系与投资决策机制，综合考量技术成熟度、市场需求匹配度、成本效益分析、风险可控性等关键因素，引导金融机构审慎开展量子计算项目投资与业务布局。例如，设立量子计算项目专业评估机构或咨询服务平台，为金融机构提供独立、客观的技术评估与投资建议；加强对金融机构量子计算项目投资的监管审核与信息披露要求，确保投资决策的科学性、合理性与稳健性，有效防范盲目跟风与资源错配引发的金融风险，维护金融市场的稳定秩序与健康发展环境。

积极应对量子计算对传统密码学体系的颠覆性挑战，鉴于 Shor 算法等量子算法对现有 RSA、ECC 等公钥加密算法已构成严重威胁，危及金融交易安全与信息保密完整性，应加快布局量子安全加密技术的研发、测试与推广应用进程。组织产学研联合攻关团队，集中力量攻克量子密钥分发（QKD）、量子签名、量子加密协议等核心技术难题，研发适用于金融交易场景的量子安全加密解决方案与产品体系。例如，构建基于 QKD 的金融交易安全通信网络，实现交易数据在传输过程中的无条件安全加密；研发量子数字签名技术，保障金融电子合同、指令的真实性与不可抵赖性；推动量子加密技术与现有金融信息安全架构的融合创新，建立全方位、多层次的量子时代金融安全防护体系，确保金融信息在量子计算环境下的保密性、完整性与可用性，为金融行业的安全交易与信息流通提供坚实保障。

B.14
论加密资产的法律规制

陈冠华*

摘　要： 加密资产的法律规制水平对加密资产的技术与市场发展及金融业数字化转型发展均有重要影响。在我国当前的法律体系下，狭义的加密资产的法律性质是具有特定收益属性的虚拟财产。立法、执法和司法实践体现出我国对加密资产市场实践采取较为严格的监管态度。加密资产的监管面临五方面的困境：加密资产实践风险防控与技术创新需求存在矛盾，立法体系构建尚不完备，加密资产的网络化、去中心化与监管地域性之间存在矛盾，尚未建立有效的投资者保护机制，国际竞争与战略博弈问题凸显。应从完善制度建设、降低合规与维权成本、发展监管科技、加强国际合作等方面提升我国对加密资产的法律规制能力。

关键词： 加密资产　法律性质　法律规制

　　2024 年中央金融工作会议指出要做好金融"五篇大文章"，其中发展科技金融、数字金融是促进金融业数字化转型的核心举措，二者相辅相成。科技金融代表金融生产力的发展方向，数字金融注重对金融生产关系的重构。加密资产的诞生是现阶段金融生产力发展的必然结果；对加密资产的监管重构，可以体现出监管者在金融生产力发展的背景下，是否有能力发挥主观能动性，对相应的生产关系进行及时、充分的调整。生产力的发展不以监管者的意志为转移，但是生产关系对生产力的发展有能动的反作用。因此，提升

---

* 陈冠华，法学博士，金融学博士后，北京工商大学法学院讲师，主要研究方向为金融监管与金融科技。

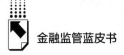

加密资产的法律规制水平能够促进我国科技金融和数字金融发展。加密资产行业发展至今，相关技术和法律规制不断在探索中前行。虽然加密资产技术仍处于初级发展阶段，仍有许多监管难题亟待解决，但不可否认，加密资产的相关实践已成为推动金融生产力发展和生产关系变革不可忽视的力量。本文将通过对加密资产法律性质、监管现状、监管困境等问题的分析，提出提升加密资产法律规制能力的政策建议。通过对生产关系的能动调整，推动金融生产力发展，最终实现金融业数字化转型发展目标。

一　加密资产的法律性质

法律规制的前提是有确定的规制对象，因此有必要对加密资产的法律性质进行明确。加密资产的产生和发展基于区块链、智能合约、共识机制（Consensus Mechanism）、分布式存储、网络密码学等多项底层技术的综合发展，加密资产的应用也为上述技术的不断进步提供了成果激励，技术发展和加密资产实践的发展具有正相关性。在技术发展不断推进的过程中，加密资产的种类也在不断增加，加密资产概念的内涵与外延也必然随着加密资产实践的发展而变化。为了强调特定加密资产的某种特性，加密资产市场形成了许多与加密资产相同或相关的概念或术语，例如数字资产、区块链资产、数字货币、稳定币、代币、迷因币（Meme Coin）等，并且随着技术的发展，作为成果的新类型虚拟资产仍在产生。因此，对加密资产的研究不能从其现实的概念展开，而是要通过对不同概念的分析明确其内涵和特点，进而有针对性地进行研究。

通过对与加密资产相同或相关的概念及术语的分析可以看出，所有的概念都围绕技术特性和资产特性两方面展开。技术特性强调某项资产使用了哪种技术，由数字、虚拟、加密等语词或区块链等技术名称加以表述。资产特性可以反映某种资产的风险、适用场景等信息，此类信息以发行者或投资者的意志为转移，并非客观描述或表明该类资产客观上具有上述特性。其中争议最大的当属资产与货币的区分。判断加密资产是否具有货币属性，首先应明确货币的概念与特点。货币是固定充当一般等价物的特殊商品。一般认为，货币需具有价值尺度、流通手段、贮藏手段和支付手段等功能。从法律属性上看，《中国人民银行法》第十六条规定："中华人民共和国的法定货币是人民币。以人民币支付中华人民共和国境内的一切公共的和私人的债务，任何单位和个人不得拒收。"货币还需具有一定的信用基础和法律强制力。综上所述，当前以"币"为称谓的加密资产，除央行发行的法定数字货币如中国人民银行发行的数字人民币外，都不具有货币属性。但是，实践中将加密资产称为加密货币的资产种类较多，其原因在于，一是此类加密资产虽然不属于货币，但或多或少具有货币的特点，例如在部分使用场景中可作为支付手段或贮藏手段。二是此类资产的发行者和投资者的主观意愿是使其最终具备货币的全部特点，并实现对现有中心化货币体系的补充或替代。

当前，加密资产的内涵尚不能涵盖其货币属性，只能寻求以货币上位的商品或资产等概念来说明。加密资产相较于数字资产概念，一是突出加密技术的运用；二是更能反映资产具有的价值属性需要通过加密技术予以保护。因此，使用"加密资产"一词更为贴切。欧盟制定的《加密资产市场监管法》，同样使用了加密资产的概念对此类资产进行概括。加密资产在我国法律体系中的法律属性为虚拟财产，其法律渊源是《民法典》第一百二十七条："法律对数据、网络虚拟财产的保护有规定的，依照其规定。"资产和财产都含有经济利益属性，二者在部分语境下可替换使用。其区别在于，《企业会计准则——基本准则》第二十条对资产的定义为："资产是指企业过去的交易或者事项形成的、由企业拥有或者控制的、预期会给企业带来经济利益的资源。"可见资产更加强调收益属性；《元照英美法词典（缩印版）》中对财产的定义为："所有权客体，包括一切有金钱价值的物与权利。"① 可见财产更加强调所有权属性，英美法背景下的所有权和财产甚至用同样的词语"property"表示。可以认为，要强调财产的经济属性，可以

---

① 薛波主编《元照英美法词典（缩印版）》，北京大学出版社，2013。

用资产进行表述；要强调资产的法律属性，则需要用财产进行定义。

《民法典》中虚拟财产概念的外延大于本文探讨的加密资产的外延，其多出的部分体现在无特定收益属性的虚拟财产方面，例如以自用为目的的邮箱账号、网络记事本等。此类财产虽也采用了加密技术，特殊情况下也可能具有收益目的性，例如将注册特殊号码的邮箱账号、QQ 号等进行买卖，但总体上此类财产并无特定的收益目的，其内涵与数字资产或广义的加密资产概念更为对应，不是本文探讨的狭义的加密资产。此外，数字人民币因其与人民币之间的完全对应关系，也不是本文加密资产的研究对象。因此，本文中加密资产的法律性质是具有特定收益属性的虚拟财产。其特点表现在以下几个方面。

其一，加密资产以网络加密技术为支撑。一是行使加密资产的占有、使用、分配及收益权需通过网络进行；二是权利人基于网络加密技术能够实现排他性地占有该加密资产；三是网络化使其具有全球、全天候的流通性，不受行政区划和交易时间影响。四是加密既是对资产的加密，也是对权利人的加密，使得权利人具有匿名性。

其二，加密资产权利人以利用该加密资产进行收益为主要目的。一方面，倘若不以收益为主要目的，则难以体现其资产属性；另一方面，以收益为主要目的并非唯一目的。例如非同质化代币（NFT），又可以被称为 NFT 藏品。顾名思义，该加密资产既有收益功能，又有收藏、彰显权利人身份属性等作用。但是从其以"币"为名便可看出，此类加密资产的发行者和投资者仍看重其收益属性。

其三，加密资产能够部分实现货币的作用。加密资产的收益属性需要货币拥有的流通、支付、贮藏等功能来实现。但是加密资产的信用基础与货币相去甚远，哪怕是稳定币，在现有监管制度和监管能力背景下，也面临较大的技术、道德等风险。同时，加密资产因投机性较强，并不具备价值尺度等货币功能。此外，倘若某项加密资产拥有完整的货币功能，如数字人民币，虽然与其他加密资产在技术上存在交叉，但因其特点与其他加密资产区别较大，宜将其单独列出进行研究。

二　加密资产的法律规制现状

（一）立法现状

考察加密资产的监管立法路径可以看出，监管者对加密资产实践发展的态度经历了从包容监管到严格监管的变化。2013 年，中国人民银行等五部门共同发布了《关于防范比特币风险的通知》，该通知一是明确了比特币的法律属性为特定的虚拟商品。二是要求各金融机构和支付机构在该通知发布后的一定时期内，不得开展与比特币相关的业务。这也是该通知中唯一的禁止性规定。三是提示了比特币交易可能存在的洗钱、投资等风险，需加强投资者教育。四是要求对为比特币流通提供中介服务的网站进行备案管理。从该通知的内容可以看出，当时的监管者对比特币法律性质的认识非常明确，排除了其货币属性，对比特币的监管态度较为开放，因为比特币作为新生事物，其风险尚未充分暴露，监管者也看到了比特币发展带动的金融科技创新，因此暂时对其采取包容监管政策。尤其是对个人参与比特币交易甚至开办比特币交易平台，均持开放态度。

随着比特币和其他加密资产发行、交易等实践不断增加，加密资产暴露的风险和问题逐步增多，监管部门针对加密资产实践的不同环节出台了有针对性的限制措施。2017 年中国人民银行等七部门共同发布了《关于防范代币发行融资风险的公告》。该公告将未经批准的虚拟资产发行定性为非法公开融资行为，要求任何组织和个人不得非法从事代币发行融资活动。该公告事实上禁止了任何加密资产的发行，并且禁止与加密资产发行和交易相关的中介机构、融资交易平台的运行。但是该公告对个人持有、交易和兑换加密资产并未禁止。2021 年，国家发展改革委等十一部门共同发布《关于整治虚拟货币"挖矿"活动的通知》，明确限制加密资产基础设施的无序发展。

2021 年，中国人民银行等十部门共同发布了《关于进一步防范和处置虚拟货币交易炒作风险的通知》，对加密资产的整体监管进一步加码。该通知将所有为虚拟货币发行、交易提供的中介服务，包括兑换、做市、提供信息中介和定价服务等全部定性为非法金融活动。境外机构向我国境内居民提供上述服务也同样属于非法金融活动。该公告对个人投资者持有、交易加密资产仍不禁止，但是对个人投资者违背公序良俗的投资行为，在民事领域不予保护；涉嫌破坏金融秩序、危害金融安全的，将在行政和刑事领域予以处罚。该通知体现出现阶段监管者对于加密资产日趋严格的监管态度，但仍未对加密资产实践全面禁止。其原因在于：一是加密资产依托互联网开展发行、交易等活动，现有监管技术无法实现对跨境网络行为进行全面监管。二是加密资产的发行交易等活动中虽然存在大量可能的违法行为或可能导致金融风险，但加密资产在现有法律框架下属于法律认可的合法财产，因此个人仅持有或正常交易加密资产仍受到法律保护。

对加密资产的直接限制性条款多来源于部门规范性文件。上述通知和公告，均属于部门规范性文件的性质，法律位阶较低。同时，鼓励加密资产发展，为加密资产发展提供数据信息保护、知识产权保护等制度保障的相关规定既有部门规章、部门和地方规范性文件等，也有国家层面的政策或法律位阶较高的人大及其常委会立法。部门政策及立法方面，2025 年中国人民银行等五部门共同发布的《关于金融领域在有条件的自由贸易试验区（港）试点对接国际高标准推进制度型开放的意见》中提出了在自由贸易试验区（港）试点开展新金融服务的相关举措，为加密资产发展提供了潜在机会；2025 年开始实施的《公司登记管理实施办法》将网络虚拟财产纳入股东可用于出资的财产范围。地方政策及立法方面，2024 年出台的《关于北京城市副中心加快推进北京数据基础制度先行区高质量发展的实施细则》支持金融领域数字藏品等特色数据资源的开发利用。国家政策及立法方面，2025 年中央政法工作会议提出要对人工智能、虚拟货币等问题的立法进行研究；《民法典》认可加密资产的合法财产属性；《数据安全法》《个人信息保护法》为加密资产提供了数据保护规范指引等。

从相关立法和政策规范的内容可以看出，当前监管者对加密资产的发展态度为短期有针对性地禁止与长期鼓励规范发展相结合，较为符合我国现阶段加密资产的发展实际。通过立法与法律修改程序较为简单高效的低位阶立法，从实践细分领域和具体行为出发，对加密资产短期风险进行严格控制；通过高位阶立法与区域试点立法，从宏观指引角度，鼓励加密资产稳步健康发展。

（二）执法现状

加密资产的执法焦点体现在三个方面：一是基于反洗钱相关规定进行的反洗钱执法，目的是防范违法犯罪所得通过加密资产交易洗白。2024 年发布的《最高人民法院、最高人民检察院关于办理洗钱刑事案件适用法律若干问题的解释》第五条明确将虚拟资产交易列为掩饰、隐瞒犯罪所得及其收益的来源和性质的行为之一。虽然现行监管规定对个人持有和交易加密资产并不禁止，但是加密资产交易极易涉及洗钱行为，实践中一方面个人交易加密资产极易引起相关执法机关调查，被执法机关实施冻结银行卡等强制措施；另一方面，个人交易加密资产易涉嫌掩饰、隐瞒犯罪所得罪。实践中，我国的加密资产交易涉及洗钱的金额和频次较高，频繁的个人交易难免遇到洗钱的对手方。此外，由于我国境内没有合法的加密资产交易平台，个人交易难免涉及灰色地带或采取非法、非常规交易手段，这样就对行为人以"不明知"进行脱罪带来极大困难。此外，无论是交易中银行卡被冻结还是因涉嫌犯罪被调查，都会给个人持有和交易虚拟资产带来极高的合规成本，其结果是事实上导致个人的加密资产交易处于抑制状态。

二是基于外汇管理相关规定，对利用加密资产交易规避外汇使用监管、实施非法买卖外汇等行为进行规制。我国内地没有合规的加密资产交易平台，因此实践中加密资产的个人持有者可能选择境外交易平台进行交易，该行为事实上绕开了我国的外汇管理规定，从而引起相关执法调查，可能导致行为人受到相应的行政或刑事处罚。

三是基于针对加密资产本身的监管规则，对在我国境内开展的加密资产发行、交易服务等行为进行规制。《关于进一步防范和处置虚拟货币交易炒作风险的通知》禁止境外机构为我国境内居民提供加密资产的相关中介服

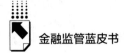

务。虽然对境外的交易平台等组织进行跨境执法有现实困难，但上述机构在境内的实际控制人、实际负责境外相关网站或设备运行但身处境内的人员、境内业务推广人员等成为执法监督的重点。

（三）司法现状

司法裁判方面，一方面，法院对加密资产的财产属性予以认可，并认为对该财产所有权应提供法律保护。例如在丁某与翟某返还原物纠纷案中，法院认为莱特币属于网络虚拟财产，在借贷关系中，作为标的物应受法律保护①。另一方面，对涉及加密资产交易、兑换等的其他行为不予保护。例如在高某与深圳市云丝路创新发展基金企业、李某申请撤销仲裁裁决案中，法院认为高某赔偿李某与比特币等值的美元，再将美元折算成人民币，实质上是变相支持了比特币与法定货币之间的兑付、交易，因此不予支持②。

司法机关对加密资产的保护态度与立法和监管态度较为一致，司法机关仅在财产权范围内认可权利人对其持有的加密资产的所有权，并对该所有权进行保护。倘若权利人利用该所有权进行加密资产的交易、支付、兑换等活动，除非涉及洗钱等违法犯罪，法律并不禁止。但倘若出现纠纷，会因其交易等行为损害金融管理秩序，违反公共利益，而不受法律保护。

综上所述，从我国对加密资产的规制现状可以看出，一是加密资产在我国境内缺乏合法合规的应用环境，因此加密资产的发行、交易、支付等实践活动基本处于停滞状态。二是我国并未放弃对加密资产应用及法律规制的探索，相关的立法及实践试点仍在不断探讨和实施。法律具有滞后性，因此法治常被称为缺憾的艺术，面对加密资产这一新兴事物，法治无法短时间内提供合理的监管方案。同时，法治需平衡收益与风险、效率与安全等利益冲突，在当前发展阶段，防范加密资产带来的相关风险，保障金融市场安全显然更为紧迫和重要。

---

① 北京市第一中级人民法院民事判决书（2022）京 01 民终 5972 号。
② 广东省深圳市中级人民法院（2018）粤 03 民特 719 号民事裁定。

三　加密资产的监管困境

我国基本形成了短期对实践领域严格管控与长期鼓励探索发展相结合的加密资产监管法律规制体系。法律规制应服务于监管需求，当前加密资产的监管仍面临来自监管体系、加密资产自身技术特性等多方面的困境，具体表现在以下五个方面。

其一，加密资产实践风险防控与技术创新需求存在矛盾。一方面，加密资产实践中可能带来多方面的风险，包括但不限于利用加密资产发行进行非法集资，通过加密资产交易进行洗钱并间接助长洗钱上游犯罪，加密资产对传统金融市场的冲击可能引发系统性金融风险，加密资产国际流通可能导致外汇管制风险。另一方面，加密资产的发行、交易、支付等实践以多种金融科学技术为依托，同时其实践结果对相应的技术发展具有反向促进作用。加密资产实践可以推动区块链、人工智能等软件技术的发展，也可以促进芯片、存储设备等硬件革新。可以认为，加密资产的产生及应用是技术发展的必然结果，加密资产相关实践又为技术发展提供验证机会及利益驱动力。因此，加密资产实践受阻，必然不利于相关技术的发展。此外，上述技术发展与整个经济社会的数字化转型密不可分，应平衡好管控加密资产风险与满足技术发展需求之间的矛盾。

其二，立法体系构建尚不完备。我国的立法体系基本完整，加密资产面临的法律纠纷都可以通过法律或法律解释技术得到解决。但是，我国长期以来的立法思路是优先解决有法可依的问题，因此面对加密资产等新兴事物，难免立法线条较粗，在法律解释的过程中易于出现对同一规则有不同认识甚至产生相互矛盾的观点的情况，因此未来的立法仍需更加细化。一是对加密资产的概念、法律属性等问题缺乏统一认识。规则由语词组成，如果对加密资产这一核心语词尚无法形成共识，那么规则的精确性便无从谈起。二是现行规则通过法律解释适用于加密资产仍缺乏权威法律渊源。例如盗窃加密资产是否属于盗窃罪？涉案金额如何确定？虽然对上述问题可以通过法律解释

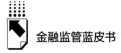

技术予以回应，但权威性、统一性仍不足。三是具有可操作性的立法，层级较低；高位阶立法的原则性较强，在执法、司法过程中的应用性较差。四是作为基础设施的制度供给不足。虽然立法整体上具有滞后性，落后于社会实践，但是立法属于上层建筑，立法行为应具备一定的主观能动性，立法应具有一定的前瞻性。加密资产是未来金融发展不可或缺的一环已成为共识，因此对加密资产实践进行制度储备应着手进行。此外，我国对加密资产的相关监管规定包含域外管辖权，在国内法上为应对域外管辖问题，也应有更为细致的规定。五是行业合规成本较高。实践中加密资产的应用与技术试点等活动事实上仍大量存在，其行为是否合法合规常处于模糊地带，必须通过立法予以明确。

其三，加密资产的网络化、去中心化与监管地域性之间存在矛盾。加密资产可以突破地域限制，通过全球互联网进行全球配置和点对点交易。现阶段世界主要经济体的监管制度体系都是基于传统金融市场而设定的，普遍具有地域性，通过银行等机构进行中心化监管。传统监管机构面对交易模式在短期内不断创新的加密资产，缺乏技术、规则和监管经验等方面的储备。此外，加密资产的交易体系并非完全脱离传统金融市场而存在的。虽然部分商业场景支持比特币等加密资产作为支付手段代替法定货币进行交易，但毕竟是极少数，大部分加密资产仍需兑换为法定货币才能参与商品和服务市场。在实践中，境外有个别金融机构开展稳定币等加密资产与当地法定货币的存储和兑换业务，该金融机构也发行基于国际法定货币支付协议可以合法跨境消费的万事达卡，我国内地的加密资产持有者便可通过将加密资产存入该境外机构并兑换成当地法定货币，通过万事达卡在境内消费，从而实现规避我国外汇监管的目的。

其四，尚未建立有效的投资者保护机制。在金融市场信心比黄金更重要，加密资产虽然面临诸多风险和禁令，但投资者对其投资信心并未减弱。其原因包括，一是加密资产与金融科技发展紧密联系；二是我国相关法律规制传递给市场的信号是，一定时期内为控制风险而限制加密资产相关实践发展，并非对加密资产给予完全的负面评价并采取全面禁止的监管措施，个人仍可以持有和交易加密资产；三是近十年内，加密资产的投资回报率极高，根据 Choice 数据统计，将纳斯达克指数、上证指数、伦敦现货黄金、WTI 原油期货价格、比特币等 8 类资产的涨幅按年度排名，2015~2024 年比特币的涨幅有 8 年排在第一位[1]；四是美国作为金融最为发达的经济体，对加密资产市场发展总体上持包容态度，甚至特朗普在第二次就任美国总统前夕还发布了个人 Meme 币等。上述原因使得我国投资者对加密资产的投资信心始终存在，但是我国的加密资产投资者保护机制建设仍较为滞后。一方面，在事前未能建立有效的面向个人投资者的预警机制；另一方面，在事后投资者权益受到侵害后，维权成本较高。

其五，国际竞争与战略博弈问题凸显。当前，世界主要经济体普遍面临着数字化变革。加密资产及其所依托的区块链、云计算、芯片和数据存储等技术，不仅能够推动数字金融发展，还在金融领域外助力社会生产力革新。因此，上述技术发展也成为中美科技竞争的焦点。在传统金融领域美国占据先发优势，但是在以加密资产为代表的数字金融领域，中美站在几乎同样的起跑线上，使我国有机会实现对美国金融体系的追赶甚至超越，我国也通过推广数字人民币等方式积极探索应对美元霸权的新路径。但是应当看到，美国的加密资产实践领先于我国。美国同样承受着加密资产发展带来的风险，其对加密资产的监管态度同样存在反复的现象，但当前美国实行较为积极的监管策略，美国联邦政府成立了数字资产工作组，并打算推进加密货币战略储备计划等。我国尚未明确提出加密资产的发展规划。

四 提升我国加密资产法律规制能力的政策建议

其一，在宏观政策层面明确支持加密资产行业发展；在具体实践领域，有序推进加密资产市场与监管制度体系建设。一方面，加密资产及其技术发

---

[1] 《猛涨 300 倍！全球资产 2024 最强榜单来了》，新浪财经，https://finance.sina.com.cn/stock/bxjj/2024-12-29/doc-ineccfvv5528517.shtml，最后访问时间：2025 年 2 月 7 日。

展将从生产力变革角度推动金融体系的上层建筑发生根本性改变。虽然这样的变革并不是一蹴而就的，但千里之行始于足下，从宏观政策层面应明确加密资产的发展方向，向市场提供明确的信心和指引，推动人力、资本、技术等资源不断向该行业聚集，从而带动整个行业的发展。另一方面，加密资产市场建设与监管制度体系建设应同步进行。加密资产的发展面临效率与安全价值的平衡问题，倘若为了安全先行制定过于严格的监管规则，一是可能导致对市场创新的过度抑制；二是缺乏市场检验的制度规范无异于纸上谈兵。因此，监管制度的研究、建设应与市场建设同步进行。当然，市场建设也不能全面铺开，而是要选择风险可控的领域逐步开展。可采取区域试点的方式控制风险的地域范围；可引入投资者适当性制度，避免风险与投资者的承受能力错配；可在联盟链、NFT 等风险较低的加密资产领域先行试点；可先行开放部分机构参与境外加密资产市场，积累经验等。

其二，通过进行低位阶立法，发布指导性案例等方式，向加密资产市场参与者提供明确的监管、合规、纠纷解决等方面的指引。通过上述法律实践增强市场行为的可预期性是施行法治的内在价值的体现，一方面能够降低市场参与者的合规成本，提升市场信心，吸引长期资本加入；另一方面有助于快速解决纠纷，提升市场环境的稳定性。此外，加密资产市场正处于高速成长期，各项规则可能随着实践的发展需要时常变化。因此采取低位阶立法的方式，具有法律修改的灵活性，可以快速完成规则体系的迭代发展。当市场发展处于成熟期时，再通过高位阶立法对相关规则进行固定。

其三，积极发展监管科技。加密资产属于技术密集型行业，传统的金融监管手段无法应对匿名化、去中心化、网络化的加密资产市场实践。现阶段对加密资产市场发展采取较为严格的禁止措施，主要原因之一是监管技术远落后于市场实践。可从以下三个方面促进监管科技发展：一是注重科技监管人才的选拔、培养，组建专业执法队伍。二是与市场机构共同推进技术创新。一方面加密货币采用的技术与监管技术具有同源性；另一方面，市场机构通过与监管机构合作，可以有效降低合规成本，缩短产品研发及上市周期，使得市场机构有充足动力与监管机构开展合作。三是有针对性地开发监管科技，建设链上监管基础设施。加密资产的道德风险多数源于其匿名化特性，可针对此项风险研究开发匿名追踪技术。同时，应建设区块链监控系统或平台，借助 AI 应用，追踪加密资产流向，识别可疑交易，提升监管有效性。

其四，加强国际立法与监管合作。流通是金融的本质属性，加密资产的网络化更加强化了其全球流通性。无论是从加密资产本身技术发展的角度看，还是从防范化解加密资产实践风险的角度看，都应当加强国际合作。对我国而言，一是与欧盟、新加坡等金融科技发展较为领先的国家和地区加强技术开发与监管合作，加强技术来源多元化探索，降低被美"卡脖子"风险。二是通过相关国际组织和重要国际会议，宣传我国在金融科技领域的开放、合作主张。三是通过加密资产实践探索削弱美元霸权的可行性。四是通过技术输出带动监管制度输出，为建设国际加密资产监管体系贡献力量。

Abstract

As a series of annual reports of the Financial Law and Financial Regulation Research Base of the Chinese Academy of Social Sciences, the Report on China's Financial Regulation (2025) adheres to the concepts of "recording facts", "objective comments" and "cross research between finance and law", and systematically, comprehensively, intensively and continuously reflects the current situation, development and reform process of China's financial regulation system. It provides reference for financial institutions to make decisions, material for financial theorists, and basis for financial regulatory authorities to make policies.

Annual Report on China's Financial Supervision and Regulation (2025) is mainly composed of three parts: "general report", "sub-report" and "special reports". In terms of the general report, the general report of this book focuses on deepening the research on the development and regulation of digital finance in China. It firstly reviews the development process of digital finance from the 1.0 era to the 2.0 era, and then deeply analyzes the risks and regulatory challenges in the 2.0 era of digital finance. Based on the international regulatory practice of major developed economies in the world, policy suggestions are put forward to strengthen and improve digital financial regulation. The report systematically summarizes, analyzes and comments on major events in China's financial regulation in 2024, and forecasts the development trend of China's financial regulation in 2025. In terms of sub-reports, the book analyzes the annual progress of China's banking, securities, insurance, trust and foreign exchange regulation in 2024, presenting readers with a panoramic roadmap of China's financial regulation. On this basis, the book takes the observation of systemic financial risk as the core, makes an overall judgment of China's financial risks, focuses on the analysis of the evolution of key risk areas, and studies and judges the financial risks in 2024. At the same time, an in-depth analysis of the current major issues in China's financial regulation field is conducted, mainly involving the construction of financial rule of law, local government debt management, green financial risks and supervision, the use of public data, the cutting-edge progress of quantum computing, and the legal regulation of crypto assets.

Keywords: Financial Regulation; Digital Finance; Financial Risks

Contents

I General Reports

Abstract: Digital finance is an important manifestation of future financial competitiveness and a key approach to implementing the strategy of building a financial power. The development of digital finance has moved from the 1.0 era to the 2.0 era. The effect of technological innovation will be more prominent, and its impact on the financial system will be more profound. It may even change the current international monetary system centered on sovereign credit. Big data, blockchain and artificial intelligence and other technologies are typical technological innovations in digital finance. They may bring about the development trends of networked, distributed and intelligent financial systems, and may reshape a new paradigm of financial services for the real economy. At the same time, they may also bring multiple challenges, such as significant technical risks, market risks, data security, consumer rights protection and the effectiveness of financial regulation. Looking back at the regulatory practices of digital finance in economies, such as the United States, the United Kingdom, and the European Union, China should pay more attention to research and exploration in areas, such as technological innovation and application, digital assets, and the construction of a digital finance ecosystem. It should build a digital finance development system that is conducive to high-quality financial development, serving the real economy, and enhancing international competitiveness. At the same time, it should effectively balance innovation and Regulation. Ensure the stability and security of the financial system.

Keywords: Digital Finance; Technological Innovation; Digital Assets; Financial Regulation and Control

B. 2　Financial Regulation in China: A Review of Major Events
　　in 2024　　　　　　　　　　　*Yin Zhentao*, *Hou Shuqi* / 039

Abstract: In 2024, despite the complex and volatile international and domestic environment, China's economy maintained a momentum of steady progress and positive development, and new progress was made in high-quality development. Financial regulatory authorities have actively promoted the implementation of various regulatory measures and continued to escort the real economy on the basis of strengthening the prevention of financial risks. In 2024, financial regulators will make outstanding achievements in continuously promoting financial opening-up, optimizing and consolidating credit base management, improving the basic system of the capital market, maintaining the smooth operation of the real estate market, resolve local debt risks, promoting the reform of small and medium-sized financial institutions, promoting the high-quality development of the insurance industry, and coordinating the "five major articles" of finance. Looking forward to 2025, our country's financial regulation has four trends worth paying attention to: First, preventing and resolving financial risks in key areas; Second, we will enhance the capacity of the financial sector for high-quality development; Third, it is the "five big articles" of deepening and realizing finance; Fourth, we will deepen financial opening-up at a high level.

Keywords: Financial Supervision; Financial Risks; Finance "Five Big Articles"

II Sub-Reports

B.3 Banking Regulation Report 2024 *Ba Jinsong*, *Yuan Kaiyu* / 058

Abstract: In 2024, China's banking regulators took measures to prevent and defuse risks in key areas, with outstanding results in risk disposal by small and medium-sized financial institutions, orderly implementation of the urban real estate financing coordination mechanism, and progress in preventing local government debt risks; The regulatory system has been further improved, regulatory legislation and regulations have been improved, a four-level vertical supervision structure has been put in place for financial supervision, banks' overall risk offset capacity has been adequate, liquidity indicators have remained stable, and violations of laws and regulations have been severely investigated and punished. Looking ahead to 2025, it is expected that banking supervision will adhere to the general tone of seeking progress while maintaining stability, maintain the stability of financial supervision objectives, prevent risks, strengthen supervision and promote development, focus on defusing risks of small and medium-sized financial institutions, and guard against systemic risks. We will continue to strengthen supervision and strict supervision, improve the regulatory structure and legal system, expand the "institution-based" opening-up, deepen the "five major articles" of the financial sector, and promote high-quality development of the financial sector itself. We will encourage the financial system to support the development of the real economy and help achieve economic and social development goals. From the perspective of the trend of supervision, the supervision is becoming stricter and refined, risk-oriented, and emphasizes the active risk management of financial institutions; Technology enabling supervision, technology and finance deep integration; Supervision will sink, county supervision will be strengthened, and financial services will be localized; We will strengthen differentiated supervision, distinguish large banks from small and medium-sized banks, and implement differentiated supervision rules and measures; Openness and internationalization go hand in hand.

Keywords: Banking Regulation; Risk Disposal; Finance "Five Big Articles"

B . 4 Securities Regulatory Report 2024 *Li Yimin* / 094

Abstract: In 2024, China's capital market showed positive and profound changes. In the supervision of the securities industry, we will coordinate efforts to prevent risks, strengthen supervision and promote high-quality development, strengthen the foundation, strictly supervise and strictly regulate, and systematically reshape the basic system of the capital market and the underlying logic of supervision. After The State Council issued Several Opinions on Strengthening Supervision and Preventing Risks and Promoting High-quality Development of the Capital Market, the CSRC promoted the formation of the new "Nine States" and "1 + N" policy system, and continuously improved the capital market system, structure and institutional mechanism. Strict supervision in accordance with the law has been effective, breaking the blockage of medium - and long-term capital access to the market, and the first batch of swap facilities for securities fund institutions has been successfully implemented. The operation of the capital market stabilized, investment and financing development became "more coordinated", and the amount of dividends and buybacks of listed companies reached a new high. The total market value of China's listed companies refreshes a historical record, the scale of the bond market continues to expand, the scale of equity ETFs increases significantly, and the types of asset securitization REITs projects expand to 12 categories. In the process of continuous concentration of the development potential energy of the capital market, the system and foundation of high-quality development are increasingly improved. Policies such as "Article 16 Supporting science and Technology" and "Eight Articles on the Science and Technology Innovation Board" have been introduced, and the reform of the science and Technology Innovation Board, the Growth Enterprise Board and the North Stock Exchange has continued to advance. The supply of science and technology

innovation financial products and services is expected to be intensified, and the differentiated arrangements for issuance and listing, information disclosure and the board level will be more optimized. Guided by deepening comprehensive reform of investment and financing, we will promote reform with a high level of opening-up, accelerate the development of first-class investment banks and investment institutions, and guide the industry to do a good job in the "five major articles" of finance.

Keywords: The Securities Industry Supervises; High-quality Development; The Capital Market

B.5   Insurance Regulatory Report 2024   *Fan Lingjian* / 116

Abstract: In 2024, China's original insurance premium income will maintain a rapid growth trend. Insurance regulation always adhere to the political, financial work, continue to deepen the reform of the industry, published "ten new countries" determine insurance regulations, prevent risks, promote the reform of the development direction, promote the insurance industry to do financial "five big articles", further perfect the management regulations of the insurance business, continue to strengthen risk control compliance management of insurance, effectively promoting the development of insurance industry with high quality. In 2025, the insurance industry will further strengthen institutional supervision, severely crack down on institutional violations of laws and regulations, continue to strengthen risk prevention and control, and promote the insurance industry to serve the real economy and ensure people's livelihood.

Keywords: Insurance Regulation; Specification of Business; Risk Control Compliance

Abstract: 2024 is the third year of the "post-adjustment period" for the trust industry. The focus of the regulatory work that year was to implement the new business classification and new regulatory rating methods issued in the previous year, focus on doing a good job in the "five big articles" and promote the high-quality development of the industry. In that year, the "1 +N" regulatory system of trust industry and the revision of trust law in the future were put forward, which also predicted that the construction of relevant basic laws and regulations would be accelerated in the future. In 2024, the trust industry statistics again showed the problem of reduced indicators and delayed release cycle. According to the statistical data of the first half of that year, the trust industry is in a state of adjustment in which the scale of trust assets rebounds rapidly while the operating benefits still decline sharply. Grasping the balance between high-quality development and risk prevention and resolution will be the focus of trust industry operation and supervision in the future.

Keywords: Trust Regulation ; New Regulations for Transformation; Risk Disposal

Abstract: In the face of century-old changes, it is crucial to stabilize foreign trade and foreign investment and coordinate financial openness and security. As cross-border trade facilitation continues to improve, policy dividends continue to be released, current account foreign exchange management benefits enterprises and people and enables the real economy, and facilitation policies support the real economy with improved quality and efficiency. Capital account foreign exchange management will focus on the connectivity of domestic and foreign markets, institutional opening of the capital market will lead institutional innovation, and high-level opening to the outside world will further release market vitality. With

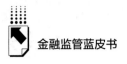

high-level security as the foundation, we have strengthened risk control capabilities, firmly ensured that no systemic risks occur, and made the foreign exchange management system and mechanism more open and secure. The foreign exchange market has become more resilient, the RMB exchange rate has become dynamically stable, the basic balance of international payments has been balanced, and the internationalization of the RMB has made steady and solid progress. It is worth noting that there is a long way to go to stabilize foreign trade and foreign investment under the new circumstances. It is increasingly urgent to maintain the security of the balance of payments, optimize the management of cross-border short-term capital flows, and guard against external shocks while coordinating development and security.

Keywords: Foreign Exchange Control; Facilitating Cross-border Investment and Financing; Stabilizing Foreign Trade; Stabilizing Foreign Investment; RMB Internationalization

Ⅲ   Special Reports

B.8   Strengthening the Construction of Financial Rule of Law, Promote the Formulation of the Financial Law

Wang Gang, Huang Yu / 179

Abstract: In July 2024, the Decision of the CPC Central Committee on Further Comprehensively Deepening Reform and Promoting Chinese-style Modernization clearly proposed to "formulate financial laws". As a comprehensive and leading law in the financial field, the formulation of the financial law will further improve the financial legal system, improve the quality and efficiency of financial supervision, and contribute to the role of the national economy. On this basis, the study proposes that the financial law should establish the core goal of improving the quality and efficiency of supervision and serving the real economy. To ensure the completion of the enactment of the financial law, it is suggested that it be connected with the current legislative mechanism in an orderly manner, strengthen cross-departmental communication and coordination, and grasp the key time points to speed up the legislative process.

Keywords: Financial Law; Financial Regulation; Financial Law System

B. 9 Overall Systemic Financial Risks Are Converging Under

Control *Guo Xiaojing, Zheng Liansheng* / 202

Abstract: In 2024, the evolution of China's financial risks will mainly include the following aspects: First, macro leverage ratio will maintain a steady rise; Second, liquidity in the financial market remained reasonably abundant, providing strong support for high-quality economic development; Third, the bond market credit risk to convergence; Fourth, the risks in the domestic financial market are relatively gentle; Fifth, in the international financial market, the US bond market, stock market and exchange rate market all show a complex and volatile trend. In addition, the existence of factors such as the tense geopolitical situation, the deterioration of the external economic environment, and the intensification of global security challenges will lead to increased uncertainty in the international financial market, which in turn will affect the domestic financial market. Against the backdrop of intensifying global macro risks, the Central Economic Work Conference in 2024 clearly listed "effectively preventing and defusing risks in key areas and firmly preventing systemic risks" as one of the major tasks in 2025, and specially emphasized the need to "prudently handle risks of local small and medium-sized financial institutions" to promote sustainable and healthy development of China's economy.

Keywords: Systemic Risk; Real Estate Risk; Debt Risk; Risks of Small and Medium-sized Financial Institutions

B.10 Report on Local Debt Management In 2024

Zhang Peng / 244

Abstract: In 2024, the central government launched a "package of incremental policies" in a timely manner, which not only effectively relieved the pressure of local governments' debt repayment, but also indirectly promoted economic growth. The new round of debt "combination fist" focuses on changing the idea of debt. In terms of governance logic, it breaks the path dependence of "debt based on debt" and turns to the new paradigm of debt development. In terms of policy tools, we should build a fiscal and financial coordination framework to replace single austerity with resource integration; In terms of implementation mode, a long-term mechanism for risk prevention and control should be established to realize the transformation from passive emergency response to systematic governance; We will accelerate the expansion, quality and efficiency of special debt, which will not only effectively curb new hidden debt, but also help expand effective investment and enhance economic resilience. We will continue to establish a long-term mechanism for local debt supervision to ensure sustainable debt development and promote high-quality economic development. The debt management of urban investment platforms emphasizes tightening the financing conditions of urban investment platforms, strengthening the supervision of overseas bonds of urban investment platforms, and clarifying the deadline for the withdrawal of urban investment platforms, realizing the credit decoupling of urban investment enterprises and the government, taking multiple measures to resolve hidden debt risks, and ensuring the healthy and stable operation of local finance.

Keywords: Local Debt Management; City Investment Bonds; Package Debt Plan

B.11 Green Finance Risks and Regulatory Responses

Liu Liang, *Xu Yanqing* / 267

Abstract: This paper focuses on the risks of green finance and the regulatory response strategies for in-depth research. At present, green finance plays a key role in the global sustainable development, but with the continuous expansion of its market scale, various risks are gradually emerging, posing challenges to the stable operation of financial institutions, the sustainable development of green industries and the stability of the entire financial system. This paper mainly analyzes the types of green finance risks, introduces the domestic green finance risk supervision status and international supervision experience, and based on the national conditions of our country, puts forward targeted green finance risk supervision countermeasures.

Keywords: Green Finance; Risk Formation Mechanism; Regulatory Countermeasures

B.12 Current Situation, Challenges and Countermeasures

of Public Data Application in Financial Field

Yu Tao, Fan Xinmo and Liu Zhonghao / 286

Abstract: Public data is the main part of data resources and the key element of new quality productivity. At present, public data has been widely used and deeply developed in science and technology, green, inclusive, elderly care, digital and financial regulation. Data elements, especially the financial application of public data, play an irreplaceable role in strengthening risk management of financial institutions, improving the accuracy of decision-making, promoting financial innovation and promoting the digital transformation of the industry, and promoting the high-quality development of the financial industry. However, the financial application of public data still faces many challenges and practical difficulties: the limitation of public data sources has become the main restricting factor, the lack of scene mining, pricing and income distribution have become the mechanism factors affecting the implementation, and data security and privacy protection is the bottom line of security. In the future, to promote the steady development of public data financial applications, we should start from facilitating

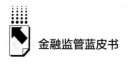

data sharing, broadening application scenarios, improving pricing mechanism, and optimizing data security governance.

Keywords: Public Data; Fintech; Financial Risks

B. 13　Advances in Quantum Computing and Its Applications
in Finance　　　　　　　　　　　　*Wang Yong*, *Yue Zhankai* / 302

Abstract: In the current era of vigorous development of big data, data is experiencing explosive growth, and computing power has become a core and key element in promoting technological progress and social development. Compared with traditional computing models, quantum computing, relying on microscopic characteristics such as qubits and quantum entanglement, demonstrates an exponentially growing super-strong computing potential and can effectively solve complex problems that are difficult for traditional computers to handle. At present, a brand-new track in the high-tech field of quantum computing has been launched, and major economies around the world are actively engaging in it. The United States, China, the European Union and other countries have all invested a large amount of resources and deeply laid out the research and development of quantum computing. They have each demonstrated their strengths in technological breakthroughs and the aggregation of talent reserves, gradually forming a diversified competitive pattern. China's quantum computing is currently in a crucial period of rapid development, with a series of achievements at the international leading level, such as "Quantum Supremacy" and "Zu Chongzhi No. 3", emerging one after another. Meanwhile, the industrialization process has steadily accelerated, application exploration has continuously advanced in depth, and the development prospects are extremely broad. However, it is necessary to clearly recognize that under the highly competitive international situation, China's quantum computing field still faces many challenges, such as a significant shortage of high-end talents, and the severe predicament of international competition pressure and technological blockade. In view of this, China should take strong policies as guidance, vigorously promote in-depth collaborative innovation among industry, academia and research, accelerate the transformation and application of scientific research achievements, take the leading position in the global quantum technology landscape, and inject strong impetus into the enhancement of the country's scientific and technological strength and economic and social development.

Keywords: Quantum Computing; Computing Power; Financial Applications

Abstract: The level of legal regulation of crypto assets has an important impact on the technology and market development of crypto assets and the development of digital transformation of the financial industry. Under China's current legal system, the legal nature of crypto assets in a narrow sense is virtual property with specific income attributes. Legislation, law enforcement and judicial practice reflect that China adopts a relatively strict regulatory attitude towards crypto asset market practices. The legal regulation of crypto assets is faced with the contradiction between the risk prevention and control of crypto assets practice and the demand for technological innovation, the construction of the legislative system is not complete, the contradiction between the network, decentralization and regulatory regionality of crypto assets, the effective investor protection mechanism has not been established, and the legal regulation of crypto assets is faced with the dilemma of international competition and strategic game. We should improve the legal regulation capacity of crypto assets in China from the aspects of improving system construction, reducing the cost of compliance and rights protection, developing supervision technology, and strengthening international cooperation.

Keywords: Crypto Assets; Legal Nature; Regulation By Law

社会科学文献出版社

皮 书

智库成果出版与传播平台

✤ 皮书定义 ✤

皮书是对中国与世界发展状况和热点问题进行年度监测，以专业的角度、专家的视野和实证研究方法，针对某一领域或区域现状与发展态势展开分析和预测，具备前沿性、原创性、实证性、连续性、时效性等特点的公开出版物，由一系列权威研究报告组成。

✤ 皮书作者 ✤

皮书系列报告作者以国内外一流研究机构、知名高校等重点智库的研究人员为主，多为相关领域一流专家学者，他们的观点代表了当下学界对中国与世界的现实和未来最高水平的解读与分析。

✤ 皮书荣誉 ✤

皮书作为中国社会科学院基础理论研究与应用对策研究融合发展的代表性成果，不仅是哲学社会科学工作者服务中国特色社会主义现代化建设的重要成果，更是助力中国特色新型智库建设、构建中国特色哲学社会科学"三大体系"的重要平台。皮书系列先后被列入"十二五""十三五""十四五"时期国家重点出版物出版专项规划项目；自2013年起，重点皮书被列入中国社会科学院国家哲学社会科学创新工程项目。

权威报告·连续出版·独家资源

皮书数据库
ANNUAL REPORT(YEARBOOK)
DATABASE

分析解读当下中国发展变迁的高端智库平台

所获荣誉

- 2022年，入选技术赋能"新闻+"推荐案例
- 2020年，入选全国新闻出版深度融合发展创新案例
- 2019年，入选国家新闻出版署数字出版精品遴选推荐计划
- 2016年，入选"十三五"国家重点电子出版物出版规划骨干工程
- 2013年，荣获"中国出版政府奖·网络出版物奖"提名奖

皮书数据库

"社科数托邦"
微信公众号

成为用户

登录网址www.pishu.com.cn访问皮书数据库网站或下载皮书数据库APP，通过手机号码验证或邮箱验证即可成为皮书数据库用户。

用户福利

- 已注册用户购书后可免费获赠100元皮书数据库充值卡。刮开充值卡涂层获取充值密码，登录并进入"会员中心"—"在线充值"—"充值卡充值"，充值成功即可购买和查看数据库内容。
- 用户福利最终解释权归社会科学文献出版社所有。

数据库服务热线：010-59367265
数据库服务QQ：2475522410
数据库服务邮箱：database@ssap.cn
图书销售热线：010-59367070/7028
图书服务QQ：1265056568
图书服务邮箱：duzhe@ssap.cn

S 基本子库
SUB DATABASE

中国社会发展数据库（下设 12 个专题子库）

紧扣人口、政治、外交、法律、教育、医疗卫生、资源环境等 12 个社会发展领域的前沿和热点，全面整合专业著作、智库报告、学术资讯、调研数据等类型资源，帮助用户追踪中国社会发展动态、研究社会发展战略与政策、了解社会热点问题、分析社会发展趋势。

中国经济发展数据库（下设 12 专题子库）

内容涵盖宏观经济、产业经济、工业经济、农业经济、财政金融、房地产经济、城市经济、商业贸易等 12 个重点经济领域，为把握经济运行态势、洞察经济发展规律、研判经济发展趋势、进行经济调控决策提供参考和依据。

中国行业发展数据库（下设 17 个专题子库）

以中国国民经济行业分类为依据，覆盖金融业、旅游业、交通运输业、能源矿产业、制造业等 100 多个行业，跟踪分析国民经济相关行业市场运行状况和政策导向，汇集行业发展前沿资讯，为投资、从业及各种经济决策提供理论支撑和实践指导。

中国区域发展数据库（下设 4 个专题子库）

对中国特定区域内的经济、社会、文化等领域现状与发展情况进行深度分析和预测，涉及省级行政区、城市群、城市、农村等不同维度，研究层级至县及县以下行政区，为学者研究地方经济社会宏观态势、经验模式、发展案例提供支撑，为地方政府决策提供参考。

中国文化传媒数据库（下设 18 个专题子库）

内容覆盖文化产业、新闻传播、电影娱乐、文学艺术、群众文化、图书情报等 18 个重点研究领域，聚焦文化传媒领域发展前沿、热点话题、行业实践，服务用户的教学科研、文化投资、企业规划等需要。

世界经济与国际关系数据库（下设 6 个专题子库）

整合世界经济、国际政治、世界文化与科技、全球性问题、国际组织与国际法、区域研究 6 大领域研究成果，对世界经济形势、国际形势进行连续性深度分析，对年度热点问题进行专题解读，为研判全球发展趋势提供事实和数据支持。

法律声明

“皮书系列”（含蓝皮书、绿皮书、黄皮书）之品牌由社会科学文献出版社最早使用并持续至今，现已被中国图书行业所熟知。“皮书系列”的相关商标已在国家商标管理部门商标局注册，包括但不限于LOGO（ ）、皮书、Pishu、经济蓝皮书、社会蓝皮书等。“皮书系列”图书的注册商标专用权及封面设计、版式设计的著作权均为社会科学文献出版社所有。未经社会科学文献出版社书面授权许可，任何使用与“皮书系列”图书注册商标、封面设计、版式设计相同或者近似的文字、图形或其组合的行为均系侵权行为。

经作者授权，本书的专有出版权及信息网络传播权等为社会科学文献出版社享有。未经社会科学文献出版社书面授权许可，任何就本书内容的复制、发行或以数字形式进行网络传播的行为均系侵权行为。

社会科学文献出版社将通过法律途径追究上述侵权行为的法律责任，维护自身合法权益。

欢迎社会各界人士对侵犯社会科学文献出版社上述权利的侵权行为进行举报。电话：010-59367121，电子邮箱：fawubu@ssap.cn。

社会科学文献出版社